政治秩序與多元社會

林毓生 著

目次

二

三

自序

這部《政治秩序與多元社會》主要是收輯了我最近六年來陸續用中文撰寫的不同類型的文字，以及與幾位青年朋友合譯的原用英文發表的論文。因為全書各文直接或間接討論到建立法治、自由、民主與理性的政治秩序與多元社會的種種，當一位朋友建議採用現在的書名的時候，我欣然接受了他的意見。

本書各文的撰寫，主要是希望把「五四」的啟蒙工作往前推進一步，今年適逢「五四」七十週年，我以誠敬之心以本書的刊行來紀念這個屬於中國知識分子的節日，並盼讀者惠予指正。

本書之編輯與校訂，多承聯經出版公司劉國瑞先生、林載爵先生與方清河先生的鼓勵與幫助，衷心至為感謝。各文撰寫的過程甚為艱苦，如無內子宋祖錦女士的支持與協助，是無法進行的，我在這裡向她敬致謝忱。

林毓生

一九八九年三月二十六日序於台北

兩種關於如何構成政治秩序的觀念

——兼論容忍與自由

引言

這篇文字源自我在一九八四年七月二十六日在台北（提前）舉行的「殷海光先生逝世十五週年紀念學術座談會」的談話紀錄。當時因為時間的限制，只能大概地談個梗概，後來看到一篇以同情的立場所作的簡單報導，但內容卻有許多錯誤；我才更確切地體會到，在中文世界裡，如要討論一些自由主義的基本觀念，一定得作較為詳盡的說明。

自由、民主與法治作為口號來講，在中國已有近百年的歷史。然而，由於我們過去的歷史、文化的發展軌跡和方向與西方的歷史、文化的發展軌跡和方向甚為不同，所以，與西方歷史、文化背景關聯深切的自由、民主與法治的觀念，到今天對中文世界裡的許多人而言，仍是相當生疏的。基於這項認識，我原先只想就黃柏棋君的紀錄稍稍訂正盡速發表的計劃，必須放棄；我不得不將那份紀錄作大幅度的修訂與擴充。

不過，本文受了文章體裁的束縛，所能論及的自然仍是相當有限（詳切的論析，要靠大部頭的著作才能辦到）。基本上，我藉論析中國自由主義先驅人物胡適先生與殷海光先生在談論容忍與自由時所呈現的歷史的意義與思想的局限性來說明：受儒家思想影響的中國人一向認為道德與思想是政治秩序的基礎。這種看法與西方民主國家以法治為政治秩序的基礎的看法，是根本不同的。進一步地說，雖然儒家文化所主張的政治秩序乃由道德與思想構成的觀念，是中國知識分子使命感所由生的精神與思想資源之一；但，這種觀念，如被僵化地或基教式地（fundamen-talistically）堅持著，反而會成為建立法治的阻礙。在這個脈絡中，我試圖說明西方自由主義所肯定的容忍、多元與法治的觀念在思想上相當複雜的意義，與在歷史上相當曲折的演化軌跡。我並藉西方純正自由主義所持之社會理論（social theory）說明了為什麼法治是建立自由與民主的必要基礎。

本文是從論析胡適先生與殷海光先生關於容忍與自由的言論出發的。在五〇年代底，胡先生有關容忍與自由的討論與殷先生讀後的回應，是中國自由主義發展史上的一件大事。所以，我覺得在「殷海光先生逝世十五週年紀念學術座談會」上提出來討論，有其紀念的意義。然而，更重要的理由是：在中國主張自由民主的人，過去都多多少少受過胡先生或殷先生，或他們兩位共同的影響；因此，我如從論析他們的言論出發，這樣容易使我的論析比較能夠具體一點、切實一點。胡殷兩先生在中國自由主義發展史上，均有歷史性的貢獻；不過，他們的思想也呈現了歷史性的局限。今後如果我們不關心自由與民主在中國的前途則已，如果我們要想在中國促使理性、法治、自由與民主往前推進一步的話，那麼我們就必須突破胡殷兩先生所遺留下來的歷史性的局限。我想這是合乎他們所肯定的，根據自由精神來討論大家關心的問題的方法與態度。

本文最後特別呼籲，發揮社會力量來建立法治，並以台灣消費者文教基金會近幾年可喜的發展為例，說明社會力量可由民間以類似該基金會的組織方式加以凝眾，以便促進法治的建立。這種辦法是遲緩的。但，在中國——除非發生歷史的奇蹟——法治的建立的確是要走一大段長遠的路，才能達到的；而這遲緩的工作卻是扎根的工作。台灣黨外當然也可能對自由與民主在中國的發展做出重要的貢獻。但，他們必須先設法謀求內部的共識與團結；否則，力量在內爭中相互抵銷，客觀上也就難有成績可言。宗派主義（sectarianism）往往是沒有政治權力的抗議分子在稍有權力之後，難免的歷史現象。今後黨外如何突破這個歷史的局限，則是他們當前的重大課題。

至於為什麼在中國建立法治，竟是如此艱難呢？這當然是一個極為繁複的問題，牽涉到政治、經濟、社會、文化與思想各方面的原因。單從思想史的觀點出發，其根本原因涉及到中國沒有政教分離的傳統，以及「天人合一」、「盡心、知性、知天」所蘊含的「內在超越」的觀念，究竟其意義何在？其社會含意（social implications）是什麼？

「天道」是超越的、無限的，此點儒家並非不知。故《中庸》云：「肫肫其仁，淵淵其淵，浩浩其天。」孟子所謂「盡心、知性、知天」並非指對超越的天道完全掌握或控制。但，儒家宇宙論所蘊含的人與「天道」銜接與溝通的方式，則與西方基督教傳統中「外在超越」的觀念下人與超越的上帝銜接與溝通的方式，迥然相異。儒家「內在超越」的觀念，使人與宇宙有機地融和在一起——人性內涵永恆與超越的「天道」，「天道」因此可在「盡性」中由「心」契悟與體會。儒者認為「超越」與「無限」內涵於人性之中；因此，由「盡性」可體現天道，故孔子說：「人能弘道，非道弘人。」

易言之，「內在超越」的觀念導致了人與「天道」銜接與溝通的特殊方式：不假外求，直接訴諸生命中「人性」的實踐。「道心」不是由「啟示」得來，它是從「盡性」與「踐仁」的實際生命過程中由「人心」內省、體會與契悟而得。一個深受此種宇宙論潛移默化、影響至深的人，自然感到生命本身有無限的精神資源與充沛的道德意義，他在實際生活中所表現的風格，自有其莊嚴。即使遭遇橫逆，他卻對人生之痛苦能作悲憫式的沉思。他對生命有著誠敬的執著；這種對生命能夠把持得住的境界，是建立在他覺得生命本身是無限的意義之源的信念之上。而這種信念之肯定是源自「人」與「宇宙」並未疏離，「人」與「宇宙的實在」有機地融和為一之故。

從追尋、發掘人生的意義的觀點來看，儒家傳統所提供的思想資源，我個人覺得是有極為重大的正面意義的。（至於儒家傳統的架構，在二十世紀崩潰以後所出現的種種扭曲的現象，則是另一問題。我在別處曾多所論述，此處不贅。）儒家對生命的肯定，絕不是用「意志」強加可得者。相反地，西方自尼采宣稱「上帝已死」至沙特一派的存在主義之所以認為生命之意義只能由「意志」強加肯定，正是因為他們認為「生命是荒謬的」緣故。

然而，從希望建立法治的觀點來看，儒家「內在超越」的宇宙觀，卻提供不出很多的資源來。在猶太教與基督教的傳統中，超越的實體，既然是超越的，人們如欲與之接觸的話，就只能依靠與超越實體有特殊關係的媒介（agent 或 agency）——如先知，或先知傳統及啟示傳統下建立的教會——提供的橋樑進行之。這種與超越實體所產生的特殊關係，被認為是超越實體所賦予的，不是在時空中有限的人的自身力量或由人為的努力可得者。換句話說，由於人的有限性，不假外求是無法與超越的實體接觸的。基督新教喀爾文教派，在更嚴格地服膺「外在超越」的邏輯意義之下，則認為無限的、超越的上帝不是各方面均屬有限的人所可知的。

從西方「外在超越」的觀點來看，儒家「內在超越」的觀點是令人費解的。（問題在於：人如何不假超越的實體所賦予的媒介，就可與「超越」銜接與溝通？）當然，從中國「內在超越」的觀點來看，西方「外在超越」的觀點，也是令人費解的。

在純理念的層次上，儒家「內在超越」的觀念只說人與天道合融，人可契悟天道；然而，天道自有其超越人的一面，既非人所創造，也不是人可完全控制或掌握。但，在「內在超越」的宇宙論籠罩之下，儒家傳統中並沒有強大的思想資源阻止儒者強調人的內在力量幾至無限的地步，也沒有強大的思想資源使「政教分離」的觀念在中國產生。（有了這個觀念，才能在思想的層次上，避免政客們利用宗教與道德的形象與語言去追逐與濫用權力。西方「外在超越」的觀念則易使人落入另一危機：以為人的內在毫無力量，人的一切皆為外在的勢力所控制。）

易言之，「內在超越」的觀念中，雖然在純理論的層次上有「內在」與「超越」之間的緊張性（tension），但「內在超越」的觀念確有滑落至特別強調一切來自「內在」的傾向。這種傾向在儒家傳統中直接導致把道德與思想當作人間各種秩序的泉源與基礎的看法，以及遇到了困難的社會與政治問題，便以「藉思想、文化以解決問題的方法」對付之。此種頗含烏托邦質素，強調人的內在力量的思想，自然使中國人不易建立類似西方的法治觀念；「法治」強調法律高於一切——這是與西方「外在超越」的宇宙觀及「上帝是立法者」的觀念分不開的。處於到處都在強調人的內在力量的思想文化之中，自然在中國也不易形成一套完整的社會理論來說明：為什麼在法治之下，自由是組織與發揮社會力量的基本原理。雖然，受道家思想影響的司馬遷在《史記》中，曾展示了一些有關自由的社會功能的了解；但，這種思潮，因無法治傳統的支持，所以一直沒有得到適當的發展。（另外，為統治者服務的法家思想與這裡所謂的法治思想是有基本衝突的。）

關於在中國文化與思想傳統中為什麼無法產生法治與政教分離的觀念的較為詳盡的探討，請參閱將在別處發表的拙文：〈中國古代宇宙論、祖先崇拜、禮、與政治秩序的觀念〉，此處不贅。

一、殷海光先生的自由精神

主席、各位女士、各位先生、各位朋友，我今天是懷著深切的感激之情來參加這個座談會的。第一，我要感謝主辦機構舉辦這樣一個學術座談會——以學術的立場來談論我們共同關心的問題是與殷海光先生的精神非常符合的。殷先生一生的很多方面，當然不能用知識或追求知識的精神來完全涵蓋；但我們不能否認，追求知識的精神，在殷先生的整個生命中占著一個非常重大的部分。另外，我想拿一點個人的經驗與感情來說明一下為什麼我是懷著深切的感激之情來參加這個座談會。

時光荏苒，先師殷海光先生已逝世十五個年頭了，而我離開臺灣大學也已經二十六年了。在這二十六年當中，影響我最大的精神資源是我在大學時代跟隨殷先生讀書的那一段經驗。殷先生對我個人來講，有身教與言教兩方面的影響。在身教方面，我們做學生的在跟他接觸的時候，深切地感到作為自由主義者的莊嚴和樂趣。雖然我們那時還並不太了解自由主義的深切與複雜的內涵；但，我們跟他接觸的時候，已經呼吸到了真正有生命力的東西。這種有生命力的東西促使我在後來的二十六年當中，繼續謀求發展殷先生所發展出來的一些思想與精神。（此處「發展」並非指謂狹意的「持續」。）在言教方面，殷先生所給我的影響是認真追求知識的態度。這種態度雖然在中國傳統裡面並不是沒有，但它畢竟顯得不夠強烈；殷先生在這方面所表現的精神是相當西式的。由於這種精神的導引，我在堅持殷先生所提示的大方向、大原則的前提之下，近二十幾年來在論析自由主義的時候，已與殷先生所談的內容有相當的不同，甚至有相當衝突的地方。但是，我覺得這些差異毋寧是秉承先師的自由主義精神的自然發展。

二、對於胡適與殷海光論〈容忍與自由〉的評析

今天我想與大家共同討論的題目是：「兩種關於如何構成政治秩序的觀念——兼論容忍與自由」。我想從自由主義的觀點來討論一下這個題目所涉及的一些問題。這個題目牽涉的範圍很廣，不可能在限定的時間之內說得周延；所以我想先用一個實例，具體地說明一下。這樣也許比較容易探究問題的核心。

在民國四十八年三月十六日刊行的《自由中國》第二十卷第六期上，胡適先生發表了一篇很重要的文章：〈容忍與自由〉。後來殷先生緊接著在《自由中國》下面一期發表了一篇回應的文章，題做〈胡適論〈容忍與自由〉讀後〉。殷先生在這篇文章中對胡先生的言論，一方面採取了相當尊重的看法；在另一方面，他對胡先生的意見也做了一些推衍與批評性的補充。我們可以從這兩篇文章說理的方式和思想的內容來看一看當時的自由主義者在精神和思想上的承

擔與在精神和思想上的負擔。「承擔」指的是他們的使命感：他們在當時的政治環境中為了自由主義的理想，做了他們認為應該做的呼籲。「負擔」是指：他們的思想在經過分析以後，呈現著內在的局限性與內在的困境。

胡先生的文章相當短。他自述寫本文的緣起道：十七、八年前他在母校康耐爾大學與一位史學家談話的時候，那位史學家跟他說：「我年紀越大，越覺得容忍比自由更重要。」胡先生接著說，他自己也有「年紀越大越覺得容忍比自由還更重要的感想，有時候我竟覺得容忍是一切自由的根本；沒有容忍，就沒有自由。」胡先生又說，他十七歲的時候，根據《禮記》〈王制〉裡面的「假于鬼神時日卜筮以疑眾，殺」一條經典，以衛道態度痛責《西遊記》與《封神榜》，因為那時他已是一個無鬼論者、無神論者，為了破除迷信，他毫不容忍地發出那些「狂論」，竟不知〈王制〉中所列的罪名都可以用來摧殘宗教信仰的自由。胡先生說這種年少氣盛的看法實在是很要不得的，因為它不能容忍不同的思想。社會上如果彼此不能容忍不同的意見，社會上便無自由可言了。但，胡先生接著又說：「我自己總覺得這個國家、這個社會、這個世界絕大多數是信神的，居然能有這雅量，能容忍我的無神論……我覺得這個國家、這個社會、這個世界對我的容忍態度是可愛的，是可以感激的。所以我自己總覺得我應該用容忍的態度來報答社會對我的容忍。」

從這些話來看，我們知道胡先生的基本出發點是著重社會中每個人的態度問題，他所說的容忍與歷代儒家所一再強調的恕道並沒有多大不同。從這種思路推演下去，全文所談的，主要是容忍的態度與自由的關係。胡先生認為，如果大家希望享有自由的話，每個人均應採取兩種態度：在道德方面，大家都應有謙虛的美德，每人都必須持有自己的看法不一定是對的態度；在心理方面，每人都應有開闊的胸襟與兼容並蓄的雅量來寬容與自己不同甚至相反的意見。換句話說，採取了這兩種態度以後，你會容忍我的意見，我也會容忍你的意見，這樣大家便都享有自由了。胡先生此文的主旨，便如上述。[1]

殷先生在言談之中和與朋友、學生的通信中，對胡先生——尤其是胡先生後半生的言論——並不是很尊敬的。雖然他在大方向、大原則方面與胡先生所肯定的，有不少共同之處；但，他認為胡先生的思想比較膚淺。然而，在這篇回應的文章裡，他卻對胡先生表示了相當的敬重，並順著胡先生的思路加以推衍，觸及到了幾項胡先生的文章沒有涵蓋到的地方；不過，他也對胡先生的意見做了一些含有批評性的，必要的增補。我個人覺得殷先生的這篇文章是他比較重要的一篇著作。

文章一開始，殷先生說，胡先生那篇文章是「一個偉大的文獻」，「是中國人應走的大方向的指南針」。接著他繼續發揮胡先生的看法。他說：假使大家都認為不會錯，我是站在正義

1 請參閱下文。

的一邊，代表光明的一面，這種心理使人以為真理只有一個，而且「這一個」就在我手裡。這種心理往往會產生一種狂激的情緒。這種狂激的情緒實在是一種古代迫害異教的原動力，在現代是反民主地區之思想迫害以及政治迫害的原動力。他在這裡與胡先生所採取的立場完全一致，他認為這種自認自己了不起的狂激情緒，自認只有自己才對的心理應該盡速予以摒棄。

殷先生接著說，雖然我們應該容忍別人的不同意見，但我們是不是仍然可以堅持己見呢？他認為這兩者之間並無矛盾；我們一方面應該容忍別人的不同意見，同時我們也可以堅持己見。因為堅持己見是我們基本的權利。不過，這樣子的話，大家的看法可能都不一樣，將來怎麼辦？怎麼能溝通呢？他說，基本上，我們應該訴諸經驗與邏輯。這當然是作為邏輯實證論者的殷先生的基本立場。接著，殷先生提出了一個胡先生未曾注意到的問題。胡先生主要是強調謙虛的美德與開放的胸襟對於社會上個人自由的重要。但，他所主張的這種容忍的態度是否可以適用到每個人的身上，每一個主義的身上呢？換句話說，容忍的態度是否應該有一個限度？殷先生的答覆是：容忍的態度不可漫無限制，應該有一限度。他認為「已構成危害人群的罪犯行為」的任何人、任何集團與任何主義都不應該加以寬容。殷先生以其一貫的反共立場，認為共產黨與共產主義是無可容忍的。他更進一步，以運作論的觀點，強調應以「主義」的「實際步驟」來作為是否可以對其加以容忍的抉擇標準。他說：「一切『主義』在文字方面的異同根本不是重要的事，最關重要的事是實行『主義』的實際步驟，尤其是它所引起的情緒類型和對待異己的反應方式。如果有甲、乙兩種『主義』，二者的招牌不同，『理論體系』不同，但是二者實行的步驟在基本上相同，所引起的情緒類型相同，對待異己的反應方式相同，那麼，從運作的觀點看，二者是異形而同質的，因此二者應該視為同一個『主義』。因為，它們所產生的實際結果，或予人的實際影響是一樣的。在這種情況之下，二種『主義』的名稱不同，『理論體系』不同，對於大多數人是沒有意義的。……只有書呆子，或拜字教的信徒，才會在名詞術語方面來分別這兩種主義，才會因這兩種主義在名詞術語方面不同而真的把二者當作不同的主義。」

這一段話似乎隱含著一個預設——認為兩個不同「理論體系」的主義可以產生基本上相同的「實際步驟」。假若殷先生有這樣想法的話，也許他未曾察覺到，這種想法實際上蘊涵著相當強的反知主義的（anti-intellenctualistic）色彩。而從嚴格的知識的觀點來看，他對「意締牢結」（ideology）的性質及其影響的了解也顯得相當粗疏。不過，在回應胡適先生的言論的這篇宏文中，殷先生能夠提出這一觀點，實在有其時代的承擔與尖銳性；它同時也反映了二十五年前一個中國自由主義者的苦悶。

最後，殷先生提出了幾點對胡文含有批評性的增補意見。殷先生的意見是以濃縮的方式表達的，但言簡意賅，蘊含的意義很豐富。他的意見涵蓋著兩個問題。第一個問題是：「容忍的態度是否能夠很容易地在每個人的道德意識與心理中產生？」對於這個問題，他的答案是否定的，他認為容忍的態度並不容易在每個人的道德意識與心理中產生。那麼，第二個問題便很自然地在這個脈絡中出現了：「容忍產生的難易，是否與容忍者所處的環境有很大的關係？」換句話說，除了呼籲每個人在道德的意識上都需有謙虛的美德，在心理的態度上都需有開闊的胸襟與兼容並蓄的雅量，與除了描繪一個大家如能彼此容忍，社會上便有個人自由的美好遠景以外；落實地說，每個人是否能夠很容易養成容忍的意識與態度？不同的政治環境是否對養成容忍的意識與態度會產生很大的影響？關於這些問題，殷先生的意見是：

同樣是容忍，要求別人對自己容忍易，要求自己對別人容忍卻難。同樣是容忍，無權無勢的人易，有權有勢的人難，容忍是屬於「自我訓練」（self-discipline）一類的行為。當無權無勢的人面對權勢時，他受到種種限制和壓力。這種限制和壓力使得他不能不調整自己底言論或行動之角度用以適應求存，或達到某一目標。所以，無權無勢的人較易對人容忍。阿克頓爵士（Lord Acton）說：「權力使人腐潰，絕對的權力絕對地使人腐潰。」歷代暴君底行為就是顯明的例子。當著沒有外力抑制而猶能自律，這只有最高「心性修養」的人才辦得到。在通常的情況之下，一般人是當有外力抑制時，他就收斂些；當外力不存在時，他就放肆些。平凡的人總是多些。有權有勢的人在「心性修養」方面似乎更屬平凡。有權有勢的人頤指氣使慣了，他言欲為無窮則，行欲為後世法，到了現代更變為「主義」等類「絕對真理」的化身。要這類人士學習容忍，真比纜繩穿過針孔更難。

殷先生這一番話，很犀利地指出了胡適先生論述容忍與自由的言論的癥結所在。在形式層次上，胡先生的看法當然是對的。如果大家在社會上都能容忍不同與相反的意見，那麼，每個人便都能享有個人的自由。這是很淺顯的道理。其實，從社會中的人際關係的角度來看，容忍不過是自由的異語同義字而已（從別的角度來看，當然不是如此，但從社會中的人際關係來看卻是如此），那麼，認為社會上有了容忍，個人便有自由，這種說法當然是對的了。但，在實質層次上，問題卻不是這麼簡單。基本上，胡先生的看法牽涉到兩層困難。第一，對一般人而言，容忍並不是能夠很容易做到的（「同樣是容忍，要求別人對自己容忍易，要求自己對別人容忍卻難」）。因此，在形式層次上說些「如果大家在社會上都能容忍不同與相反的意見，每個人便就都能享有個人的自由」——便難免不是空話了。易言之，如何使社會變成容忍的社會，首要之務是如何對付與限制社會上政治權力的問題，而不是在形式層次上反覆申明大家一見便知、一見便能同意的異語同義的意見。

第二，從個人內心的修養來談如何建立容忍的社會——由社會成員內在的自覺來訓練自己產生容忍的道德與心態——無可避免地，要面臨一個無法由自身資源加以解決的矛盾與困境。

因為這種方式，一方面是精英性的，但另一方面卻必須假定它是普遍性的。事實上，由個人內心的修養達到胡先生所指謂的容忍的心靈，是只有少數人才能做到的事。用殷先生的話來說：「當著沒有外力抑制而猶能自律，這只有最高『心性修養』的人才辦得到。」然而，胡先生的言論卻必須先假定這件事並不是只有少數精英才能做到，而是每個人都同樣地能夠做到——這樣，他的話才有意義；否則，少數有「心性修養」成就的人能夠容忍大多數的人，但大多數的人並不能容忍這些少數人，也不能彼此容忍；那麼，社會上自然沒有什麼個人自由可言了。尤有進者，胡先生的論點，既然必須先假定每個人都同樣地能夠在道德意識與心理狀況中產生容忍；那麼，他也必須假定有權有勢的人也能產生同樣的容忍。但，我們知道，這種假定，從阿克頓爵士的觀點來看，一定是要落空的。[2]

然而，為什麼胡先生的論點會如此浮泛呢？從我個人研究「胡適思想」的觀點來看，其主要原因是由於他未能深切地、批評地省察，影響他至深且鉅的儒家思想的分析範疇（categories of analysis）——亦即儒家思想的思想模式（mode of thinking）——的緣故。易言之，他深受儒家思想的分析範疇的影響，以致視其為當然；因此他未能察覺到，在中國推行自由主義的時候，這些分析範疇所帶來的困擾與阻礙。

雖然儒家在歷史的發展中產生了許多派別，它們之間也有許多爭執，但，基本上，儒家思想中的各家各派對於政治的看法是一致的。這種看法可以孔子所謂「政者正也」這句話作為表徵。對於社會中政治權力的現象，它們只想用道德力量加以化解與提升——所謂「內聖外王」，那是各派儒家的共同理想。同時，它們又假定政治權力是的確能夠道德化的，所以握有政治權力的人又有教化百姓的責任。在化解不了政治權力所產生的各種問題的時候，則只有對之加以譴責。因此，政治之為政治，無法在中國思想中產生中性的獨立範疇。

但從西方自由主義的觀點來看，任何社會，只要它是一個社會，就會無可避免地產生政治權力的現象，而這種現象，在社會上不可能化約成為別的東西。社會中的許多事，必須靠政治權力的使用才能達成；所以，在一個特定的意義上，它是中性——對社會而言，可能產生好的效果，也可能產生壞的效果，所以不應該不分青紅皂白，就對之加以譴責。如何在社會上使它適當地得以運用而不自我擴張與腐化，則需靠有效的制度的建立（如三權分立，法律對言論自由【包括新聞自由】的保障等）。這樣，有政治權力的人無法任意使用他的權力，而它的使用也被限制在一特定範圍之內了。儒家思想卻不採此一觀點。因為政治道德化的理想在儒家思想中被認為是一個必可達成的理想（之所以如此，與傳統的儒者認為堯、舜的聖王之治是確實發生過的歷史事實，關係很大），所以儒家無法承認在社會上，政治只能是政治——必有其獨立

2 關於胡適先生對於殷海光先生的評論的答覆，請參閱下文的分析。

的範疇；同時儒家也因此沒有運用制度對最高政治權力加以制衡的觀念。[3]（從自由主義的觀點來看，儒家思想中「修身」與「治國平天下」之間的緊張性（tension）是很有限的，這主要是因為由「內聖」臻於「外王」的理想，在傳統中國從未被突破的緣故。[4]中國官僚體制中，當然有許多「制衡」的設施，如後來發展成的地方官三年輪調的制度，與不准在原籍任官的規定等等。這些設施主要是為了保障皇權，防範地方官與地方勢力的勾結、坐大而建立的。就制度來講，它們反而幫助了皇權的穩定與持續。當然，皇權受了傳統中國的社會結構與文化的牽制，並沒有辦法無限制地擴張；但，那是另一問題。傳統中國沒有運用制度對皇權加以制衡的觀念，殆為不爭的事實。）職是之故，當一個儒者看到了政治腐化的現象，他設法使之改善的資源是很有限的。他只能繼續訴諸他所肯定的，政治人物的人性中自覺的力量，希望他們能夠利用自覺，得到思想與道德的改造；這樣，政治人物的氣質變化了，自然就不會濫用權力了。事實上，這種不從外在的制度上加以規範，而要求政治人物從內在的心靈上自我改造以致使政治終究要變成道德的辦法，是一極為不易——幾乎不可能——實現的，一廂情願的空想。但，深受儒家思想範疇影響的人，卻無法認清它底烏托邦的性質。這種把「理想」當作「事實」的混淆所產生的唐吉訶德式的想法，在胡適先生身上，使他毫不困惑地假定，他在形式層次上，對容忍與自由之間的理想關係所做的說明，是有實質的有效性的。換句話說，他因深受儒家思想範疇的影響以致無法分辨政治思想中形式思維與實質思維的不同。

另外，儒家政治思想基本上是秀異式的，所謂「民，可使由之；不可使知之」，[5]「勞心者治人，勞力者治於人」。但它的秀異性卻被「性善」觀念所蘊涵的普遍性的信念淡化，以致

---

3 如要特別仔細，這一說法應稍加限定。唐初宰相制度（政事堂）有「議」君的權力，而這個制度的理念也蘊涵了君主有四「不可」。（李華的《中書政事堂紀》曰：「政事堂者，君不可以枉道於天，近道於地，覆道於社稷，無道於黎元。（按：「黎元」指人民，此處當是避太宗之諱。）此堂得以議之。」）另外，諫官，如魏徵，對君主犯顏直諫，也可能對君權產生一些道德的約束力。然而，「政事堂」的光輝為時極暫，對後世絕對的君權及其觀念並沒有發生多大影響；再就諫官的功能來說，天子不但可以對他的諫言不予理會，而且尚可對其治罪。概括而言，儒家傳統並沒有發展出來一套系統化運用制度對於最高政治權力加以制衡的觀念，殆為不爭的事實。關於這方面的史實及其涵義，暢達而允當的討論見余英時，〈君尊臣卑下的君權與相權〉，余著《歷史與思想》（台北：聯經，一九七六），頁四七—七五。

4 關於「內聖外王」觀念的烏托邦性質與運作的實際困難，請參閱陳弱水，〈『內聖外王』觀念的原始糾結與儒家政治思想的根本疑難〉，《史學評論》，第三期（一九八一年四月），頁七九—一一六，及〈追求完美的夢——儒家政治思想的烏托邦性格〉，《中國文化新論——思想篇一——理想與現實》（劉岱總、黃俊傑主編）（台北：聯經，一九八二），頁二一一—二四二。

5 受了西洋思想衝激的影響，有的注釋家曾想盡辦法把孔子在這章裡的意思附會成為一項與西洋民主的觀念沒有任何衝突的意見。事實上，中國在傳統中壓根兒就從來沒有民主思想，雖然有民本思想。關於此點。請參閱拙著《思想與人物》（台北：聯經，一九八三）內的兩文：〈民主自由與中國的創造轉化〉，頁二七七—二九二；與〈論民主與法治的關係〉，頁四二三—四三五。

秀異性思想與普遍性思想之間的矛盾無法彰顯出來。受儒家的思想範疇影響很深的人，動輒認為由普遍性的「性善」觀念所衍發出來的「人皆可以為堯舜」的信念，為一確可實現的將來境況。這個想法與儒家思想的另一分析範疇——「藉思想、文化以解決問題的方法」[6]相滙合，自然使受其影響的人覺得每個人，只要動員內在的道德與理知資源，便可獲致道德的與思想的重建，或道德的與思想的革新。（因時代與環境的不同而有不同的意願，但達成不同意願的基本資源則被認為是相同的。）這樣想法自然也強化了儒家思想中烏托邦的性質。但，受其影響的人，卻不認為他們的想法是空泛的；他們深信他們的想法是實際可行的。這些想法反映在胡適先生的頭腦中，很可能使他不自覺地以為，只要他把他的觀點說清楚了，它們便有實現的可能。他也許因此忽略了在形式層次上清楚的展示及在形式層次上取得大家的贊同，與在實質層次上的實現，是還有一大段距離的，甚至關係遠到不相干的地步！他或因此連形式層次與實質層次的分際都未能看清！

根據由高度的道德關懷所導致的道德想像力，殷先生在他的宏文的結尾，隱涵地指出了胡適論點的浮泛。但，他只能指出胡文論點的浮泛；自己除了站在老百姓的立場發出正義的吼聲以外，卻也拿不出具體的辦法來超脫胡先生的困境。殷先生說：

> 適之先生是歷史大家。他一定知道，就咱們中國而論，自古至今，容忍的總是老百

姓，被容忍的總是統治者。所以，我們依據經驗事實，認為適之先生要提倡容忍的話，還是多多向這類人士說法。

殷先生這一段話，顯然與前面他批評胡先生的話發生矛盾了。因為，既然他認為「容忍是屬於自我訓練一類的行為」，「當著沒有外力抑制而猶能自律，這只有最高『心性修養』的人才辦得到」，而且他又贊同阿克頓爵士的名言，以為「權力使人腐潰，絕對的權力使人絕對地腐潰」，那麼，要求胡先生向那些多已被權力腐潰，「在『心性修養』方面似乎更屬平凡」的有權有勢的統治者「多多說法」，不也是一句空話嗎？

換句話說，殷先生既然認為那套依靠理性的說服力去喚醒人們內在的自覺，相信由他們內在的精神與理知的自覺便可導致道德的與心理的容忍的說法，對一般人而言，是很難奏效的；那麼，他的思路在此已逼出以外在的法治的制度來限制與疏導政治權力的觀點了。然而，中國在當時卻沒有什麼實際的資源來導致法治制度的建立。雖然殷先生已明確地指出了胡先生論點

6 「藉思想、文化以解決問題的方法」預設思想與文化的變遷必須優先於社會、政治、經濟的變遷，反之則非是。換句話說，它認為人間最根本的變遷是思想本身的變遷，而所謂最根本的變遷，是指這種變遷是其他文化、社會、政治與經濟的變遷的泉源。關於這方面的分析，請參閱前引拙著頁一三九—一九六：〈五四時代的激烈反傳統思想與中國自由主義的前途〉。

的不足之處；但，他自己卻也只能站在不放棄中國自由主義的理想的前提下，在形式的層次上，以運用知識分子自身的本領（理性的說服力）的立場，繼續呼籲——呼籲胡先生要多多向有權有勢的統治者說法。如此，殷先生所做的這樣的呼籲與他在實質層次上所做的分析便無可避免地產生矛盾了。[7]

三、上一代自由主義者源自中國的傳統性思想資源（與限制）

從以上對於兩位中國自由主義前驅人物有關容忍與自由的言論的分析，我們很沉痛地看到了中國自由主義的發展在當時的困境。無論胡、殷兩先生對他們的困境是否有清楚的自覺，他們為自由的理想所做的呼籲是在客觀環境不利於自由主義發展的時代裡，維繫自由的理想於不墜的原因之一。然而，他們在外在資源（法治的制度以及社會與經濟條件）不足的情況下，之所以能夠持續地堅持自由主義的理想，這絕不是因為他們覺得除了堅持自由主義的理想以外，別無其他可做之事的緣故。更重要的動力是他們（無論是自覺地或不自覺地）好歹承繼了，如前所述，一種儒家傳統的價值觀與分析範疇。（他們所承繼的傳統的價值觀與分析範疇當然不止於堅信每個人均有道德的原動力、判斷力與理知能力，以及根據對思想有效性的信仰所預設的「藉思想、文化以解決問題的方法」，此處為了分析的方便，暫不論及其他。）這種價值觀

7 殷先生一生有關闡揚自由主義的言論，主要是著重在對於自由與民主的意義及效用的說明。他對在西方歷史中，自由及民主的發展與法治之間的密切關係，則較少關注。雖然有時他也提到法治的重要，但在他的著作中則較少論及法治的確切內涵，與法治是自由與民主的基礎——沒有法治便沒有自由也沒有民主——這項自由主義的關鍵要點。例如，在〈言論自由的認識及其基本條件〉（《殷海光選集》第一卷（香港：友聯出版社，一九七一），頁一四一—一四四）一文中，他並沒有特別指明法治是言論自由的基本條件。他所指謂的「基本條件」乃是構成言論自由的基本態度。在〈治亂的關鍵〉（前引書，頁一七一—一八七）一文中，他指出了民主憲政的重要性；但他所著重的，也仍然是對於實行民主憲政以後美好遠景的描繪；至於如何在中國的環境中達成法治的建立，如何使民主憲政落實等具體問題，則並未論及。在他迻譯海耶克先生的《到奴役之路》第六章〈法治底要旨〉時，他在〈譯者的話〉中所陳述的意見，則顯露了他對法治的了解是相當混淆的。見殷海光譯，《到奴役之路》（台北：文星書店，一九六五），頁八九—九一。在殷先生的那個時代，許多人（包括不少知識分子與政治人物）連「自由不是放縱」，「自由與責任密不可分」這些基本常識都沒有，作為中國自由主義的前驅人物，殷先生面對的迫切問題是向讀者解釋什麼是自由？什麼是民主？至於**如何實現**自由？**如何實現**民主？這些問題當時尚無暇顧及。換句話說，許多人連什麼是自由主義都弄不清，當時自然還談不到如何實現自由主義的問題。殷先生的貢獻，是以其帶有道德熱情與道德勇氣的健筆，對於自由與民主的意義及效用的苦口婆心的反覆說明；在五〇年代與六〇年代，中國自由主義的理想之所以還能維持不墜，主要是由於他與他的朋友們底不懈的奮鬥。今天我們從關心如何實現自由主義的觀點來看，他的言論自然有其不足之處，這是不必為賢者諱的。殷先生在他的一生，已竭盡所能，利用他所具有底理知與道德的資源，做出了他所能做出的貢獻。我們今天以虔敬之心紀念他的貢獻之餘，應該認清他的思想的性質，這樣或可隨著時代的演進來面對中國自由主義的下一個課題。我想這是一項符合自由主義精神的紀念殷海光先生的方式。

與分析範疇，從客觀的觀點來看，使他們陷入了上節所論析的困境；但，它們卻也使他們主觀地認為為自由主義的理想呼籲、請命，有積極的意義，所以他們主觀地並不認為堅持自由主義的理想，只有消極的形式意義。

從他們承繼的儒家觀點出發，政治秩序的基礎是道德與思想；而政治活動的秩序，是要靠道德與理知成就高的人出來擔任政治領袖來建立的。這樣，雖然其他人的道德與理知能力並未臻於做政治領袖的地步，他們卻可根據自身的能力來認識：以道德與理知的資質作為政治領導力量的合理性。儒家思想認為道德與理知的資質是具有「奇理斯瑪」（charisma）的特性的——它們能夠產生政治秩序。這種思想的起源可追溯到周初的「天命」的觀念。受到這種價值觀與分析範疇影響的知識分子自然覺得，作為知識與道德領域之內的精英，他們負有責無旁貸的政治與社會責任，他們必須運用他們底知識與道德的資源在社會中建立政治秩序。他們之中的一些人，既然發現自由主義所界定的政治秩序是最為合理的一種政治秩序，所以他們認為應該運用他們的道德與理知的能力來闡揚自由主義的合理性。在這種深受儒家的價值觀與分析範疇影響的氣氛中，我們很容易了解為什麼他們會在主觀上認為，利用知識分子本身的資源為自由、民主呼籲、請命是有積極意義的。總之，他們之所以鼓吹自由主義，是因為他們的思想內容已有重大的改變，但他們推動自由主義的**方式**卻反映了中國傳統的重大影響。而他們在接受西方自由主義所堅持的人的道德自主性（人是目的，不是手段）這一點上，也頗反映了儒家「仁的哲學」對他們的影響。他們發現「仁的哲學」所蘊涵的道德自主性，在自由的社會中最有實踐的可能。(康德的道德自主性觀念與儒家「仁的哲學」，從表面上看去，似有一些相悖的地方；但，綜觀康德思想之整體及其發展的脈絡——包括其晚年完成的 *Religion Within the Limits of Reason Alone*（1793）與 *The Metaphysics of Morals*（1797），我們知道，它們雖然來自不同傳統，有許多相異的地方，但兩者實有不少可以滙通之處。)

四、西方自由主義並不是單線式思想建構的結果

與胡、殷兩先生希望利用理性的說服力與道德的感召力來推行自由主義的方式迥然相異，西方自由主義的發展是一複雜的演變過程；在這一演變過程中，許多後來有助於自由主義實現的制度與思想，在當初出現的時候，並沒有促進自由主義發展的意圖。概括地說，自由主義的思想運動是興起於許多有利於自由之建立的制度之後的。(有些制度，只在建立之後演變出來了有利於自由的後果，當初並無有利於自由的意圖。)當然，自由主義的思想運動興起以後也的確促進了自由制度進一步更健全的發展，但西方歷史很明顯地告訴我們，許多自由制度的根源與近代的自由思想並沒有直接的關係。另外，近代西方自由思想的一部分基礎(如多元的觀念)，也從非自由傳統的思想中獲得了相當重要的資源。從上面這一簡略的陳述，我們已可知

道，西方的自由主義不是單線式的思想運動所建立起來的；雖然自由思想運動在客觀有利條件出現以後，看到了自由制度的好處，於宣揚與說明自由制度應該更健康地發展的時候，也對自由主義的理想的某種程度的實現做出了貢獻。所以，我們必須認清西方自由主義是一歷史演變的結果，而非一單線式的思想建構的結果。

五、從洛克論「容忍」看胡適與殷海光的「容忍與自由」的論點所呈現的困境

下面我想用兩個例子說明一下我的論點。我想對西方自由主義中的容忍觀念與多元觀念的來源做一說明。這樣一方面可以具體地解釋一下上述的論點，另一方面也可以說明一下，與儒家所持有的如何形成政治秩序的觀念基本不同的，另一種觀念。

提到容忍的觀念，有關這方面的經典著作，首推洛克（John Locke）在一六八五年用拉丁文撰寫的〈論容忍的一封信〉。這篇文字是洛克在荷蘭流亡期間用書信的方式，寫給他在荷蘭的至友 Philip van Limborch 的。最初於一六八九年在荷蘭印行，同年倫敦有了英譯本，後來又有各種英譯本。目前最好的譯本是 J.W. Gough 譯的附有拉丁文原文的本子（Oxford University Press, 1968）。後來，洛克為了辯護他的立場，又寫過兩封信。不過，他主要的論點都收在第一封信裡。

洛克所主張的容忍是指宗教上的容忍。西方在宗教改革以後，出現了許多彼此信仰方式不同的教派。這些教派都強調自己的信仰方式才是真正合乎上帝意旨的，別的教派是邪教異端，應該予以鏟除。後來一些新教派與政治上的統治者產生了密切的關係，受其保護，以致挾政治力量去迫害被視為異端的教派的事便時有所聞。洛克認為這種宗教的迫害，不但違反基督徒以愛為出發點的處世行事之道，而且本身也毫無意義可言。他主張各個教派彼此應該容忍。其主要的論點是要求各個教派接受既定的事實。西方歷史演變至十七世紀，與洛克的論點有關的既定事實主要有兩項：㈠政教分離，㈡不同教派的風起雲湧。洛克認為政、教分離的原則必須遵守。政、教分離的觀念與制度在西方乃是根據精神世界與凡俗世界被認為是絕對不同的兩個範疇的觀念而建立的。行使國家（the State）的權威的政府，是管理人民外在的世俗事務的機構。（人民外在世俗事務包括生命、財產的保障，與對外防禦敵人侵略的國防設施等。）易言之，政府的意義與功能在於維持社會生活所需要的**外在**秩序。但政府卻不應也不能管理人民**內在**的信仰。人民內在的精神生活則是受秉承上帝意旨的教會所指導。所以，外在的秩序與內在的精神範疇不能相互踰越。如果一群人在精神世界的範疇之中，志願地組織起來，根據他們的信仰，奉行他們認為應該奉行的宗教儀式與生活方式，這種儀式與生活方式，只要不影響到社會的安寧，是應該受到別的教派的容忍的。因為一個人在精神範疇之內如何信其所信，只能根據自己內心的想法與感受為之。正如洛克所說：「沒有任何人能夠接受別人的指令去相信自己的信仰，即使他要如此做，也是不可能的。」[8]因為如果你內心不信某一信仰，無論別人如何迫使你信，你仍是不會在心裡面真信的。即使你為了不被迫害，在表面上佯裝著信了；事實上，在內心深處你仍是不信的。如果一個教派藉著政治力量去強迫別的教派裡的人放棄他們的信仰方式，去強迫別的教派裡的人信它這一教派的信仰，它這樣做便破壞了政、教分離的基本原則，是注定沒有任何效果可言的。信仰的事屬於內在的精神範疇，必須自己在心中心悅誠服地相信才成。

總之，洛克的基本論式是順著許多人都承認的既定的事實（政、教分離的原則與制度，以及不同教派的風起雲湧）加以推衍，求其合理的含意，然後從闡述其含意的立場來說明容忍的必要性。我們從他為容忍所做的辯解清楚地知道，他不是只靠知識分子自身的資源來為他的理想呼籲、請命的。在這裡他不是運用理性的能力在「無」中創造出「有」來，而是用理性的能力疏導已成的事實——換句話說，在歐洲中古以來演變出來的政、教分離的原則與制度的背景之下，容忍的觀念及其實踐，事實上，是教派林立，互不容忍的事實促成的。

根據以上的陳述，我們也可以對胡、殷兩先生在他們的文章中共同呈現的一個使人困惑的地方，加以解釋了。他們兩位都曾提到歐洲歷史中宗教迫害的事實，更特別指出喀爾文（John Calvin）把一位獨立思想者塞維圖斯（Michael Servetus）活活燒死的事。當時喀爾文居然說：「嚴厲懲治邪說者的權威是無可疑的，因為這就是上帝自己說話。……這工作是為上帝的光榮戰鬥。」反觀我們中國的歷史，雖然宗教迫害的事不能說沒有，但比起歐洲與美國清教徒時代宗教迫害的慘烈，中國毋寧早已是一個甚為容忍的國度。既然是這樣；那麼，為什麼歐洲與美國反而產生了自由，而我們卻沒有胡、殷兩先生所呼籲的自由呢？（其實，我們社會上一向頗有人情之下的「容忍」，但卻沒有多少法治保障的、自由主義意義之下的容忍與自由。胡、殷兩先生所指謂的是這種自由主義意義之下的容忍與自由。）

對於這個問題，我們是無法根據胡先生所使用的，以及殷先生在他的文末要求胡先生向統治者「多多說法」所顯示的，「藉思想、文化以解決問題的方法」來解答的。因為如果應用胡、殷兩先生所使用的理路去思考與解答問題，我們只能說，西方之所以後來能夠產生容忍與自由，主要是因為西方思想家，鑒於宗教迫害的慘烈，亟思消弭這種不合理的事情，他們運用理性說服大眾，使大家知道，彼此容忍的自由生活才是合理、合乎人道的生活。這樣，大眾接受了他們的啟蒙，便努力做到彼此容忍，以致共同享有了自由的生活。但，問題是，受宗教狂熱所驅使的激情人物是極不理性的，最聽不進理性的話語。歐洲與美國當時有那麼多極不理性的人，他們如何能被理性說服呢？我們從歷史中知道，理性的說服力所能發揮的作用是很有限的。理性的說服力只能在有利的歷史條件之下，**因勢利導**；它本身並不能創造歷史。我們中國

8 John Locke, *A Letter on Toleration*, tr., J.W. Gough（Oxford University Press, 1968）, p. 67.

人深受傳統的「藉思想、文化以解決問題的方法」的影響，往往以為思想的改變是一切改變的泉源。其實，事情並不是這樣的。洛克，並不是像胡先生那樣說，有了容忍就有自由，有了自由，大家的生活就會多好多好；希望藉著闡揚容忍與自由的合理性來說服大家。洛克是根據已有的政、教分離的原則與在演進中的政、教分離的制度，說：迫害是無用的。這是根據原有的歷史條件，用理性的論證來因勢利導有利於容忍與自由的歷史條件。

六、馬基維利為西方自由主義提供的思想資源

其次，我想用一具體的實例，談談自由主義所主張的多元觀念的來由。這樣我們可以看一看西方自由主義思想非單線式的發展，與從非自由傳統的思想中獲得的資源。我們都知道歐洲文藝復興時代的馬基維利（Niccolò Machiavelli）是主張在世俗的世界中從事政治活動的時候，有時為了達成目的，需要不擇手段。他的這種看法是與自由主義有基本衝突的。但據柏林爵士（Sir Isaiah Berlin）的研究，[9]他的言論卻為多元的價值觀念建立了一個思想的基礎。（當然，還有其他的思想基礎。）此種後果並非他始料所及，也不是他所贊同的。馬基維利的思想，基本上，是要重振古羅馬的公民精神。作為文藝復興時代的人文主義者，他認為伯里克利斯（Pericles）時代的雅典與古羅馬共和時代是人生理想的最高境界。這種人生所肯定的價值是：

與城邦政治所形成的群體生活有關的道德（勇敢，在橫逆中的堅強，為完成公共事務而效力，公共範疇之內的秩序，以及個人在群體生活中所應有的自我肯定與完成這些肯定所需要的知識與勢力）。這些非基督教的價值與基督教的價值是不能相容的。基督教所肯定的價值則是：仁慈、憐憫、敬愛上帝、對敵人的原宥、對人在現世所追逐的事務的厭惡、相信個人靈魂得救後的永生是至高無上的價值。對馬基維利而言，無論基督教所肯定的價值本身是否有意義，那些價值只能為他所希望建立的社會造成障礙；而他認為他所希望建立的社會是能夠滿足每個人的欲望與利益的。在價值範疇之內，馬基維利自己雖然仍是一個一元論者（他認為他肯定的價值才是真正的價值）；但在西方思想史上，他對歐洲中古以來所奉行的基督教所肯定的價值的挑戰，卻帶給西方連他自己也未能預料到的後果：由兩種價值之不能相容的認識，到兩種價值因彼此不能戰勝或涵蓋對方而不得不並存的境況，到價值多元的肯定。

過去大家都認為真正美好的價值一定是可以彼此相容的。那麼，尋求一個適合每一個人的理想的、統一的價值系統，是被假定可以經由理性的運作而獲致的。然而在馬基維利重新肯定古羅馬共和時代的人文價值以後，大家知道這一套非基督教的價值與基督教的價值都有客觀的

9 下文論析馬基維利的思想，主要是根據 Isaiah Berlin, "The Originality of Machiavelin," in his *Against the Current* (N.Y.: Penguin Books, 1982), pp. 25-79.

意義，但我們卻無法用理性來衡量孰優孰劣。在這種情況下，對於個人而言，如果他同時肯定了這兩類價值，他就無可避免地處在兩難情況之中，有時需做痛苦的抉擇；對於社會生活而言，在同一社會中，持有不同價值的人就必須學習彼此容忍、共處之道。而持有不同理想的人，在實際層面處理政治事務的時候，則必須學習相互調適與妥協，因為這是對於社會上價值衝突的現象有所了解以後，唯一的以理性的態度解決政治事務的辦法。連帶地，我們也因此認清了政治事務的有限性（政治事務無論做得多好，不可能為每一個人完成他的一切理想）。

以上是從西方一部分非自由主義思想對價值多元論的歷史性貢獻來說明容忍與自由在西方的脈絡中是如何被肯定的。我們知道，這種肯定主要並不是來自思想家為容忍與自由所做的呼籲與要求；這種肯定並不是由於大家聽到了思想界的領袖人物說，容忍多好、多重要，覺得這些話有道理，遂信服了這些話的結果。換句話說，這種肯定並不是源自思想家的道德與理智的意圖。

七、自由的社會理論所辨解的容忍與自由

下面我擬再從西方自由主義傳統中的社會理論，說明一下容忍與自由是如何被肯定的。基本上，自由主義當然是以肯定個人的尊嚴作為出發點，在這方面，康德的理論最為深刻。但，

如只從價值理論出發，它很難產生廣大的影響。自由主義同時必須提供一個實效理論，以便說明尊重個人自由的社會會帶給個人、社會以及整個文明那些裨益。上承洛克、亞當．斯密、佛格森（Adam Ferguson）、休謨與康德的觀點，在二十世紀以社會理論闡揚自由主義真諦的大家，當推博蘭霓與海耶克。他們的理論主要是建立在法治（the rule of law）的觀念之上的，而其最重要的關鍵則是**自由產生秩序**的洞見。（這與許多中國人士以為自由只能帶來混亂的看法恰好整個相反。）我在這裡擬徵引一段，在別處曾經引用過的，海耶克先生的話來做一點簡要的說明（海氏在文中亦曾徵引了一段博蘭霓先生的話）：

人們的社會行為的秩序性呈現在下列的事實之中：一個人之所以能夠完成他在他的計劃中所要完成的事，主要是因為在他的行動的每一階段能夠預期與他處在同一社會的其他人士在他們要做他們所要做的事的過程中，對他提供他所需要的各項服務。從這件事實中，我們很易看出社會中有一個恆常的秩序。如果這個秩序不存在的話，日常生活中的基本需求便不能得到滿足。這個秩序不是由服從命令所產生的；因為社會成員在這個秩序中只是根據自己的意思，就所處的環境調適自己的行為。基本上，社會秩序是由個人行為需要依靠與自己有關的別人的行為能夠產生預期的結果而形成的。換句話說，每個人都能運用自己的知識，在普遍與沒有具體目的的社會規則之內，做自己要做的事，這樣每個人都可深具信心地知道自己的行為將獲得別人提供的必要的服務，社會秩序就這樣地產生了。這種秩序可稱之謂：自動自發的秩序（spontaneous order），因為它絕不是中樞意志的指導或命令所能建立的。這種秩序的興起，來自多種因素的相互適應，相互配合，與它們對涉及它們底事務的即時反應，這不是任何一個人或一組人所能掌握的繁複現象。這種自動自發的秩序便是博蘭霓所謂的：「多元中心的秩序（polycentric order）」。博氏說：「當人們在只服從公平的與適用社會一切人士的法律的情況下，根據自己自發的意圖彼此交互作用而產生的秩序，可稱之謂自動自發的秩序。因此，我們可以說每個人在做自己要做的事的時候，彼此產生了協調，這種自發式的協調所產生的秩序，足以證明自由有利於公眾。這種個人的行為，可稱之謂自由的行為，因為它不是上司或公共權威（public authority）所決定的。個人所需服從的，是法治之下的法律，這種法律應是無私的，普遍地有效的。」[10]

從上面徵引的海博兩氏嚴謹的分析中，我們清楚地知道，自由的（多元的）社會（個人在社會中享有自由的社會）的最主要的基石是：法治。易言之，**沒有法治的社會不可能是自由的社會**。自由的社會是一個最有秩序、最能利用知識、與最尊重人的尊嚴的社會。因此，自由的社會是最有生機、最少浪費、與最有組織的社會。要建立這樣的一個社會，首要之務是建立一套法治的制度。法治並不是指法律越多或越有效率便越好。也不是指那些根據政治的需要所制定的法律的執行。真正的法治是指謂一種特別的法律秩序的建立與在這個秩序之內的法律的執行。法治最根本的要義是：憲法做主導的法律高於政治的運作；一切政治運作必須在法律之下進行；否則法院有實權予以制裁。法治之下的法律必須是公平的（能夠應用到每一個人身上的）與沒有具體目的的（不為任何利益團體服務的）。法治之下的司法機構不但有權審理與裁定人民行為是否違法，而且有權審理與裁定行政與立法機構的政策及其執行的情況是否違法。總之，法治會給社會裡的每一個人帶來一個公平的與沒有具體目的的行為架構。人們在這個架構中，可以根據自己的意願做自己所要做的事，他不會受到別人的干擾，卻會得到別人在根據他們的意願做他們所要做的事的過程中提供的他所需要的服務。因此，康德說：「個人是自由的，如果他只服從法律而不服從任何人。」（當然，在實際情況中，任何法治架構都不可能十

10 F. A. Hayek, *The Constitution of Liberty*（University of Chicago Press, 1960）, pp. 159-160. 海氏所引用的博蘭霓先生的話，見 Michael Polanyi, *The Logic of Liberty*（London, 1951）, p. 159. 在西方的知識界，自七〇年代中期以來，左傾思想逐漸式微；同時，海耶克的自由主義則又重新受到關注，研究他底思想的著作也開始多了起來。不過，這許多著作的素質並不整齊，比較深入的一本是：John Gray, *Hayek on Liberty*（Oxford: Basil Blackwell, 1984）.

全十美；但，在越趨近完美的法治架構中生活的人，便越能享有個人的自由。）

在法治所形成的自由秩序中，每個正常的人知道守法是自利的，不守法是對自己不利的，所以每個正常的人都很自然地享有了自由。在這個脈絡中，個人自由來自社會的秩序，是與容忍的態度不相干的。（請注意，我只是說，在這個脈絡中容忍的態度與社會上個人的自由並不相干。）因為每個人都須守法，而且都相當願意守法（這樣對自己有利），即使心裡不喜歡某人的行為，不想容忍他，但只要他的行為沒有踰越法律的範圍，也只好予以迴避或漠視了。易言之，在法治架構所形成的自由秩序之內，即使一個人對另外一個人或一組人存有相當不容忍的態度，但結果仍產生了對之容忍的事實。

當然，社會的秩序與社會的凝結，不能只靠法治來維持，它也需要經濟的穩定和發展，與相當完整的道德與文化的傳統。在一個自由、多元的社會中，每個人根據自己的意願做自己想做的事的時候，必須有一個不加懷疑的、支持自由價值的道德與文化秩序作為背景；同時也需要一個相當穩定的經濟秩序作為背景。我在這裡所強調的則是：社會中個人的自由與人際之間的容忍不是思想或態度直接造成的結果。

八、兩種關於如何形成政治秩序的觀念

綜上所述，我們很清楚地知道，關於政治秩序是如何形成的問題，是有兩種基本不同的看法的。

首先，什麼是政治秩序呢？政治是管理眾人的事業。在管理眾人的時候，自然產生權力的現象，與如何使用權力，以及權力在什麼情況之下使用，才被認為是合理的等問題。政治秩序指謂：眾人因權力得以合理與順遂地使用而被管理得很有秩序、很有條理的現象。

西方純正的自由主義，認為法治是政治秩序的基礎；政治秩序的最主要目的之一是維護個人的尊嚴與個人的自由，但它卻並不被認為是道德與思想意圖的直接產物。

許多中國人的看法則認為：政治秩序的形成雖有賴很多因素的配合；但在這些因素中，最基本的動力是道德與思想。此種看法反映著儒家傳統文化深沉的影響。儒家傳統在這裡決定性的影響有時卻很隱晦，從表面上看去，並不易看得出來；而且，同樣深受這種影響的政治人物與知識分子，有時彼此（政治人物與知識分子彼此之間，以及知識分子彼此之間）對當前要務的解決之道，也有許多爭執——這更使人不易看清他們底許多共同的思想根源。另外，中國自由主義者都多多少少採取了反傳統的態度，並以引進西洋自由主義所肯定的價值與觀念為職志，因此，他們在提倡自由主義的時候，深受中國傳統思想與文化影響的成分，便就更不被人

注意了。然而，如果我們希望中國自由主義能夠真正地往前推進一步，那麼從本文的分析所顯示的中國自由主義前驅人物認為政治秩序之形成主要是來自道德與思想的直接影響的這種觀念，必須加以突破。對於這種認為道德與思想的意圖（intentions）可以直接有效地導致政治秩序的建立的觀念，我們根據本文的分析，可稱之謂「道德與思想意圖的謬誤」。（這裡的分析，有其一定的分寸，希望讀者不要誤會。我不反對道德，也不反對思想，而且覺得它們都有社會的意義與功能。我只是說，自由主義所肯定與依靠的以法治為基礎的政治秩序，不是道德與思想的意圖的直接產物，而遵守法治下的法律，與在自由的秩序之內尊重或容忍不同的價值，也並不是非出自道德的意圖不可。我在這裡也不是全盤地反對中國文化。事實上，我認為自由主義的一些價值可以經由儒家與道家的價值系統的創造的轉化而予以肯定。不過根據本文的分析，我的確認為我們應該摒棄受傳統思想影響而形成的「道德與思想意圖的謬誤」。）

深受儒家影響的中國政治哲學，總是把調門提得非常高，要求政治上的領袖人物是大聖大賢，由「內聖」而至「外王」，並且相信道德力量本身具有「奇理斯瑪的」（charismatic）功能，只要居高位的能成聖成賢，下面的百姓自然景從，所謂「君子之德風，小人之德草，草上之風必偃」。因此，基本上，政治的問題被認為是道德的問題。從這個理路思考下去，政治秩序當然是由道德意圖形成的。所有的社會成員，在政治領袖美好的道德意圖感召之下被認為自然能夠產生美好的道德意圖，於是便以為政治秩序會自然地形成了。為了建立政治秩序，最主要的方法在於以口號與訓勉作為主要內容的「精神教育」。一般老百姓，在發現領袖人物並不是真正聖賢的時候，也只能訴諸思想與道德的力量（對政治人物的批評與咒罵是這一理路的衍生物），希望藉此改變政治領袖的態度，使他們真心向善。當然，過去也有一些人論及制度；但，概括言之，中國的制度不能與西方法治觀念之下的制度相提並論，它們大多是技術性、業務性，為特定的目的服務的，大家並不把它當作產生政治秩序的最基本的因子。另外，當道德的影響力與思想的說服力對一些人不能發生效力的時候，在上者對在下者則只能使用刑罰予以懲處；在下者對在上者則訴諸反叛。這樣惡性循環地發展下去，自然不能發展出自由主義所需要的以法治為基礎的政治秩序。

如果要突破傳統中國式政治秩序的觀念，我們首先必須了解西洋自由主義對於政治秩序之形成所持有的觀念。如上所述，自由的政治秩序必須建立在法治之上。沒有法治便沒有自由。這種政治秩序當然也需要道德、思想與文化的基礎；但，這些都是間接的背景因素，不是直接因子。換句話說，並不是在社會成員因受了他們的道德、思想與文化的驅使，都對別人產生容忍的意圖的時候，大家才能享有自由。而從上文分析馬基維利對於自由主義的貢獻來看，自由主義的思想背景是繁複的，其演變的歷史是曲折的，其中也有一些在意圖上本與自由主義相衝突的思想無意的貢獻。

九、今後中國自由主義進展的具體步驟

根據以上的分析來展望中國自由主義未來的發展，大家究竟應該先做哪些事才能真正獲得實質的進步呢？我們首先需要認清：自由與民主必須建立在法治之上，而法治只能因勢利導地漸漸建立起來；它不可能是思想與道德改造的直接結果。當然，在思想上正確地闡釋法治的精義，與在道德上言行一致，根據我們的理想努力做人，也可能對法治的建立產生間接的貢獻。但，如果大家總是停留在這個階段，甚至以為只要不斷鼓吹法治的重要性與在個人的操守上盡量做到自己對自己的要求（其實，在今天的台灣社會，對不少人而言，這又談何容易？）便可以建立法治；那麼，我們便很難突破仍然在原地兜圈子的困境。我們必須體認，在思想層次上為法治與民主呼籲的時代，應該已經過去。現在已是要有一點實質成績的時候了。換句話說，我們要為法治、自由與民主建立一個非思想、非道德的，制度的與社會的基礎。（「非思想、非道德」當然不是反思想、反道德。）

從這個觀點出發，我們應先放棄一般中國人約定俗成的舊觀念——認為一切重大的改革都需由政治領袖出來領導才能奏效。今天台灣的社會，經濟的發展與教育的普及已經可能使我們開始用社會的力量來建設法治、自由與民主的制度與社會的基礎了。在這種情況下，一般知識

分子少寫一篇半生不熟的政論文章，多投入一點民間組織的活動，以發揮民間的力量來促進社會多元的發展，法治、自由與民主制度的與社會的基礎便能形成得更快一點。以政治性不高、社會性較高的消費者文教基金會這幾年可喜的發展為例：該會從民國六十九年十一月一日成立以來，從最初倍受或明或暗的政治與其他方面的壓力，到今天，四年之間，已得到人民與政府的肯定，這一有實質成績的歷程顯示了在當前轉型期的台灣社會，一些有志之士能夠配合著新的社會條件開始因勢利導地建設法治、自由與民主的制度與社會的基礎。這種民間團體與政府部門平行地位的獲得，十五年前是不能想像的。只要消費者文教基金會能繼續茁壯成長，與其活動有關的法律與政治行為便非修正或重新制訂不可。這一實例確切地顯示了，社會力量經過有效的組織以後，可以帶動法治制度的建立——至少是較低層次的法治制度的建立。一些關心中國政治前途的人與急欲參與政治活動的青年，也許覺得這種表面上純社會性的（實際上能夠產生政治影響的）活動，並不能滿足他們高層次的政治要求。然而，法治的建立是遲緩的。這種扎根的工作是極有建設性意義的。當然，其他任何真正能夠促進法治的建立的活動，都應受到歡迎。

消費者文教基金會將來的活動可以包括電視節目與影劇的評鑑，也可以包括書籍、出版物的評鑑。其他有志之士也可組織其他民間團體參與政治，為勞工謀福利，對環境污染、色情污染、商業壟斷等社會問題，以及不同階層的政府機構的工作提出建議與檢討。許多民間的組織，雖然在開始時可能遭受阻撓，但只要能繼續生存下去，配合著今天大眾傳播事業的發達，將來扎下根來茁壯地發展是確有可能的。此外，如能以民間的力量促使政府機構彼此多多制衡一點，我們的國家便會多走向法治與民主一步。

自由主義，由於本身的特性使然，只能以漸進的累積方式使社會與政治進步。它不像革命，可以使歷史發生（至少是表面上的）急遽的變遷。也許有人會覺得，這樣自由主義式的改變太慢了，配合不了台灣目前迫切的需要。而且，自由主義在實際層面又好像呈現著與現實妥協的性格。這些特性都不能滿足一些中國知識分子自詡是新式的，實際是很陳舊的，寧為玉碎、不為瓦全的心理的或道德的需要。對於這個問題，我有兩個答案：第一，我想先請問提出這個意見的人所謂的革命是為了什麼？是為了建立法治、自由與民主呢？還是為了建立一個新的政權，製造一個新的統治階級？如果為了前者，我們可以根據歷史經驗與學理明確地說：革命只有成功與失敗兩種可能。因為革命必須集中權力，統一指揮，如果能夠成功，也只能產生新的政權與新的統治階級，但卻不能建立法治。在沒有法治與民主傳統的中國，以漸進的方式利用前所未有的社會力量建立法治的基礎或有成功的希望；但法治絕不能由急遽的革命方式產生。沒有法治，當然絕不可能有實質的民主與自由。第二，關於自由主義表面上所呈現的，好像是妥協的性格，我們必須給予恰當而精確的了解。這樣，對純正的自由主義者才算公平。他表面上呈現的妥協性格，事實上是來自他所堅持的，韋伯（Max Weber）所謂「責任倫理」（an ethic of responsibility）的原則。這種原則，使他必須熟慮自己行為可以預見的後果，並對其負責。他必須用這種態度從事政治活動與社會活動。他的行為不是根據「意圖倫理」（an ethic of intentions）的。（不過，就高於政治層次的人生意義的層次來講，他之所以要執著於自由主義的價值與理想並促其實現，是由於他對自由主義的價值與理想的抉擇與堅持，這也可以說是一種「意圖倫理」的表現。這種「意圖倫理」與「責任倫理」相輔相成的人生境界與在政治層次上根據「意圖倫理」行事的行為，極為不同，必須做一嚴格的區分。）在政治行為的層次上，「意圖倫理」常易使人為了目的而不擇手段，即使手段的後果與當初的意圖完全違背也在所不惜。自由主義者則無法採用這種「意圖倫理」來處理政治事務，因為他必須熟慮自己行為可以預見的後果，並對其負責。在目前的脈絡中，他之所以不厭其煩地主張必須以漸進的方式謀求進步，最根本的理由是：只有用這種方式才有達成法治建設的可能。他底表面上看去好像是妥協的性格，實際上是為了實現他的理想所必須持有的。這與為了小我、狹隘的自私而呈現的另一種妥協性格，根本不同。一般中國人因深受一元論思想模式所形成的二分法的影響——以為不是白的，就是黑的——所以，很難了解妥協性格居然還有兩個類型（持有原則的妥協，與為了狹隘的個人利益的妥協）。因此，中國人能夠以寧可玉碎、不為瓦全的方式造反或搞革命，也能忍氣吞聲，為了小我的自私承受統治階級的宰使；但是，中國人就是不易以堅持「責任倫理」的精神來建設自由與民主所必需的法治基礎。我們今後不談法治、自由與民主則已；要談的話，就得設法突破傳統的思想模式的局限。（關於「責任倫理」與「意圖倫理」的進一步分析，請參閱拙文〈如何做個政治家？〉，收在《思想與人物》，頁四〇三—四一五。）

中國過去本來是一個古老的專制國家，[11]傳統的包袱極大，如不經外力強迫使其實行法治與民主（如日本）——這當然不是任何有民族自尊心的中國人所容許的；那麼，以自身的力量與資源來演化至法治的建立，本是甚難，但卻並不是不可能的事。（假民主與自由之名以推行非民主非自由或反民主反自由之實，則甚易。）從這個觀點出發，我們知道法治非一蹴可及；所以，無論執政黨或黨外都應先自內部實行法治與民主做起，然後才能向外推行；否則難免是藉法治與民主的美名做非法治、非民主的事。常聽一些人說，我們之所以不能建立法治，主要是因為我們中國人比較自私。這種說法——除了顯示這些人可能頗有民族的自卑感與不自覺地反映了中國傳統思想模式對他們的影響以外——是與事實不符的，至少與我在國外數十年的觀察不符。美國人絕不比我們不自私。他們的行為有時顯得比較優越，主要是因為他們的制度比較好。他們以法治為基調的社會結構中各項較為合理的安排，使得他們在自由的秩序中更能組織起來；因此，他們社會的與個人的資源比較更能獲得發展。即使只從這一觀察的涵義來考慮問題，我們也可以知道法治的建設是多麼的重要。

民主政治是政黨政治。政黨政治必須建立在法治的基礎之上，其運作才能正常化。執政黨如欲為中國建立民主的基業，它應公布開放黨禁的時間表，同時它應與新的社會力量配合，趕快建立以法治為基礎的政治秩序。這樣才能使政治鬥爭變成政治競爭，並使社會資源在合理的程序與結構中發揮建設的力量。這是擁有由中國民主運動先驅張君勱先生起草，基本上符合自由主義原則（雖非十全十美）的憲法的中華民國，自存與發展的道路。

一九八四年十月十五日於麥迪遜

（原載《知識分子》第一卷第四期，一九八五年七月；《聯合月刊》第四六、四七期，一九八五年五月、六月）

11 請參閱〈良知的迷惘〉，收入徐復觀著（蕭新義編），《儒家政治思想與民主自由人權》（台北：八十年代出版社，一九七九），頁一七一——一八二。

對於胡適、毛子水與殷海光論〈容忍與自由〉的省察

——兼論思想史中「理念型的分析」

一、導言

民國七十四年五、六兩月，筆者在《聯合月刊》四六、四七期發表了〈兩種關於如何構成政治秩序的觀念——兼論容忍與自由〉。在那篇文字中，我對胡適先生在他的晚年所一再強調的，要以容忍的態度促進自由的建立的看法，提出了分析與評論。我認為，胡先生主張的本身當然是對的——就做人的態度而言，每個人當然都應有謙虛的美德與兼容並蓄的胸襟。而且，從形式的觀點來看民主與自由的建立，胡先生的主張也是對的：如果大家在社會上都能容忍不同與相反的意見；那麼，每個人便都能享有個人的自由。因為從社會中人際關係的角度來看，容忍不過是自由的異語同義字而已（從別的角度來看，當然不是如此，但從社會中人際關係的角度來看，確是如此）。然而，胡先生的主張卻忽略了，若要建立自由與民主，首要之務是：如何對付政治權力的問題——政治權力是不易以理性的與道德的說服力加以有效地限制的（此點與傳統儒家思想正好相反），它必須以法治的制度加以限制。

不過，我當時撰文時，為了避免枝蔓，卻未對胡文的歷史脈絡與所引發的毛子水先生與殷海光先生的回應的涵義，以及我的分析在思想史方法論上所應認定的性質有所交代。去年胡頌平先生發表了卷帙浩繁的《胡適之先生年譜長編初稿》與仔細編訂的《胡適之先生晚年談話錄》。這些豐富的原始材料，使研究或關心胡適思想的人，受益匪淺。我們已有胡先生晚年生活與思考的詳實紀錄，可資查考。根據這些新的史料，我們知道〈容忍與自由〉中所表達的意見，確是胡適先生晚年用心之所在。證諸該文當時所引起的迴響，那是中國自由主義發展史上的一件大事。我擬在這裡就環繞該文之種種，做一點較為詳盡的說明。

二、胡適論〈容忍與自由〉的歷史脈絡及涵義

首先，對導致胡適先生撰寫〈容忍與自由〉的近因有所知的人們，也許會說：他這篇文字只是一篇政治性的回應文字，原是為了應付《自由中國》半月刊在民國四十八年一月因「陳懷琪事件」所引發的政治壓力而寫的。胡文末尾曾說：「我們若想別人容忍諒解我們的見解，我們必須先養成能夠容忍諒解別人的見解的度量。至少我們應該戒約自己決不可『以吾輩所主張者為絕對之是』。我們受過實驗主義的訓練的人，本來就不承認有『絕對之是』，更不可以『以吾輩所主張者為絕對之是』。」這些話及全篇主旨可能是為了向握有政治權力的人們表明，他們《自由中國》半月刊裡的人是極為溫和的，縱使意見與執政者有時不同，但他們時常戒約自己，決不「以吾輩所主張者為絕對之是」。握有政治權力的人，大可放心，用不著逼迫他們，大家儘可彼此容忍不同的意見。（關於「陳懷琪事件」，可參閱《自由中國》第二十卷第二（民

四八、一、一六)、四(民四八、二、一六)、五(民四八、三、一)、六(民四八、三、一六)、七(民四八、四、一)等期。)因此,認為胡文只是一篇政治性回應文字的人們會說,我大可不必過分認真,把它當作表達胡適思想的文獻。

然而,胡文即使與「陳懷琪事件」有關,我們卻不可把它看作完全是為了應付那個事件的政治性回應的文字。理由有四:

一、「陳懷琪事件」發生在民國四十八年一月十六日。但在此事件發生之前的一個月(民國四十七年十二月十六日),胡先生已經跟他的秘書胡頌平先生談起,十七、八年前他在母校康耐爾大學與一位史學家談話的時候,那位史學家跟他說:「我年紀越大,越覺得容忍比自由更重要。」胡先生接著說:「其實容忍就是自由;沒有容忍,就沒有自由。我自己也有『我年紀越大,越覺得容忍比自由還更重要』的感想。」胡頌平先生聽了很感動,曾請求胡先生把這句話寫給他。胡先生答應了,就在胡頌平先生的工作桌上,拿了一張已經截去一小半的宣紙信箋寫出,並應胡頌平先生的請求,題了次日(十二月十七日——胡適先生生日)的日期。後來在十二月二十六日,胡頌平先生與胡先生談起孔子所說:「六十而耳順,七十而從心所欲不逾矩」這兩句話。胡先生說:「從前經師對耳順的解釋都不十分確切。我想還是容忍的意思。古人說的逆耳之言,到了六十歲,聽起人家的話來已有容忍的涵養,再也沒有『逆耳』了。還是這個意思比較接近些。」(見胡頌平編著,《胡適之先生晚年談話錄》(台北:聯經,一九八四），頁二—三、四—五。）可知〈容忍與自由〉那篇文字，在「陳懷琪事件」發生之前，已在胡適先生的心中醞讓很久，而胡先生在這裡與胡頌平所說的意思，正是該文的主旨。主要從態度上著眼，強調自由社會是容忍異己的社會，民主的政治是「多數人的政權尊重少數人的權利」的政治，事實上，是胡適先生一貫的主張。（參閱胡適著，《我們必須選擇我們的方向》（台北：自由中國社，一九五七）。）

二、如果把〈容忍與自由〉完全當作為了紓解《自由中國》的困厄而發表的只是針對當時政治問題的政治性回應，所以毫無思想可言；那麼，這樣的論調也太看不起胡適先生了。不但胡先生本人不會容許，胡先生的弟子們也不會容許，而且大多數受儒家傳統影響的人，也不會把胡先生強調思想改革為建立自由社會之基礎的文字，看成完全是政治性的文字。

三、胡先生一生寫過許多篇與他所在的時間與空間中特定問題有關的文字，但這些文字與其說只是對當時情況的特別反應，不如說他是藉著討論當時的問題，來提出他對中國根本問題的一貫看法及其解決之道。發生在不同時間與不同地方的中國問題是多樣的，但胡先生所提出的解決問題的根本辦法，卻有其一致性與連貫性，並不因問題之不同而有所改變。胡先生一生堅持的重大主張之一，便是「藉思想、文化以解決問題的方法」。（請參閱拙著 *The Crisis of Chinese Consciousness* 第五章，頁八二—一〇三；或拙文：〈五四時代的激烈反傳統思想與中國自由主義的前途〉，收在《思想與人物》，頁一三九—一九六。）根據這個方法，他才主張思想的改革是一切其他改革的泉源。所以，對胡先生而言，一切重大的問題，基本上是思想的問題與態度的問題：嚴重的問題之所以發生，其主要的造因來自錯誤的觀念與態度；因此，最根本的解決問題的辦法，是提倡正確的思想與正確的態度。

四、胡先生於民國四十八年十一月二十日在「自由中國社」十週年紀念會上的演講，仍繼續發揮他原來對於「容忍與自由」的看法。（演講紀錄題作：〈胡適：『容忍與自由』——《自由中國》十週年紀念會上講詞〉（楊欣泉記），刊於《自由中國》第二十一卷第十期（民四八、一二、一））。當時距「陳懷琪事件」不了了之的時間，已半年有餘，但胡先生對於「容忍與自由」的看法，卻絲毫沒有改變。他不但沒有改變，而且在他面對毛子水先生含蓄的，與他的原意不盡相同的「讀後感」與殷海光先生相當明顯的批評意見的時候，仍以強調他的看法的正確性來作為他對毛、殷兩先生的答覆。胡先生的這種態度，也許可能有一點好強的心理因素夾雜在內。但，胡先生絕不是一個只知強詞奪理的人。基本上，他之所以仍然要堅持他原來的主張，我想比較最合理的解釋仍是「藉思想、文化以解決問題的方法」是他底思想的最基本預設（presuppositions）之一的緣故。

胡先生在演講中說：「……後來毛子水先生寫了一篇〈書後〉。他在那篇文章指出：胡適之先生這篇文章的背後有一個哲學的基礎。【此處指毛文所說：『這個理未易察的道理，可說是十九世紀末葉詹姆士和杜威諸人創立實驗主義時所根據的一種重要的原則。……胡先生在四十年前介紹實驗主義於我們的學術界，實在是我們學術史上一件極值得紀念的事情。』】他引述我於民國三十五年在北京大學校長任內開學典禮演講時所說的話。在那次演說裡，我引用了宋朝大學問家呂伯恭先生的兩句話，就是：『善未易明，理未易察。』……所有一切保障自由的法律和制度，都可以說建立在『理未易明』這句話上面。」胡先生在這裡，因急於表明他底「容忍與自由」的主張具有理論基礎，不免推演過當，而且顯得相當浮泛了。「善未易明，理未易察」所表達的意思，在表面上是與杜威的實驗主義的立場相合的。實際上，就實驗主義的歷史脈絡而言，以此觀點來提倡自由與民主，會產生因果倒置的現象。杜威哲學是美國民主經驗的結果之一，非其原因。美國的民主經驗是建基在一套穩定的、不容置疑的道德價值、思想前提，與政治及社會行為模式之上的（人權、法治、自由與平等），這些都不是「善未易明，理未易察」的態度所促成的。換句話說，美國的民主發展史是不能以這種「態度」加以解釋的，雖然，在法治與民主的基礎建立以後，一些美國人民在某一個層次的思想與行為上，頗能表現開放的態度與精神。杜威哲學是未來導向的，它用「善未易明，理未易察」的態度來面對未來，未來的許多事情需要效果來決定。他之所以能夠採取這樣的立場，正因為它的哲學，預設著美國的歷史經驗，而這種經驗——正如美國「獨立宣言」所明示的——是建基在一套不證自明的價值與理念之上（在這個層次上，可說：「善甚易明，理甚易察」）。胡先生把美國民主經驗的結果，當成了中國民主的造因。然而，他為什麼沒有感覺到他的看法內含矛盾呢？我認為主要是由於他深受儒家傳統思想模式的影響，深信思想、態度是歷史的造因之故。（至於杜威哲學的涵義，如果全部展露出來，是否可能顛覆美國的民主與法治的基礎？那是另一問題。好在，美國的多元文化與社會的架構及法治與民主的歷史基礎，尚未全部動搖。而杜威哲學只是一個學派，占的勢力也不算大，它的涵義尚無全部展露出來，被絕大多數人信服的跡象。）

另外，為了追求「理未易明」的真理，固然需要言論自由，而言論自由也的確是自由的一項重要的條目；但，西方一切保障自由的法律與制度，以及容忍與多元等觀念，卻不是純然為了追求「理未易明」的真理而建立的，所以並不「都可以說建立在『理未易明』這句話上面」。事實上，法治的最重要的兩大特性是：普遍性（法律之前，人人平等）與抽象性（沒有具體的目的，不為任何特定的目的服務）。法治的普遍性蘊涵了平等與人權的觀念——其主要的思想淵源是來自基督教教義俗世的轉化；所以平等與人權的觀念，都是建立在對人的價值的絕對肯定之上的，這裡沒有「理未易明」的問題在內。而法治底沒有具體目的的抽象性則蘊涵：在法律的範圍之內，不影響別人自由的條件之下，人有不追求真理的自由，隨俗浮沉的自由。（胡適先生底〈容忍與自由〉與〈『容忍與自由』——《自由中國》十週年紀念會上講詞〉的重要部分均收錄在胡頌平編著，《胡適之先生年譜長編初稿》（台北：聯經，一九八四），第八冊，頁二八五三—二八五八、三〇六二—三〇六八；又，參閱本冊繫於民國四十八年三月九日、十一日及十二日胡先生用力撰寫〈容忍與自由〉的情況。胡先生並曾在該文出版之日（三月十六日）跟胡頌平先生說：「這些短文（指：〈容忍與自由〉）比論文（指：學術論文）難寫，足足費了幾個晚上的工夫。」見胡頌平編著，《胡適之先生晚年談話錄》，頁一二。可見胡先生本人認為〈容忍與自由〉是一篇有代表性的文字，頗能表達他經過仔細考慮過的思想的重點所在。）

三、毛子水論「容忍與自由」及法治的重要性

毛子水先生在〈「容忍與自由」書後〉（《自由中國》第二十卷第七期（民四八、四、一）），一方面贊成胡先生以強調道德修養與思想寬容的立場來闡釋自由的意義；另一方面卻說：「在現代一個民主國家裡，非特官吏和議員需要虛心聽取別人的意見，即每一個公民亦須這樣。但虛心聽取別人意見的雅量，亦非有很好的修養不能。具有這種修養的，千萬人裡恐怕亦難得幾個。平常人所以肯聽從別人的話，多半不是由於修養，而是迫於社會制定的規則。小而會議規則，大而國家的憲法或『世界人權宣言』，都是這種規則的例子。一個人要遵守規則，有時便不能從心所欲。這種守法的習慣，是民主政治的基礎，亦是人類獲得真正自由的基礎。」毛先生這一段話說得很含蓄，並且在結束時說：「我以為『守法』亦是胡先生所說的『容忍』的一

個意義。」但，胡先生在〈容忍與自由〉中，全篇卻沒有一句話談到法治。毛先生在他的大文快結束的時候，特別聲明：他在試圖申明胡先生意思的話裡，「當然有『郢書燕說』的地方。」也許大概就是指此處而言。

在常識的層次上，胡先生當然會同意毛先生這一番論述法律與制度的重要性的話。胡先生早年的文字中也有論及憲政、法治與人權的；但，胡先生一生的言論卻很少討論到如何建立法治（此處「如何」兩字不是指如何制定憲法與其他法律的條文；法治不僅是制定憲法與其他的條文）。從自由主義的觀點來看，即使在他一生中最光輝的歲月——一九二九年他撰寫《人權論集》中論人權與憲法諸文的時候，他的言論主要是：批評執政黨中許多人士認為憲政不能與訓政同時並立的論調；指出民國以來的政治，雖然也有過「臨時約法」、「天壇憲法」，事實上都是軍政；呼籲政府制定憲法，保障人權。所以，他的言論主要是在強調應該實行法治，與法治是什麼。（「法治只是要政府官吏的一切行為都不得踰越法律規定的權限。法治只認得法律，不認得人。」《人權論集》（上海：新月書店，一九三〇），頁八。胡先生這種看法，根據嚴格的法理學的觀點來看，當然是過分簡約了一點；尤其「只是」兩個字，使人覺得不妥。但，在字數有限的政論中，這兩句話抓住了法治的一項基本環節。）

不過，胡先生在討論人權與憲政的文字中，並未探討在當時的政治、經濟、社會與文化條件之下，如何才能使法治在中國真正實現？胡先生的言論，當時是有歷史性的意義與積極的貢獻的。然而，為什麼他竟未曾探討法治究竟如何才能在中國實現呢？我覺得有三項基本原因：

一、當時多數中國人（包括政界裡的人）連什麼是法治都不清楚，所以胡先生也許會覺得這個問題尚嫌言之過早。但從他一貫採取的實驗主義的立場來看，只談「是什麼？」與「應該實行什麼？」而不談「如何去實行？」終究使人覺得有些偏離他所信服的哲學的前提。之所以如此，很可能與下述二、三兩點原因有關。易言之，因為下述兩點原因在他心中占有很大的勢力。以致使他覺得，說明什麼是法治以及呼籲政府應該實行法治，這兩項工作的本身就是促進實現法治的步驟。

二、胡先生一向是樂觀的。他從年輕時起，一向以自己是一個「不可救藥的樂觀主義者」為榮。他這樣的性格很可能阻止了他去認真考慮「法治究竟如何才能在中國實現？」這個問題。因為一個人如果認真考慮這個問題，很可能得到下面這樣一個結論：在中國現有的政治、經濟、社會與文化的條件之下，法治是很難，甚至不可能實現的。這樣悲觀的結論是他無法接受的。那樣將使他面對一方面希望中國進步，另一方面卻清楚地知道這是不太可能的事，這樣的兩難境況，這樣的精神煎熬，不是他樂觀的性格所能接受的。他底樂觀性格無法允許他走向這樣一條崎嶇、痛苦、沒有解脫的精神之路。

三、他一向採用「藉思想、文化以解決問題的方法」來面對中國的重大問題。從這個預設的前提出發，思想改造是實行法治的基礎與泉源。當然，法治的實現不能只靠思想的改造，但思想的改造是實現法治的先決條件。那麼，解釋什麼是法治、根據法治的觀點批評時政，以及要求政府制定憲法，自然都是積極的進行思想改造的工作了，這樣便也隱含地解答如何才能使法治在中國實現——至少如何進行第一步工作——這個問題了。換句話說，在堅信「藉思想、文化以解決問題的方法」的時候，「如何才能使法治真正實現？」這個問題已獲初步的答案；至少在目前，沒有提出來的必要了。

根據以上的分析，我們知道胡先生雖然可以在常識的層次上同意毛子水先生論述法治的重要性的話，雖然他自己也曾為文說明法治的要義，並呼籲政府應該儘速實行法治；但，他如要進一步把毛先生含有破壞「藉思想、文化以解決問題的方法」的有效性並蘊涵相當悲觀成分的觀察納入自己的理論系統之中，卻是甚難之事了。因為，根據毛先生的觀察，千萬人裡難得有幾個真正思想開放，確有道德修養的人，平常絕大多數的人所以能夠容忍別人的意見，多半不是由於修養，而是迫於社會制定的規則；那麼胡先生苦口婆心地特別強調道德修養與思想開放的立場，不是太空洞了一點嗎？太不實際了一點嗎？

促進自由民主的思想運動，只有在大多數的人信服與力行這個運動所揭櫫的觀念與價值的時候，才能奏效（此處所指的「信服與力行」與表面上「喊口號，隨聲附和」必須作一嚴格的區分）。然而，如果毛先生的觀察是正確的話，我們知道絕大多數的人不可能在被自由民主的思想運動說服以後，便能信服與力行這個運動所揭櫫的觀念與價值。所以，自由民主的思想運動，如無政治、經濟、社會與文化條件配合，是很難產生實際效果的。事實上，毛先生的觀察，對於「藉思想、文化以解決問題的方法」而言，確有相當嚴重的含意。它逼迫著信服「藉思想、文化以解決問題的方法」的人，重新檢查這個預設的前提是否真的有效。制度的建立是不是比思想改革更重要？如何促進制度的建立？制度的建立是否必須先有思想的改革作為基礎？抑或制度的建立是要靠政治、經濟、社會、文化與思想等因素交互的影響與演變？在特定的時空之內，如二十世紀某一階段的中國，這些因素，在促進制度建立的時候，相互的比重如何？制度的建立與不世出的、可遇不可求的偉大政治家（像華盛頓、林肯那樣的人）有何關係？

以胡適先生晚年思想資源的單薄，長期窮究於繁瑣的考據工作，以及返台以後為酬酢、公務與疾病所累的生活，他顯然沒有精力與時間從探索上述複雜艱深的問題的答案中來徹底檢討他多年來的思想格局與思想模式。因此，他無法針對毛子水先生看似含蓄實則頗能破壞他的思想模式的觀察，痛加反省，以便改進他的基線。所以，胡先生只能以強調與重複他在〈容忍與自由〉中原有的看法，作為他對毛先生的意見的答覆。（關於胡適先生晚年生活的具體情況，見：胡頌平編著，《胡適之先生年譜長編初稿》，第六—十冊（一九四七—一九六二）。）值得注意的是，在民國三十八年八月十六日胡先生給趙元任先生與夫人的信上，他因傷時憂國，曾說，「精神上十分苦悶」，仔細考慮過將來應該做什麼事，決心不在外國教書，「想回去做點我能做的事。第一，絕不做官。第二，也不弄考據了……」（《年譜長編初稿》，第六冊，頁二〇九九）。但，從這個時候一直到他逝世，胡先生的主要學術工作，仍然是考據工作。

四、思想史中「理念型的分析」的意義與功能

毛子水先生對於制度的重要性有相當清楚的認識。這一現象，是否與我所說的——中國近代知識分子因深受儒家傳統強調「心的理知與道德功能」的影響，以致多半採用「藉思想、文化以解決問題的方法」來面對重大的問題——產生矛盾了呢？如要回答這個問題，就必須對我的論點，在方法論的層次上做一分析。但，這是甚為繁複的問題，此處只能略述大要。

人世間的事情，錯綜複雜；任何一個事件，從不同的觀點看去，可說都有無限多的方面；另外，我們也可以說，它是無數的遠因與近因（政治的、經濟的、社會的、文化的、思想的、心理的）千絲萬縷地連結在一起的結果。面對任何一個歷史事件的整體，我們所能看到的，必然是一團無限龐雜，難以理清的東西；我們不可能了解此一事件的所有方面與一切原因，而且，從我們的興趣與關心的問題的觀點來看，也無此必要。

我們只能根據我們關心的問題注意一個歷史事件的有關方面——這些（而不是所有的）方面之所以被我們注意，是因為我們覺得它們與我們關心的問題有關。然後，我們對這些方面的

有關因素加以不同學科的研究。因此，我們的研究，註定是有選擇性的。當我們要探討研究的對象之歷史成因的時候，我們是以「從結果追溯起源的方法」（genetic method）把有關的因素連繫在一起的。當我們必須給予關心的問題系統的、分析的解答才能使我們覺得比較能夠滿意的時候，我們便無法從史料的分類與摘要中獲得比較滿意的解答。在這個需要進行系統分析的時候，我們便在有意或無意之間或多或少地使用韋伯（Max Weber）所謂「理念型的分析」（ideal-typical analysis）了。「理念型的分析」是：為了展示研究對象某一方面的特性並對其成因提出具有啟發性與系統性的了解，而把一些有關的因素特別加以強調出來加以統合的分析建構。（Max Weber, *The Methodology of the Social Sciences*, tr., Edward Shils and Henry Finch（New York: The Free press, 1949）, p. 90.）「理念型的分析」可以使研究者從繁複龐雜的歷史現象中整理出一套條理來。事實上，事件越複雜，越需要對之予以概念的釐清，所以便越需要「理念型的分析」（Max Weber, *Ibid.*, p. 101.）。另外，「理念型的分析」最能彰顯歷史事件的獨特性，當我們對於此一事件的獨特性有所掌握以後，才易探討它的歷史涵義（historical implications），所以「理念型的分析」能夠幫助我們探討歷史事件的涵義。

假若有全知的上帝可知最後真理的話，「理念型的分析」，從上帝的觀點看去，當然可能是不夠周延的，甚至是偏頗的。但，人不是上帝。因此，不必也無法做此種考慮，也不必（當然也無法）拿這個標準來衡量「理念型分析」的有效性。從邏輯的觀點來看，「把一些有關的因素特別加以強調出來加以統合」而成的分析建構，雖然不能解釋此一事件的整體，卻不必然是此一事件簡單化的解釋。關鍵在於當初的問題，是否是針對此一事件的特定部分而提出的，以及這個問題是否和針對此一事件其他部分而提出的許多合理的問題有所衝突或矛盾。只要某一個問題確實是針對此一事件的某一個特定部分而提出的，而各個問題彼此並不混淆，沒有矛盾；那麼為了解釋此一事件各個特定部分而提出的各個「理念型的分析」，至少在原則上應該不會比此一事件各個特定部分之間更不相容，也不必然構成對此一事件的特定部分簡單化的解釋。（此點意見是我根據 Maurice Mandelbaum, *The Anatomy of Historical Knowledge*（Baltimore: The Johns Hopkins University Press, 1977）的分析，對韋伯關於「理念型分析」的看法的澄清。）

那麼，是否任何「理念型的分析」都是有效的呢？「理念型的分析」是否可以任意為之呢？當然不是。它必須滿足下列兩個條件：一、它必須與有關的史料沒有衝突。換句話說，它必須照顧到可見到的一切有關的史料（對於無關的史料之所以無關，他也必須有言之成理的解釋。）二、在它展示被解釋的對象的特殊性與對其成因提出具有啟發性與系統性的分析的時候，它必須能夠應付有關史料中例外的現象。「理念型的分析」既然是「把一些有關的因素特別加以強調出來加以統合的分析建構」，它自然不能把與這個分析建構有衝突的例外也統合進來。然而，它的理論的有效性端賴它的分析系統是否能對這些例外給予言之成理的解釋。（在思想史方面，使用「理念型分析」的精微而深刻的經典之作，首推 Max Weber, *The Protestant Ethic and the Spirit of Capitalism*, tr., Talcott Parsons（New York: Scribner's, 1958）。）

根據以上的分析，可知毛子水先生對於制度的重要性——甚至可以說，對於制度的優先性——的認識，雖然與作為五四思想預設之一的「藉思想、文化以解決問題的方法」有所矛盾，但這一矛盾卻可能只是五四思想的例外，並不一定能夠威脅或推翻我對「藉思想、文化以解決問題的方法」的分析。五四思潮的主流是激烈的——全盤性的——反傳統運動，它承先啟後，影響深遠，確是五四時代的重要特徵之一與具體的「成就」。這個有力的思想運動與稍後興起的中國式科學主義、全盤西化論、以及中國式的——強調思想與道德意識的優先性，所謂「主觀決定客觀」的——馬列主義，均有直接或間接的關係。五四時代的史料（包括當時的文獻與當時人物後來的回憶）所顯示的極為突出的一項特徵，便是激烈的——全盤性的——反傳統運動。它是貫串五四時代的思想主流——這也是對「五四」有所了解的人的共同看法。

全盤性反傳統運動之所以成為五四時代的思潮主流，絕不是偶然的。這與中國傳統的政治秩序與文化秩序（在傳統的政治制度崩潰以後）完全解體，以及中國數千年儒家文化與思想傳統中不同學派共同預設的「心的道德與理知功能」的優先性在傳統政治與文化架構解體以後，仍然深植人心，影響至深且鉅，有極大的關係。「藉思想、文化以解決問題的方法」之所以成為大多數五四人物的思想預設，是承襲上述各項因素而來。就當時人的主觀意識而言，它確是一有效的、系統的思想模式（範疇），藉之可以建構有效的論式。

與這個五四人物在主觀意識上所持的思想模式相比照，對於制度的重要性或優先性的認識，在最近十幾年之前從未構成中國思想的主流，也從未形成有系統的論式。即使認為外在的經濟與社會實況決定內在意識的馬列主義，當它傳入中國以後，它不但未能威脅到中國強調思想與道德優先性的思想模式，反而被這種根深柢固的思想模式所同化，可見此種預設在國人心目中所占的優勢。事實上，在二十世紀的中國，此一思想模式是大多數主張自由民主的中間人士與左派及右派人士共同預設的（雖然他們的思想內容彼此甚為不同），因為他們都共同地深受傳統中國最有力的強調「心的道德與理知功能」的思想模式與「內在超越」的宇宙觀的影響之故。

從以上的分析我們很清楚地知道，對於制度的重要性的了解，因為受到占有絕大優勢的「藉思想、文化以解決問題的方法」的思想前提的排擠，本身無法形成一套系統的理論，只能停留在零星的、常識性的觀察的層次上。偶然被提出，也只是強調思想與道德的，「藉思想、文化以解決問題的方法」之通論性思想預設的例外。任何通論性的理論，都是有例外的。例外只能停留在例外的地位上，在對通論無法形成系統性的挑戰之前，通論之有效性是不會因它的存在而受影響的。（科學史上有許多例證，支持此一看法。請參閱：Michael Polanyi, *Personal Knowledge*（Chicago: University of Chicago Press, 1958）與 Thomas Kuhn, *The Structure of Scientific

Revolutions（Chicago: University of Chicago Press, 1970）.）

從這個脈絡中來看毛子水先生關於制度的重要性的觀察，可有下述三項意義：(1)他可能只是平鋪直敘地說明了他常識的觀察，並未清楚地意識到他底觀察具有顛覆胡適先生的思想前提的含意，也無意繼續探索他這項觀察的系統性的涵義。(2)他已意識到他底觀察帶有相當嚴重的含意——已經相當清楚地意識到這項觀察對於五四以來中國思想界最主要的前提的挑戰性；但，他自己卻仍然或多或少地信服「藉思想、文化以解決問題的方法」。因此，他對兩者之間所產生的矛盾，無法予以解決。所以，他只好平鋪直敘地說出他底觀察，並不往前進一步地探討了。(3)他確實覺得制度的建設比思想的改造更重要，並且深信制度的建立並不必以思想改造為前提或基礎。但他卻不知如何確實地促進法治的建立，也不知對他自己從固有的思想模式中解放出來的信念，如何做有系統的、理論的辯解。證諸前述的原因，這種思想解放的可能性並不大；但，我們不可完全排除它的可能性。假若是這樣的話，毛先生的思想可真是大大的例外了。但在中國的環境中，持有這種看法的人進退維谷，雖然自覺有較為清楚的見地，卻易在悲觀惆悵的心情中度日，面對長者胡適之先生以那樣高的興致倡導思想的改造，他也自然不願掃胡先生的興，也自然不欲多言了。綜上所述，毛子水先生對於制度的重要性的觀察，並未影響到我對「藉思想、文化以解決問題的方法」所做的通論性的分析。

五、從胡適對殷海光的評論的回應看胡適思想的局限性——兼述胡適晚年的餘暉

從形式的觀點來說，殷海光先生在〈胡適論「容忍與自由」讀後〉（《自由中國》第二十卷第七期，民國四十八年四月一日）一文中，是贊成胡適先生所提倡的容忍的態度的。但在實質的層次上，殷先生對胡文的觀點——大家都需具有謙虛的美德與開闊的胸襟，這樣每人都可享有自由——則提出了有力的批評。

根據殷先生的論點：第一，容忍的態度並不是在每個人的道德意識與心理中很容易產生的。（「同樣是容忍，要求別人對自己容忍易，要求自己對別人容忍卻難。」）第二，產生容忍的難易，與每個人所處的環境——尤其是政治環境——關係很大。（「當無權無勢的人面對權勢時，他受到種種限制和壓力。這種限制和壓力使得他不能不調整自己底言論或行動之角度用以適應求存，或達到某一目標。所以，無權無勢的人較易對人容忍。阿克頓爵士（Lord Acton）說：『權力使人腐潰，絕對的權力絕對地使人腐潰。』歷代暴君底行為就是顯明的例子。當著沒有外力抑制而猶能自律，這只有最高『心性修養』的人才辦得到。在通常的情況之下，一般人是當有外力抑制時，他就收斂些；當外力不存在時，他就放肆些。平凡的人總是多些。有權有勢的人在『心性修養』方面，似乎更屬平凡。有權有勢的人頤指氣使慣了，他言欲

為無窮則，行欲為後世法，到了現代更變為『主義』等類『絕對真理』的化身。要這類人士學習容忍，真比纜繩穿過針孔更難。」）因此，胡文的意見——大家如能彼此容忍，便都可享有個人自由——難免不是一句空話了。胡文的論點，必先假定每個人都能在道德意識與心理狀況中產生同樣程度的容忍，才有意義。然而，這種假定一定是要落空的。事實上，無權無勢的人容易處處容忍，而有權有勢的人卻並不易產生容忍的態度。胡適先生可以儘管呼籲大家彼此容忍，社會上卻仍然不會有他所謂的自由。

對於殷先生的批評意見，胡先生在《自由中國》刊行十週年紀念會上，曾作了公開的答覆（見胡適，〈『容忍與自由』——《自由中國》十週年紀念會上講詞〉（楊欣泉記），《自由中國》第二十一卷第十期，民國四十八年十二月一日）。胡先生的答覆，顯得相當勉強，鬆軟無力。站在自由主義的立場，殷先生所表達的意思，非常清楚：胡先生的意見是很空洞的；因為胡先生希望運用思想的說服力去規勸大家彼此容忍，是很難產生實際效果的。在沒有外力抑制時，對每一個人而言，容忍的態度均不易產生，對有權有勢的人而言，更不易產生。這個理路自然逼出必須優先建立法治的結論來。既然權力使人腐潰，權力使有權有勢的人特別不易產生容忍，所以他們就特別需要以法治的制度來規範他們的行為。當法治確實建立起來以後——當法治使有權有勢的人不得不接受法治所帶來的外在的抑制與規範的時候，一般人便很自然、很容易地也接受法治的抑制與規範了。所以，歸根究柢，促進自由的關鍵在於建立法治，以抑制與規範政治權力。

但是，胡先生的答覆卻文不對題。胡先生說：

殷先生這番話，我也仔細想過。我今天想提出一個問題來，就是：究竟誰是有權有勢的人？還是有兵力、有政權的人才可以算有權有勢呢？或者我們這班窮書生、拿筆桿的人也有一點權，也有一點勢呢？這個問題也值得我們想一想。我想許多有權有勢的人，所以要反對言論自由，反對思想自由，反對出版自由，他們心裡恐怕覺得他們有一點危險。他們心裡也許覺得那一班窮書生拿了筆桿在白紙上寫黑字而印出來的話，可以得到社會上一部分人的好感，得到一部分人的同情，得到一部分人的支持。這個就是力量。這個力量就是使有權有勢的人感到危險的原因。所以他們要想種種法子，大部分是習慣上的，來反對別人的自由。誠如殷海光先生說的，用權力用慣了，頤指氣使慣了。不過他們背後這個觀念倒是準確的：這一班窮書生在白紙上寫黑字而印出來，是一種力量，而且可怕的力量，是一種危險的力量。所以今天我要請殷先生和在座的各位先生想一想，究竟誰是有權有勢？今天在座的大概都是拿筆桿寫文章的朋友。我認為我們這種拿筆桿發表思想的人，不要太看輕自己。我們要承認，我們也是有權有勢的人。因為我們有權有勢，所以才受到種種我們認為不合理的壓迫，甚至於像「圍剿」等，人家為什麼要「圍剿」？還不是對我們力量的一種承認嗎？所以我們這一班主持言論的人，不要太自卑。我們不是弱者；我們也是有權有勢的人。

然而，知識分子是否有力量影響別人，或使握有政治權力的人覺得「可怕」，並不是殷先生在這裡提出的問題。那是另一問題。即使知識分子的力量也是一種力量——我想，殷先生在這裡會相當同意胡先生的看法，但這種力量卻不是政治權力，兩者亦不類同。這裡的問題不是知識分子是否要相信自己也有一種力量。如果殷先生對這種力量發生懷疑，胡先生大可講述上面那一番話，作為答覆。殷先生所提出的是：握有政治權力的人，因握有政治權力，所以更不容易從事心性修養的工夫，我們要用思想的力量說服他們，使他們做心性修養的工夫，這樣的做法，實在是不切實際的。事實上，胡先生對殷先生提出的問題並未答覆。就胡先生的思想資源與思想方式而言，也很難答覆。胡先生所做的，是用各種辦法維護他一貫堅持的「藉思想、文化以解決問題的方法」。

就思想內容而言，胡先生晚年的言論，對中國自由主義並無貢獻。正如本文所指出的，那些言論有時反而帶來相當的混淆。但胡先生終生關懷中國自由主義的理想與促其實現的誠意，是不容置疑的。他在逝世前的第五天（民國五十一年二月十九日）曾有給夏濤聲先生的信，裡面有這樣的話：

昨夜讀了《民主潮》十二卷三四期的韻笙的〈論思想或觀念的僵窒和簡化〉，我很佩服作者的細心和苦心。這是近年來很少見的一篇用功構思，用氣力作文造句，全篇沒有一句草率句子的大文字。

請你告訴我這位「韻笙」是誰？我很想見他，很想向他表示我的誠心佩服。

我猜想，因為他的造句太用氣力，又頗太歐化了，能讀此文而欣賞他的人大概不太多。所以我要寫這封信，表示我的一點欣賞。

兩天以後，他在日記上寫道：

在《民主潮》十二卷第三四期上，看見一篇〈論思想或觀念的僵窒和簡化〉，是一篇很用功思想，很用氣力造句作文，全文無一句草率句子的好文字。作者自署「韻笙」，不知是誰。我寫信問編者夏濤聲君，他今天回信說，此人是徐傳禮，政大所究所畢業，現在國立編譯館工作，兼新聞學校功課。

政大（所謂「政治大學」）居然能出這樣一個人才！真使我驚異。

這兩份史料（見《年譜長編初稿》第十冊，頁三八八七與三八九一）使人覺得，胡適先生站在自由主義的立場對青年與中國文化前途的關懷，確是終生不渝。他的自由精神，在晚年餘暉猶存。

（原載《中國論壇》第二五六、二五七期，一九八六年五月二十五日、六月十日）

近代中西文化接觸之史的涵義：以「科學與人生觀」論戰為例

——為紀念張君勱先生百齡冥誕而作

一

中國自鴉片戰爭失敗後，被迫放棄閉關自守的鎖國政策，我們與西方文化的接觸，從那個時候開始到現在，已經有將近一百五十年的歷史。在這一個半世紀中，我們對西方的態度，可說是在上下翻騰，極不穩定的狀況之中。從魏源的「以夷制夷，師夷之長技以制夷」、到張之洞的「中學為體，西學為用」、到嚴復的「物競天擇，適者生存」、到梁啟超的「新民說」、到五四初期以「吃人的禮教」與「打倒孔家店」為號召的「全盤性反傳統主義」、到科學與玄學論戰中胡適大加贊揚的，吳稚暉所提出之「漆黑一團的宇宙觀，人欲橫流的人生觀」、到胡適與陳序經所提倡的「全盤西化論」、到社會史論戰中所表現的對馬克思主義機械式的了解、到毛澤東完全違背馬克思主義前提，主張「主觀決定客觀」的階級論、到十教授「中國本位文化宣言」、到右派人物的「新生活運動」、到六〇年代中西文化論戰中「全盤西化論」的死灰復燃、到中國有「治道的民主」沒有「政道的民主」，民主可從中國傳統「開出」說、到今天整個中文世界沒有一本像樣的關於韋伯的專著，但一位新聞記者卻大談台灣的「韋伯熱」；這一切的一切，確實可說是眾說紛紜，莫衷一是。

這種眾說紛紜，莫衷一是，彼此之間頗有矛盾的許多不同看法，所透露的消息是：一、雖然有些看法或學說曾風行一時，甚至有一少撮信徒對之終生信奉不渝，但它們所呈現的對於西方文化與思想的了解，絕大多數是很浮泛的（雖然也有少數例外），缺乏令人覺得心安理得的權威性；二、它們彼此間雖然頗有矛盾，但其中絕大多數卻共同預設（assume）思想與文化改革（或革命）是政治、經濟與社會改革（或革命）的先決條件。他們很容易（雖然並不必然）從強調思想改革（或革命）的重要性滑落到強調自己主張的思想的重要性，因此常藉著強調思想改革（或革命）來熱烈地，但未經深思地，提倡他們的看法或學說了。換句話說，他們根據思想、文化的優先性的預設來強調思想的重要性的結果，反而養成了缺乏深思的習慣，導致了他們底思想缺乏思想性的後果。

本文的目的便是想探討一下上述兩點「消息」的歷史因素與涵義。首先，我應先證明我所謂在中國近一百五十年風行的各式各樣的看法或學說大都相當浮泛，是實有所指。然而這是一項龐大的工作，不是一篇論文可以辦到的。不過，我的指陳似乎又不必費那麼大力氣來加以證明。因為大多數關於近代中國思想史的專著，都曾指陳了這一點；雖然它們對這個現象的成因與涵義的解釋與分析，彼此之間容有不同。另外，打開有關思想與文化的中文讀物，類似這樣的指陳，比比皆是，似乎已是大家的共識之一。我在本文只擬舉一個例子來說明我的觀點：民國十二年許多當時中國知識界精英所參與的「科學與人生觀」論戰。這個例子可以說明，他們對於西方文化與思想之曲折深微的複雜性及其歷史脈絡之所以知之甚泛，主要原因之一是：在隱涵的層次上，他們仍深受中國傳統——尤其是「天人合一」有機式宇宙觀及與其有密切關係的一元論（monistic）整體觀（holistic）的思想模式——的影響所致。

當然，對中國近代與現代思想、文化底素質產生影響的因素，不只上述兩端。近一百五十年來中國政治、社會與經濟的情況——如沒有堅實的政治制度與社會風氣來保障與鼓勵學術的自由與發展、種種內憂外患的政治事件使知識分子產生迫不及待，有病亂投醫的心情等——都是有關的因素。事實上，外在因素與內在因素是交互地發生影響的。不過，我在這裡所要強調的是：綜觀近一百五十年中國與西方文化接觸的歷史，前賢實在把了解西方文化這件事看得太過簡易，以致未能退一步用批評的眼光仔細檢查傳統的思想成分對於他們了解西方思想與文化所可能產生的影響與阻礙。本文所做的歷史分析工作的主要涵義則是：主觀地要求大家應該在與西方文化接觸時深思熟慮，效果並不大。事實上，這樣的呼籲幾十年來大家已不知喊了多少次，但我們看不出它究竟產生了什麼顯著的效果。但，對客觀歷史環境的認識，卻會帶給我們切實的警惕；這種警惕可以使我們在今後與西方文化接觸的時候，仔細檢查不易自覺的傳統成分所可能發生的阻礙與影響。

二

現代學術思想有不少成就，其中之一是對於非西方國家在與西方文化接觸後之現代化過程的比較研究。這些比較研究之間雖然也有不少爭論，但它們卻獲得了一項共同的識見：非西方國家的現代化是否容易獲致成功與它們是否能夠在現代化過程中與它們的傳統取得「協議」（come to terms with）極有關係。易言之，它們的傳統能否以某種形式幫助接受西方文化與制度，與它們的現代化能否獲致切實的成果，甚有關聯，例如，大戰之後的日本在現代脈絡中移植未曾多所變遷的傳統社會結構與傳統禮教，對日本現代化所發生的功能。

從這個觀點來看，中國的現代化之所以危機層出不窮，主要的原因是：在謀求現代化的過程中，我們一直未能與傳統取得協議——因此，也就未能獲得傳統的幫助。不但未能獲得傳統的幫助，自五四以來占勢力的思潮反而是：在價值觀念因西潮之侵襲產生巨變以後，受了中國傳統的一元論與整體觀的思想模式的影響而興起的全盤性反傳統主義，以及由其衍生的全盤西化論。

另外，各式各樣的保守主義，往往是五四式激烈反傳統主義的直接回應；可見其自身力量的薄弱。它們與傳統的關係，往往是停留在要求或企望在現代化過程中保存故有文化與道德遺產，而不是要使傳統與現代化取得「協議」以便用傳統來幫助現代化。在中國現代的歷史中，維護傳統的保守主義經常是與現代化運動處於敵對的地位，而現代化運動是以反傳統的態度作為基調的。這種「傳統」與「現代」二分法式敵對的形勢——使得保守主義與現代化運動都無法與傳統取得「協議」以便使「傳統」幫助現代化的進展——這個現象是與傳統一元論的思想模式繼續在中國發生影響甚有關係。

另外，根據博蘭霓（Michael Polanyi）在知識論上發展出來的「支援意識」（subsidiary awareness）與「默會致知」（tacit knowing）的觀念，以及孔恩（Thomas Kuhn）（如他自己所說受了這兩個觀念的啟發而發展出來的「典範」（paradigm）的觀念，我們現在更能了解「傳統」在人類追求知識的過程中所發生的影響。人在致知的每一個階段，都有一項個人的因素參與。這個個人的因素是無法觀念化或形式化的。這個個人的因素是致知者在與其傳統具體質素相接觸時於潛移默化中形成的。這種隱涵的「默會致知」也可稱之謂「轉悟致知」（from-to knowing），意即：一個人在與自己的傳統具體質素時常接觸以後，自然產生一種無法形式化的技能（skill），它是支持我們「集中意識」（focal awareness）認知活動的「支援意識」，我們是根據「支援意識」來進行「集中意識」中致知活動的。[1]

三

從以上對於現代化的比較研究與博蘭霓和孔恩在哲學與科學史上的貢獻的簡略敘述中，我們確切地知道傳統質素對於致知的深切影響。我現在擬以「科學與人生觀」論戰為例，分析一下中國傳統「天人合一」的宇宙觀，對於這次論戰的浮泛性所造成的影響。

這個論戰是丁文江先生發動的。張君勱先生在民國十二年二月十四日在清華大學作了一次題作「人生觀」的講演。君勱先生說：「人生觀之特點所在，曰直覺的，曰綜合的，曰自由意志的，曰單一性的。惟有此四點，故科學無論如何發達，而人生觀問題之解決，決非科學所能為力，惟賴諸人類之自身而已。」[2]君勱先生關於人生觀是主觀的，直覺的意見，容或有更進一步釐清的必要（如把康德第三批判——《判斷力的批判》——所分析的目的論納入考慮，或可不遽然做這些易招誤會為道德相對主義的指涉。）但，君勱先生的主旨所在——科學無論如何發達，終不能解決人生觀的問題——則到現在仍是站得住腳的哲學慧見。因為，人生觀是價

---

1 Michael Polanyi, *Personal Knowledge*; with Harry Prosch, Meaning (Chicago, 1975). Thomas Kuhn, *The Structure of Scientific Revolutions*, 2nd ed.，詳實的中文譯本，見孔恩著，傅大為、程樹德、王道還合譯，《科學革命的結構》（台北：允晨，一九八五）。

2 張君勱，〈人生觀〉，《科學與人生觀》（上海：亞東圖書館，一九二三；台北翻印：問學出版社，一九七七），頁九。

值問題；而科學則為中性。人生處世可以或應該把科學的發現當作參考，但科學無法解決價值的問題。然而丁先生卻針對此點，大加攻擊。他的攻擊，事實上，只是他相信科學萬能的科學主義的反映而已。不過，在這個論辯中，君勱先生與丁先生均不自覺地共同預設了一個不能成立的假定：他們都認為主體（subjectivity）與客體（objectivity）是彼此獨立，無法滙通的。可是，他們在討論科學性質的時候，卻又均曾徵引十九世紀論析科學原理與科學方法的權威著作——W. Stanley Jevons, *Principles of Science: A Treatise on Logic and Scientific Method*。但，正如 Ernest Nagel 所說：「Jevons 在他的著作中清楚地洞悉：不認為科學是受益於『「自然」的預期』（anticipation of nature），而只把科學的工作當作是積累事實、根據它們所呈現的特性加以分類、最後篩選出它們的屬性與屬性所可蘊涵的通論的看法，是完全不足以說明科學的本質的。與這項強調歸納法是科學的本質的論調完全相反，Jevons 認為科學方法主要是：在科學研究中建立假設，而假設則是對於事實加以選擇與解釋，這種選擇與解釋受科學家在研究的過程中含有預期性的理念影響很大。……Jevons 把歸納法形容為『從特殊真理到普遍真理的推論』，他又說『歸納是演繹的反面運作』。這些話不是一些匆忙的讀者把 Jevons 的意思當作是『主張普遍真理可從特殊的真理那邊經由歸納過程推論而來』所能了解的。因為他曾明白指出：『歸納是自然現象隱藏的意義的破解』，要達成這項任務，我們必須製造出（invent）許多假說，一直到碰到一個假說，其演繹的結果與經驗相符。因此，當他說『歸納是演繹的反面運作』——他的意思是：從某一假說演繹出邏輯的結果，然後把這個結果與所看到的經驗事實相比照，在這一過程中自然律才能建立或否定。Jevons 在 *The Principles of Science* 的重大貢獻是他對『假設．演繹的方法』（hypothetico-deductive method）豐富而至今有效的解說。Jevons 認為：『假設．演繹的方法』才是科學程序的本質。」[3]根據以上的陳述，丁張兩先生顯然都對 Jevons 誤解了。對於 Jevons 而言，科學是演繹與歸納的相互為用；所以，具有科學素養的主觀成分的猜測與對於客觀事實的認識是在研究過程中纏繞在一起的。科學是無法把主觀性與客觀性截然分開的。而「假設．演繹」並不是如丁文江先生所說，需要「經驗的提示」。導致科學中重大發現的問題，如啟發愛因斯坦發現相對論的問題，是沒有經驗提示的。

在進一步分析丁張兩先生對科學的意見雖彼此多有不同，但卻都對 Jevons 的意見產生誤解的歷史涵義之前，值得一提的是，胡適先生為這次論辯作總結時對科學所持的看法。胡先生對科學的科學主義式的看法，比丁文江先生更直線式，更庸俗化。胡先生認為丁先生只說不做，丁先生只說「科學能夠解決人生觀的問題」卻沒有提出他底科學的人生觀。胡先生說：「我總觀這二十五萬字的討論，終覺得這一次為科學作戰的人——除了吳稚暉先生——都有一

3 尼格爾（Ernest Nagel），"Introduction to the Dover Edition of *The Principles of Science: A Treatise on Logic and Scientific Method*, by W. Stanley Jevons,"（New York: Dover Publications Inc., 1958），xlix-1.

個共同的錯誤，就是不曾具體地說明科學的人生觀是什麼，卻去抽象地力爭科學可以解決人生觀的問題。」胡先生自己遂主動地「總括了吳稚暉先生所提出的漆黑一團的宇宙觀，人欲橫流的人生觀」，再加上他的「一點擴充與補充」，提出了他所謂的「科學的人生觀」或「自然主義的人生觀」：

1. 根據於天文學和物理學的知識，叫人知道空間的無窮之大。
2. 根據於地質學及古生物學的知識，叫人知道時間的無窮之長。
3. 根據於一切科學，叫人知道宇宙及其中萬物的運行變遷皆是自然的，——自己如此的，——正用不著什麼超自然的主宰或造物者。
4. 根據於生物的科學的知識，叫人知道生物界的生存競爭的浪費與慘酷——因此，叫人更可以明白那「有好生之德」的主宰的假設是不能成立的。
5. 根據於生物學，生理學，心理學的知識，叫人知道人不過是動物的一種，他和別種動物只有程度的差異，並無種類的區別。
6. 根據於生物的科學及人類學，人種學，社會學的知識，叫人知道生物及人類社會演進的歷史和演進的原因。
7. 根據於生物的心理的科學，叫人知道一切心理的現象都是有因的。

8. 根據於生物學及社會學的知識，叫人知道道德禮教是變遷的，而變遷的原因都是可以用科學方法尋求出來的。
9. 根據於新的物理化學的知識，叫人知道物質不是死的，是活的；不是靜的，是動的。
10. 根據於生物學及社會學的知識，叫人知道個人——「小我」——是要死滅的，而人類——「大我」——是不死的，不朽的；叫人知道「為全種萬世而生活」就是宗教，就是最高的宗教；而那些替個人謀死後的「天堂」「淨土」的宗教，乃是自私自利的宗教。

這種新人生觀是建築在二、三百年的科學常識之上的一個大假設，我們也許可以給他加上「科學的人生觀」的尊號。但為避免無謂的爭論起見，我主張叫他做「自然主義的人生觀」。

在那個自然主義的宇宙裡，在那無窮之大的空間裡，在那無窮之長的時間裡，這個平均高五尺六寸，上壽不過百年的兩手動物——人——真是一個渺乎其小的微生物了。在那個自然主義的宇宙裡，天行是有常度的，物變是有自然法則的，因果的大法支配著他——人——的一切生活，生存競爭的慘劇鞭策著他的一切行為——這個兩手動物的自由真是很有限了。然而那個自然主義的宇宙裡的這個渺小的兩手動物卻也有他的相當的地位和相當的價值。他用兩手和一個大腦，居然能做出許多器具，想出許多方法，造成一點文化。他不但馴伏了許多禽獸，他還能考究宇宙間的自然法則，利用這些法則來駕馭天行，到現在他居然能叫電氣給他趕車，以太給他送信了。他的智慧的長進就是他的能力的增加；然而智慧的長進卻又使他的胸襟擴大，想像力提高。他也曾拜物拜畜生，也曾怕神怕鬼，但他現在漸漸脫離了這種幼稚的時期，他現在漸漸明白：空間之大只增加他對於宇宙的美感；時間之長只使他格外明瞭祖宗創業之艱難；天行之有常只增加他制裁自然界的能力。甚至於因果律的籠罩一切，也並不見得束縛他的自由，因為因果律的作用一方面使他可以由因求果，由果推因，解釋過去，預測未來；一方面又使他可以運用他的智慧，創造新因以求新果。甚至於生存競爭的觀念也並不見得就使他成為一個冷酷無情的畜生，也許還可以格外增加他對於同類的同情心，格外使他深信互助的重要，格外使他注意人為的努力以減免天然競爭的慘酷與浪費。——總而言之，這個自然主義的人生觀裡，未嘗沒有美，未嘗沒有詩意，未嘗沒有道德的責任，未嘗沒有充分運用「創造的智慧」的機會。

然而，任何一個稍具常識並曾稍稍細讀過胡文的人都知道，胡先生深具信心說出來的話，只是一組與前提不符的推論（*non sequiturs*）而已。他所說的是一組「決定論、機械論」的自然觀，然後用一串「意志主動主義的」（voluntaristic）思想——相信我怎麼想，就應怎麼做，「做」的結果將會符合我的想法——揉雜在裡面罷了。胡先生一生一再加強思想清晰的重要性，然而他似乎並未感到他這篇大文中相當明顯的混淆。達爾文主義下的「物競天擇，適者生存」並不能支持「格外增加他對於同類的同情心，格外使他深信互助的重要」。假若宇宙之中的一切運作與變化都是遵從自然律則自然地進行；那麼，人既然也是自然的一部分，不可能在自然之外，又如何能像胡先生所說，能夠「運用他的智慧，創造新因以求新果」呢？胡先生並不認為他底「意志主動主義」的觀點與他底「機械的自然觀」會有任何衝突或緊張的。他覺得他底「意志主動主義」是與他底「自然主義」相符的。然而，他對科學的「認識」並賦予它的使命，早已衝破了科學適用的範圍，並對科學的性質產生了嚴重的誤解。他早已把科學當作新的宗教，盲目地信仰著，以為它無所不能，即使意識到在思想上的矛盾，亦因宗教熱情的驅使而無所顧及。

四

五四時代的知識分子對於科學的了解，為什麼是這樣地浮泛呢？這個問題，仔細分析起來，當然甚為複雜，本文無法詳述。從本文所關懷的論點來說，約有以下數端：

一、中國傳統本無政教分離的觀念與制度，政治中心與文化中心是密切地統合（integrate）在「天命」的觀念之下，並由「天命」觀念支持的「普遍王權」（universal kingship）具體地呈現著這一密切的統合。因此，在作為政治制度的「普遍王權」崩潰以後，用以支持它的「天命」觀念以及「天命」觀念所支持的文化系統也自然分解了。傳統的正統思想與文化的解體帶給了習於生活在中國文化與思想秩序裡的人極大的不安。因此，他們需要一個新的確實的東西來依靠，來填補空虛。在這種情況之下，丁胡等人便不太自覺地，但卻很強烈地被科學中的歸納法所吸引（其他人，因際遇不同，便被西方文化中其他可給予確實感的東西所吸引）。歸納法，對他們而言，可以確實地按部就班地探尋宇宙的「實在」。假說、演繹令人難以應付，故無法予以重視。另外，客體與主體不可相互介入，因為一個客觀的「實在」絕不可被主觀的成分所妥協。當胡適先生公開地把科學當作宗教頂禮膜拜時，他當然找到了絕對確實的東西。

二、中國傳統的「天人合一」一元論有機式的宇宙觀，[4]雖然總能肯定世界有意義，在世界中的人生有意義，使中國人於潛移默化中受其影響，因此對宇宙與人生不感疏離——這也是中國知識分子在屢受挫折以後仍能保持使命感的主因——但，「天人合一」的宇宙觀（這與中國沒有創世神話，沒有先知傳統都極有關聯）與西方二元或多元的宇宙觀，實在距離太遠，兩者之間的鴻溝不易逾越。在隱涵的「支援意識」中，受其影響的知識分子，自然不易與西方文化的實質具體地接觸。在有機式的「天人合一」的宇宙觀影響之下，自然使人容易養成一元的、非多元的分析習慣。這種思想習慣容易使人覺得他所肯定的真正資源或真正實體能夠浸透到各界，並容易使人預設宇宙事務是相互統合的，因為它們都有機地是宇宙的單一實體的一部分。

三、「天人合一」的宇宙觀自然使人認為，人既與宇宙實體合一，個人如發揮他的真正的本性，便有無限的力量。張載說，他要「為天地立心」。這種態度在中國一直被稱頌，但從西方宗教傳統來看，著實令人不敢置信。中國人對人的內在力量因受「天人合一」觀念的影響而興起的自信實是中國人強調思想優先性的理論基礎。在這個前提之下，思想當然被認為是一切政治、經濟、社會與文化的基石。這種對於思想力量無所限制的信服所造成的在中西文化接觸之際的困擾，已在前面陳述了。

4 「天」是什麼？這個問題當然極為複雜，古代文獻中有時把天看作是一個「超越的意志」。但，因為中國沒有創世的神話與先知的傳統，我認為作為「超越意志的天」在中國思想與文化傳統中的影響無法與有機式一元論的，「天人合一」的宇宙觀所了解的，作為「宇宙最終實在（ultimate reality）與源頭的天」相提並論。「天人合一」的宇宙觀蘊涵著「內在超越」的本體論。關於「天」具有內在的超越的意義，牟宗三先生在民國五十二年已提出討論，見氏著，《中國哲學的特質》（香港：人生出版社，一九六三），頁二十。近年來有關這方面的討論，見 Benjamin I. Schwartz, "On the Absence of Reductionism in Chinese Thought," *Journal of Chinese Philosophy*, I（1973），pp. 27-44; and "Transcendence in Ancient China," *Daedalus*, Vol. 104, No. 2（Spring, 1975），pp. 57-68. 余英時，《從價值系統看中國文化的現代意義》（台北：時報出版公司，一九八四）。筆者有關的看法，見《思想與人物》，頁三八一—三八二，及本書頁六—九。

最後，我必須釐清一項對上面的分析可能產生的誤解。我既然說傳統已經解體，又如何可以說近代中國知識分子們仍深受傳統的宇宙觀的影響呢？傳統文化結構的解體的確導致了許多傳統價值的沒落。因為過去習以為常的切近的特定價值（如家庭倫理所強調的孝悌與家族倫理的優先性等）由於其它新的價值（如民族主義或現代工商社會中的資本主義所肯定者）的出現而受到嚴重的威脅、或已被取代。特定的價值必須有其應用的對象，在新的生活模式中可能或已經因承擔不了新的經驗而沒落。但涵蓋面廣被的傳統宇宙觀所形成的思想模式（mode of thinking），則應另當別論。在許多特定的傳統價值面臨沒落的命運時，受傳統宇宙觀影響而形成的思想模式，並不易被取代；因為它是在隱涵的層次上與具體的實例接觸時，於潛移默化中形成的。這樣的思想模式是在隱涵的層次上多半被不自覺地抱持的；因此，在傳統文化結構解體以後，仍然在許多中國人的心靈中占據了很大的勢力。如應用博蘭霓與孔恩所發展出來的觀念來了解此一現象，受「天人合一」的宇宙觀的影響而形成的有機式一元論的思想模式是在「支援意識」中被人不甚自覺地使用的思考「典範」（paradigm），它與「集中意識」中實有所指的特定價值並不在同一層次。當「集中意識」中的特定價值處於分解或崩潰的時候，在「支援意識」中有機式一元論的思想模式，在沒有其他有效的思想模式取代它以前，仍被不甚自覺地用來對付許多新的重大的、概括性的問題。根據孔恩對於「典範」的分析，當舊的「典範」被發現越來越無法有效地應用時——越來越捉襟見肘時——新的「典範」才可能出現。本文的目的之一可以說是：經由對於舊的「典範」的尷尬的後果的分析來期待著新的「典範」的出現。中國文化與思想的危機，在沒有新的「典範」——新的宇宙觀與新的思想模式——出現之前，是無法獲得確切的解決的；而新的宇宙觀與新的思想模式，正如筆者在別處曾一再強調的，只有在中國傳統獲得創造的轉化時，才能出現。

後記

君勱先生一生清風亮節，以至誠關懷中國政治與文化的前途。毓生早歲在美，有幸親炙先生之教誨，獲益良多，至深感念。拙文本　君勱先生終生信守的自由精神，以關懷中國思想與文化的未來作為起點，為紀念先生百齡冥誕，於民國七十五年二月二日在台北由張敦華女士主持的紀念研討會中，敬謹提出，或可供關心共同問題的讀者參考。

拙文在研討會中宣讀以後，承擔任評論的項退結教授以同情的立場多所指正，會後並承寄贈宏文（〈中國宗教意識的若干型態——由天命至吉凶之命〉，《孔孟學報》第四十五期，民國七十二年六月），受益甚多，謹此敬致謝忱。

（原載《當代》第四期，一九八六年八月一日）

二

政教合一與政教分離

「內聖外王」是傳統中國文化中的一個重要觀念，也是儒家的最高理想。這個觀念有以下幾點涵義：一、政治領袖的道德資質遠較制度更為重要；政治的清明歸根究柢是決定於最高政治領袖的人格與見識；二、在實際政治層面，任何政治領袖都要強調他之所以能夠成為政治領袖，是因為他具有高度道德成就與文化修養的緣故，所以他不但應該管理政治事務而且要指導文化與教育，並做國民的精神導師。因此政治權力極為龐大，它遠超過西方政教分離以後，一般所了解的政治範疇。

但，事實的真相卻是：歷代多的是昏君，暴君也間或有之。面對這一事實，有知識良心的儒者都一致認為「勢」不是「王」，政統與道統有基本的分歧，朱子甚至認為「堯舜三王周公孔子所傳之道，未嘗一日得行於天地之間」。然而，這種經驗的認識是否突破了被認為是人間最高理想的政教合一的觀念了呢？是否導使傳統儒者去建設政教分離的制度了呢？答案卻是否定的。他們對在現實層面上的「政」「教」之分的認識，並未使他們覺得「內聖外王」的觀點有何缺陷。嚴格地說，現實層面的「政」，實際上只是勢或霸，不是政，所以只是勢與教之分，並不是政與教之分。傳統儒者對於政統與道統的基本分歧的認識應該說是對於勢統與道統的基本分歧的認識。他們只是慨嘆理想之未能達成，並強調祀孔的禮儀與學校的重要，以及承擔道統的士君子應該持有的自高、自尊的重要性，以便抗禮現實的統治者，使儒家理想得以維持於不墜。但勢統與道統之分歧並未導使他們懷疑作為理想的「內聖外王」的合理性，所以政教合一的觀念與理想在傳統的中國從未動搖；在傳統歷史的脈絡與資源限制之內也不可能動搖。歷代有良心的儒者為了實現這個理想，消極方面，要批評時政，指出「勢」不是「王」；積極方面，要再肯定作為理想的「聖王」觀念的合理性與崇高性。換句話說，正因為對於中國道統與勢統之分的認識只是理想與現實並不相符的認識，而不是像西方人那樣認為政教分離才是合理的（認為政與教應該有兩套不同理念與制度，而實際上又的確發展出來了兩套不同的理念與制度），所以政教合一的理想的合理性與作為文化中心象徵與政治中心象徵，秉承天命在結構上體現政教合一的天子制度，在傳統中國從未崩潰。

西方政教分離的觀念與制度乃是根據認為精神世界與凡俗世界是絕對不同的兩個範疇的觀念而建立的。政府的意義與功能在於維持社會生活所需的**外在**秩序，教會的意義與功能則是秉承上帝的意旨指導人生**內在**的精神生活。兩者不能相互踰越。從這個觀點來看，任何政治領袖，無論勢力多大，他的內在精神生活也仍然是要依靠教會指導的；換句話說，他的權力與活動範疇是註定有限的。從西方政教分離的觀點來看，中國的「聖王」觀念，與孟子所謂「人可以為堯舜」的說法是不通的：任何人（包括孔子在內）——無論他的道德資質多高，無論他如何堅苦卓絕地努力——都不可能十全十美，都不可能成為儒家所謂的聖人。至於天命（或上帝的意旨），也只能傳給教會，不能傳給政治領袖。十八世紀啟蒙運動興起以後，基督教的信仰經由世俗化（secularization）的過程，溶入社會之中，產生了社會涵蓋政府，而政府不能涵蓋社會的觀念。因此，政府的活動範疇（包括政治領袖的活動範疇）也仍然是有其限度的。政府要對社會負責，秉承社會的指導，制定政策與程序去實踐獨立組成的社會所賦予的任務。西方自由與民主的實現，與政府及其領袖活動範疇有其限度，以及在政治範疇之內的活動必須接受社會的指導有重要的關係。我們今日也要實行自由與民主，然而傳統的習慣與組織仍在，仍然看到許多政治涵蓋社會、指導社會，而不是社會涵蓋政治、指導政治的現象。多年來實行民主的努力，在實質層面，成績仍然相當有限，這是主要原因之一。今後如何改造中國社會，以便發揮力量，促使政治納入有限的範疇，則是有識之士未來奮鬥的重大課題之一。

（原載《中國時報》〈人間〉副刊，一九八三年四月十日）

法治要義

明代覆亡以後，黃宗羲痛感專制禍毒之慘烈，侘傺幽憂，不能自釋，乃決心探究其根本原因，並謀求徹底解決之道。他撰成的《明夷待訪錄》，顧炎武讀後曾謂「讀之再三，於是知天下之未嘗無人，百王之弊可以復起，而三代之盛可以徐還也」。顧炎武之所以對黃宗羲這樣推崇備至，主要是因為黃氏在此書中，除了重振孟子「民為貴」與禮運「天下為公」的思想以外，他發前人之所未發，明確地揭櫫了「有治法而後有治人」的精義。他在痛定思痛之後，終於突破了數千年強調人治思想的藩籬。這是中國傳統思想發展的高峰。黃氏嚴斥「天下之治亂不繫於法之存亡」與「有治人，無治法」的看法，他說：「自非法之法桎梏天下人之手足，即有能治之人，終不勝其牽挽嫌疑之顧盼。有所設施，亦就其分之所得，安於苟簡而不能有度外之功名，使先王之法而在，莫不有法外之意，存乎其間。其人是也，則可以無不行之意。其人非也，亦不至深刻網羅。故曰有治法而後有治人。」

黃宗羲的合法的，法律至上的見解，雖然因受文化資源的限制，未能擺脫復古的色彩——他假定遠古聖王曾制訂了十全十美的法律；而此一見解又因為主要是來自對痛苦的歷史經驗的消極性的省思（而非對中國所無的歷史經驗正面發展的積極性的解釋——這對梨洲先生而言，當然是不可能的），以致只達到了傳統思想發展的極限，而不可能再往前發展成為一套系統性的現代法治思想。但我們有理由說，假若梨洲先生復生，當會欣然同意並接受發源於英國不成文法傳統，經美國憲政主義與德國十九世紀，「法律國家（Rechtsstaat）運動」的擴充而成的現代法治思想的基本要義。受了文化資源與歷史經驗的限制，梨洲先生無法再進一步發展的洞見與無法實現的理想，可藉接受西方法治思想而得到創造性轉化的發展與實現的機會。我在這裡不是說「有治法而後有治人」的思想，在梨洲先生底思想系統中已經蘊涵了英美的法治思想，但我覺得他的見解與西方法治思想有滙通之處，正可作為引進西方法治思想的起點。

那麼，到底什麼是法治呢？而法治與自由和民主又究竟有什麼關係呢？從歷史的觀點來看，法治的產生最初始於司法機構，在經常性的作業中，開始有權裁定國君與他的大臣們的行為是否在法律上有效。在美國，則是司法機構根據憲法，有權裁定行政與立法機構的行為是否合法。這種法律至上的原則，最初是從歐洲中古封建社會中演進而來。當時，國君與臣民之間有互相必須履行的權利與義務。在中古日耳曼民族的封建地域之內，原先羅馬帝國中「朕意即是法律」的觀念漸被法律在國君意志之上的觀念所取代。在十三世紀的英國，法院漸漸脫離行政機構的範圍；它的勢力因此漸漸擴充。法院開始要維護疆土之內的各種共同認定的習慣，而法官們更認為他們所根據的法律反映了宇宙的律則與秩序。因此，國君雖然不在任何人之下，卻在上帝與法律之下的觀念變得深植人心。十三世紀英國約翰王所簽定的大憲章則是法治進展的里程碑；據此，國君對國土之內的貴族所須履行之義務的條文，變成了行政機構在法律上負有責任與義務的基礎。一三三八年愛德華三世在位的時候，法院裁定國王的稅務人員在沒有取得法院頒發的扣押狀之前，不得把欠稅人的牛隻扣押。在另一裁定中，一位警長接到國君指示他不要執行法院令狀的私函以後，因服從了國君的指示而被罰款。這兩項裁定雖然僅涉及程序與形式，但它們卻促進了國君及其臣下必須在法律之內行使職權的法律架構的建立。所謂法治，其中最具體的項目之一是：行政與立法機構必須在合法的法律之內行使職權。這不是口號，如行政與立法機構不在合法的法律之內行使職權，法院有權審理與裁罰行政與立法機構的過失；如此才是法治。

法治在大不列顛演進至十八世紀時，蘇格蘭的傑出經濟學家與倫理學家們——亞當·斯密、佛格森（Adam Ferguson）、休謨（後來德國的康德也頗受影響）——開始對它所能帶給社會的好處與它維護人的尊嚴的功能產生了深刻與突破性的認識與理解，他們根據這種認識與理解建成一套社會理論（social theory），這套社會理論遂變成最有力的法治的理論基礎。用透澈的現代語言整理與分析這套理論的當代大家，當推博蘭霓先生（Michael Polanyi）與海耶克（F.A. Hayek）先生。

我在這裡擬以譯述一段海氏著作原文的方式，對這套以社會理論作為法治的哲學基礎的觀點，做一些簡要的說明（海氏在文中亦曾徵引了一段博蘭霓先生的話）：「人們社會行為的秩序性呈現在下列事實之中：一個人之所以能夠完成他計劃中所要完成的事，主要在於他的行動的每一階段，能夠預期與他處在同一社會的其他人士（在他們）要做他們所要做的事的過程中，對他提供他所需要的各項服務。從這件事實中，我們很易看出社會中有一個恆常的秩序。

如果這個秩序不存在的話，日常生活中的基本需求便不可能得到滿足。這個秩序不是由服從命令而產生的，因為社會成員只是根據自己的意思，就所處的環境調適自己的行為。社會秩序，基本上，是指個人行為的計劃是靠與自己有關的別人的行為能夠產生預期的結果而產生的。換句話說，每個人都能運用自己的知識在普遍與沒有具體目的的社會規則之內，做自己所要做的事；如此，每個人都可以深具信心地知道自己的行為，將獲得別人提供的對他的必要服務，社會秩序就這樣地產生了。這種秩序可稱之謂自動自發的秩序（spontaneous order），因為它絕不是中樞意志的指導或命令所能建立的；這種秩序的興起，來自多種因素的相互適應，相互配合，與它們對涉及它們底事務的即時反應，這不是任何一個人或一組人所能掌握的繁複現象。這種自動自發的秩序便是博蘭霓所謂的『多元中心的秩序』（polycentric order）。博氏說：『人們在只服從公平的與適用於社會中一切人士的法律的情況下，根據自發的意圖，彼此交互作用而產生的秩序，可稱之謂自動自發的秩序。因此我們可以說每個人在做自己要做的事的時候產生了協調，這種自發式的協調所產生的秩序，足以證明自由有利於公眾，這種個人之行為可稱之謂自由的行為，因為它不是任何上司或公共權威（public authority）所決定的。個人所需服從的是法治之下的法律，這種法律應是無私的、普遍地有效的。』」[1]

---

1 F.A. Hayek, *The Constitution of Liberty*, pp. 159-160. 博蘭霓先生的話見 Micheal Polanyi, *The Logic of Liberty*, p. 159.

海博兩氏以精微的分析所重述的，自由（在法律之內）產生秩序的見解，是西方自由主義在政治與社會哲學上最重大的貢獻之一。自由主義從這個社會理論（social theory）的據點出發，則不僅能夠滿足人要求道德尊嚴的企求，它的某種程度的實現，實際上，能夠產生一個較有效率的社會。在這種自動自發的多元社會中，人們彼此合作、相互為用，但卻並不追求相同的興趣，也不受彼此的牽制或外力的壓迫。這種自動自發的多元中心的秩序，每個社會在不同層次與不同方面當然都有一些，因為每個社會在不同層次與不同方面都有一些以普遍的與沒有具體目的的規則為架構的社會秩序。不過，在極權與專權的國家中，少數統治者為了維持他們的利益，常以政治命令取代普遍的與沒有目的的社會規則，所以這種社會秩序常遭受到很大的破壞。

在真正實行法治的國家，這種自動自發的秩序則是最有效的、最豐富的。易言之，越以法治為主導的社會越是自由的社會。法治並不是指法律越多越好，也不是指那些根據政治命令而制定的法律的執行。法治最根本的要義是：以憲法做主導的法律高於政治的肯定與執行。法治下的法律必須是公平的、普遍的（能夠應用到每個人身上的）與抽象的（沒有具體目的的、不為任何政治利益團體服務的）。法治下的司法機構不但有權審理與裁定人民行為是否違法，而且有權審理與裁定行政與立法部門的政策及其執行的情況是否違法。簡單地說，法治就是合法的法律至上的意思。康德說：「個人是自由的，如果他只服從法律而不服從任何人。」又說：

「建立一個使每個人的自由共存於所有人的自由的法律架構，必須遵循憲法，這部憲法能夠使人獲得最大可能的自由。」憲法主要的任務則是明列人權清單，保障人民無法出讓的諸權利，制定政府基本組織，使政府中三權（立法權、司法權與行政權）得以分立，使三權相互制衡，以及建立中央政府與地方政府的合理關係。在法治之下多元社會中的公民，自然享有憲法所賦予的諸自由與諸權利。

（原載《中國時報》〈人間〉副刊，一九八四年三月四日）

法治與道德

去年八月二十四日豐原高中禮堂倒塌，瞬息之間奪去了二十六位無辜青年的寶貴生命；另外受輕重傷的青年高達八十六人之多。這個令人難以置信的慘痛事件，使許多人在看到或聽到這則消息以後，悽然淚下。大家對這次災變至今記憶猶新。可是，災變發生以後，除了教育廳長辭職獲准，檢察官追究承包商與有關人員的法律責任以外，到現在還沒聽說有任何防止類似事件再發生的法規的修訂與行政措施的改進。

這次災變至少暴露了下列兩個嚴重的問題：一、校方根本沒有意外災變救難計劃，倒是附近的居民自動自發地爭先救難，學校工作人員反而不知所措，災變發生了半個小時以後才電請一一九來救助，拖延的使人覺得不可思議。再就全省的情況而言，台灣安定了三十幾年，但政府卻沒有設計出一個完整而機動，能夠迅速協調各有關單位，系統化應付災變的制度。與以前一樣，災變一來，行政人員不是束手無策，便是亂成一團，令人實在痛心。二、豐中禮堂是六十四年七月才建成的，距離倒塌的時間只有八年。這種持久性的鋼筋水泥建築至少應該耐用五十年以上。災變發生以後，根據結構工程專家勘察現場的結果所顯示，禮堂中間大樑銲接斷裂，牆柱鋼筋接合處不妥，防水防熱工程導致大量蓄水。顯然得很，這次災變主要源自施工時的偷工減料與修護時的設計不周。其實，專家們的勘察只是證實了一般人常識的猜測而已。但我們國家根本沒有一套完整的法律與行政措施保證公共工程的品質與安全。公共工程的設計、發包、施工、監工、驗收等各項工作都是重要關鍵；目前的發包制度無法避免偷工減料；設計與施工又是分開的，不能發揮一貫作業的效率；而監工與驗收這種重要的防弊工作居然是由外行的主計人員來負責，使人感到啼笑皆非。

最近幾年，公共工程重大災變每年發生四、五次，頻率顯然有增高之勢。每次災變發生以後，大家流淚、忿怒、咒罵；然後一切恢復平靜，依然故我。很少看到有關民意代表提出避免公共工程偷工減料的新的法規草案，並多方奔走促其通過；也很少看到行政系統裡的官員們召集專家共謀重大災變救難措施的基本改進，並根據改進的計劃做實地演習，以保證萬一災變發生，可以切實付諸實施。更很少看到受難的家屬與關心人士大家聯合起來共同要求代表我們的民意代表修訂或制訂新的法規，以避免類似的人為過失所引發的災變再發生。在災變發生以後，我們看到的是政務官的引咎辭職，大員們的現場查看，一大堆行政人員到醫院慰問傷者、到殯儀館致祭亡魂。我們所看不到的則是：避免類似事故再發生的切實的努力。輿論界的反應則是一片譴責聲，譴責工程承包商偷工減料，沒有公德心，並進一步以教育之失敗與精神生活之匱乏來說明今日工商界許多人士缺乏敬業精神與利慾薰心的事實。間或也有一些要求改進制度與法規的聲音，但這種聲音大半是被來自「道德意識」的譴責與從「道德意識」中產生的精神重建的要求所掩蓋。豐中災變發生以後，一份頗具代表性的言論是來自一位法學界的知名人士所做的呼籲。我之所以認為這位人士的呼籲頗具代表性是因為他的專業知識是法律；我們通常認為一位法學家會對制度與法規的改進要特別加以強調的，而且根據現代社會多元分工的原則，他也應該特別強調制度與法規的改進，並根據他的專業知識提出一套實際可行的辦法使得他的建議真正能夠實現。然而，他卻沒有這樣做，這當然並不蘊涵他不主張制度與法規應該改革，而是：他顯然在強調精神與道德的重建是更重要、更基本的工作。從這一理路推演下去，他與贊成他的言論的人都自然地會認為精神與道德的重建是制度與法規改進的基礎，所以是應該優先從事的。應該首先提倡制度與法規改革的人都這樣想、這樣主張，其他人士也這樣想、也這樣主張便更不足為奇了。

這位法學家的話，使我們覺得那是他的肺腑之言：

三十多年以來，由於我們的勤奮而創造了富裕的物質生活，但是在精神層面卻相對地顯得十分貧乏。如果，我們不再從精神教養上著手努力，可以預見的情況是，物質生活的水準越高，我們行為表現會越發地顯得卑微、猥瑣、畸型而可笑。

教育主管的辭職，固然是一種擔當政治責任的表現。然而，假若我們仔細的去思考，此一事件的發生，未嘗不是長期以來教育失敗的結果。我們的教育在知識的傳授上，其成就並不比別的國家差，但在生活養成上，則幾乎交了白卷。有太多的人根本不認為敬業盡責是一種高貴的情操，只知道追求利潤滿足私慾，知識水準的提升固然可以創造財富，但是，財富卻不一定能創造一個文明的社會，更重要的是社會成員精神層面的素養，是否具備了理性的生活態度，認真的工作方式。**只有從精神教養**方面來認真檢討，才能避免此一悲劇的重演，否則，**只是枝節的修剪是毫無意義的**。（加重語氣的黑體印刷，是筆者所添。）

凡是關心台灣前途的人，大都會對這一段話產生共鳴。因為作為事實的陳述，它是很正確的：大家的確知道，恰與台灣社會富裕的物質生活形成強烈的對比，我們在精神層面的生活是十分貧瘠的，精神教養相當落後，「有太多的人根本不認為敬業盡責是一種高貴的情操，只知追求利潤滿足私慾。」精神教養的缺乏，使人沒有辦法產生敬業精神：投機取巧、敷衍塞責以滿足個人的私慾，而心存僥倖則是許多人的生活方式，這種不健康的生活方式與工作態度埋下了隨時引發豐中禮堂倒塌與其他類似災變的潛因。更進一步地說，在中國文化的脈絡中，這位法學家所提出解決問題的辦法——只有從精神教養方面來認真檢討，並徹底謀求精神與道德的重建，如此才能徹底避免此類災變的重演——也是大多數中國人所贊成的。因為受儒家思想影響至深且鉅的中國人的最基本「共識」之一就是：遇到了嚴重的問題，大家總是要強調藉著思想與道德來解決我們的問題。從孔孟、程朱、陸王、到戴震、到張之洞、到嚴復、康梁、到五四反傳統主義者所倡導的「思想革命」、到新儒家，到現今許多知識界的知名之士，大家都約定俗成地強調「正人心之要」。大家對思想與道德的力量及其優先性均深信不移。大家認為思想與道德是社會與政治的基礎，要建立健全的社會與政治，必先建立健全的思想與道德的基礎才成。易言之，思想與道德的改進是其他改進的泉源。

在這種強調思想與道德力量的文化裡，這位法學家把精神教養的重建當作避免類似豐中禮堂倒塌災變之重演的最基本辦法是可以理解的。許多人認為他言之成理，也是可以理解的。然而，這種意見在中國文化中只是**異語同義之重複而已**。中國文化的最基本預設（assumptions）之一就是思想與道德是社會與政治的基礎，順此理路推演下去，自然是要以改進思想與道德為最重要的優先步驟了。但，這種中國知識分子在歷史中重複了幾千年而不覺疲憊的建議，除反映建議者深受中國傳統儒家文化的影響以外，究竟是否能夠**有效地**應付已進入複雜的工商文明的台灣社會發生的問題呢？我覺得這是大有商榷的必要的。

首先，個人內在的思想、精神與道德的改進或重建只能訴諸內在的改變。易言之，正因為思想、精神與道德是心靈之內的東西，它們在心中改了才是真改；否則，如果在心中沒有真改，不管外邊怎麼說，它們仍然還是沒有改變。當然，內在的心靈可能被外在的呼籲所感動，但受感動是一回事，是否有能力改變則是另一回事，因為積習太深，感動了以後，仍然改不了，那也不是多麼奇怪的事，何況內心已經腐化的人連真正的感動在心靈中都不太可能產生了呢！道德危機的出現使我們知道內在心靈已經出了問題，要已經出了問題的內在心靈在內在先行改進不是自相矛盾嗎？上面的分析顯示了以強調精神教養與個人道德之重建來化解道德危機所陷入的困境。許多中國人士在重複強調道德修養與精神教養的重要性與優先性的時候，因為受了中國傳統的「藉思想與道德以解決問題」的思想方式的影響，往往看不清我在這裡所指謂的困境。事實上，這樣的重複顯示了中國文化內在資源的不足；我們必須引進與推行法治以補其不足。但，深受儒家文化影響，而不知傳統文化質素只有經過「創造的轉化」以後才能有效地應付現代中國道德危機的人的反應，大約可分為兩派。受孔孟思想影響較多的一派會更熱心、更誠懇地再一次強調人性本善的社會意義。他們會說：每個人都有與生俱來的道德資質（「惻隱之心」）與道德判斷力（「是非之心」），因此，只要加強呼籲道德重建的重要性，人們總會以內省的工夫，根據「性善」的資源來完成道德的重建。顯然得很，這一派應付當前道德危機的辦法，只是根據傳統的思想方式再一次肯定與強調他們原有的、視為當然的信念而已；但，用肯定與強調自己原有的信念來化解當前道德危機的辦法，是否能產生真正的效果呢？因為這項傳統的信念是被假定能夠產生預期的效果的，所以這一關鍵性的問題反被避而不談了。比較注意荀子一派儒家思想的人，則要特別強調外在的禮俗的重要性，他們會說：道德的重建主要是要靠外鑠而成的。但，今日台灣社會中的傳統禮俗已經遭受經濟快速發展與大眾傳播所導致的「大眾文化」的嚴重破壞。荀子所謂的禮俗功能是建立在一個穩定的傳統之上的。傳統既然已經受到了嚴重的破壞，在今日台灣的社會脈絡裡，這一派理論變成了在禮俗已經遭受破壞之中強調禮俗的重要，自然也不能產生多大效果了。其實，這一派也是藉著肯定與強調原有的信念來面對當前的道德危機的；這種重複之缺乏創新與無顧於是否能產生實質的效果，正與受孔孟思想影響較多的一派相同。

根據以上的分析，強調藉思想與道德的重建來解決我們的問題的說法，基本上只是反映了我們的文化背景而已；那不是針對已進入複雜的工商文明的台灣社會中的特殊問題所提出的真正有效的方案。另外，即使假定經由強調道德與精神的重建便的確能夠獲致道德與精神的重建，道德與精神獲得重建以後，也仍不能應付社會型態轉變了之後，許多無心的結果——非由意圖所導致的（unintended）結果——所產生的問題。

那麼，到底如何才能真正有效地解決我們的問題（包括避免公共工程災變的重演）呢？筆者以為，今日台灣歸根究柢的首要之務是：法治（the rule of law）的建立。換句話說，我認為法治的建立應該是全國上下最優先的任務。法治的建立並不是要等到道德與精神的重建完成了以後才能開始的，即使道德與精神的重建可以獲得相當的進展，這樣的成績也並不能保證法治得以確立。那麼，究竟如何才能建立法治呢？首先，我們需要認清我們的環境：中國只有人治、禮治與刑罰的傳統；這種歷史背景，從建立法治的觀點來看，只能提供很少的資源；相反地，它卻造成了許多混淆。易言之，在中國建立法治是一件甚為艱難的事。英美法治先進國家的法治主要是經由演化而得——有心人的努力是在傳統架構之內進行的。我們為法治建立的努力，卻沒有傳統的架構可以憑藉，雖然我們有間接的資源可經由創造地轉化以後加以利用。我在前面曾指出，主張道德與精神重建應有優先性的立場的內在困境；在這裡，我的建立法治為當前首要之務的主張，看樣子也要陷入難以踰越的另一種困境——因為，根據英美的經驗，法治的建立既然是憑藉了傳統的架構，在架構之內演化而得，中國既無這樣的架構，強調法治建立的優先性，不也多半只是文字上的口號了嗎？不過，我的境況與那些反映傳統文化的影響，一再主張道德與精神重建應該具有優先性的人，有一個基本的不同：我深深地知道我是處在一個甚為艱困的境況之中，這種自覺使我與採取同樣立場的朋友們隨時注意四周是否有藉以脫離困境的資源，如果有的話，當盡量利用，以創造的轉化方式謀求法治的確立。事實上，在中國建立法治，雖然困難重重，卻不是不可能的。如果法治能夠在當代得以確立，這是現代中國最重大的突破之一，這也是我們這一代中國人為千秋後世的中國人創造出來的最豐厚的資源。筆者個人能力有限；不過，今後當竭盡所能，在本專欄內除了討論其他有關的思想與問題以外，將與讀者切實切磋：「究竟什麼是法治？」與「在現有的資源與目前的環境裡，我們應該如何為建立法治而努力？」

在結束這篇楔子式的文字之前，還有幾點意思要向讀者交代一下：我在這裡為建立法治所做的呼籲，並不蘊涵社會上的所有問題均可由法治的建立而獲得解決，也不蘊涵道德、文化等其他範疇的意義與功能可由法治來取代，雖然它們之發展都與法治的發展有密切的關係。我只是說，如果我們要突破目前社會上的各種困局，如果我們不想再在原地繞圈子，我們的首要之務是：法治的建立。因為在強調法治的建立的重要性與優先性以後，話還得說回來：如果強調法治強調到忽略了道德、宗教、文化、教育的意義與功能的時候，社會上會產生另外一種嚴重的問題。法治是外在的秩序，是以法主治的外在秩序；它在西方的原始來源甚為複雜（包括宗教的信仰、社會、經濟、政治與道德傳統的演變等等），但一旦法治得以建立與運作，它只顧外在的秩序，與在這個秩序內的人們的外在行為。因此，有時在道德上甚有缺欠的事卻是合法的。例如，美國許多有錢的人每年利用各種辦法（包括花許多錢僱用律師與會計師）找法律的漏洞去逃稅，只要他們的行為都合乎法律程序，這種逃稅的行為，雖然在道德上甚有缺陷，卻是合法的。今天美國社會的許多問題（許多中產階級的人感到心靈寂寞，人生乏味，傾向於追求物欲的滿足，離婚率高達百分之三十以上，受父母離婚牽累的子女得不到家庭的溫暖與因此而產生的許多青少年問題，人際關係的浮面化與友誼的難尋等等）都與特別強調外在的法治以及內在的精神生活趨向萎縮有密切的關係。當然，面臨了這麼多的問題，美國社會之所以並未崩潰，而且經常會在表面給外來的旅遊人士以相當好的印象，也還是由於法治傳統早已確立及其日常的運行甚為有效的緣故。針對美國的問題，如需我提出建議的話，我除了主張要加強法律的周密性使其漏洞盡量減少以外，最重要的卻不是法治的強調，而是重建內在精神的資源（包括對宗教、道德與其他人文活動的意義與功能的重要性的強調）。

總之，法治不能取代文化。我們不可以傳統有機式一元論的思想方式去假定只要法治能夠建立起來，原先由宗教、道德與藝術來應付的問題皆可由法治來有效地應付。我在這裡只是針對我們的特殊的政治（包括行政）與社會問題來強調法治建立的優先性。我的最基本立場則是倡導多元（包括法治、宗教、道德、藝術與其他社會與人文活動）的發展。

（原載《中國時報》〈人間〉副刊，一九八四年二月十二日）

使命感、歷史意識與思想混淆

凡有常識的人都知道我們的思想與文化多年來一直處在極不穩定的狀態之中。舉例而言，當年一位教育主管曾公開主張易經內有原子學說，照他的說法推演下去，只要專心研究易經，即可精通近代物理。其實他這種荒唐的說辭只是文化自卑感的反映：因為中國科學不發達，面對因科學昌明而獲致富強的西方，他的內心覺得很不自在，遂產生了——「使你們得意的東西，其實我們早有啦」——這種阿Q式「精神勝利」的衝動。然而，這類心理不平衡的表現是於事無補的。

說也奇怪，一些自認開明的人士對以上所說易經已有原子學說的看法可能要嗤之以鼻，但在別處的表現卻也不見得高明到哪裡去。我可舉幾個顯例來說明。第一，前些年在台灣一些主張民主的知識分子當中，曾流行過一段提倡法家思想的熱潮。殊不知韓非所集大成的法家思想是世界史上最早的極權思想之一。他主張的「平等」觀念完全是站在維護君主利益的立場提出來的，這種平等是要大家都平等地服從法律以便做君主最好的奴隸。法家思想與民主思想完全衝突，怎麼會跟民主扯在一起了呢？也許他們會說：「提倡法家思想只取其法律之前人人平等，等到我們大家都享有法律之前人人平等的時候，我們才有實行民主與法治的希望。」但，未來的歷史並不是一張白紙，可以讓我們隨便按自己的意思塗上希望得到的顏色。法家思想所謂的法律之前人人平等，其實只能增加統治階級的利益，絕不可能轉化成為民主所必需的法治。易言之，不是在法律之前人人平等就算實現了法治，而是在為了維護民主的那種法律之前人人平等，才能獲得法治與民主。這些基本常識與推理，卻不被那些提倡法家思想的「民主人士」所注意，使人懷疑這些「民主人士」究竟懂不懂什麼是民主？

另外我們可以每過幾年便有一次崇拜胡適的浪潮做例子來說明我們文化界的思想混淆。胡適先生一生的貢獻在於他提出了幾個正確的口號——自由、民主與科學，而且終生不渝。他做人也有胸襟，使人覺得有風度。但他底思想的內容早已禁不住時代的考驗，凡贊成他的人，應該努力進一步探討什麼是自由、民主與科學？不應老是炒冷飯。不時高喊胡適萬歲，除了暴露自己的膚淺以外，並無助於自由、民主、科學在中國的實質發展。大陸上對胡適已不像從前那樣批判了，在文史方面，考據工作又被肯定，胡適所說的「無徵不信」、「有九分證據不能講十分話」、「不讓人家牽著鼻子走」也被重新承認。（其實他一生一直是被早期的杜威牽著鼻子走，晚期杜威較成熟的著作，胡適並未深入。）但這些常識性的意見之所以對在大陸上的某些人顯得新鮮，正反映了那邊「政治掛帥」下學術的無助；此種「進步」之所以使人覺得比大陸過去的情況要好，是因為過去是在開倒車的緣故。凡關心中國文化而未身受其苦的人只有沉痛與悲哀，用不著替胡適沾沾自喜。一個早年提出了幾個現代國民均應具有的常識性的口號的人物竟被崇敬者尊為「宗師」，這件事只顯示我們的文化沒有進步，許多人竟然不知口號只是口號而已。

最後，可以海外「保釣」運動為例。這個最初單純的愛國運動，在大陸同胞於「文革」期間處於水深火熱的煎熬之下的時候，竟變成了一個一窩蜂的左傾崇毛運動。參加的人頗有高級知識分子在內，但作為一個知識分子，起碼應該尊重知識，尊重理性，也起碼對自己的言行應負一點知識與道德的責任；可是事實卻證明「保釣」運動是極端情緒化與不負責的運動。我說許多「保釣」人士對自己的言論不負責任，是指他們把中共的宣傳品當作真理的見證。以他們的知識水準，只要稍稍冷靜一點，便可看出那些宣傳品中有無數蛛絲馬跡的破綻。但，他們卻視而不見，硬把海外寂寞情懷所需要依附祖國的心態當作愛國的道德優越感，在這種優越感造成的自我陶醉的心情下，自己的意見總是對的，當然用不著虛心而負責地檢討了。三〇年代許多中國知識分子變得左傾，其中有許多複雜的因素，那是一個悲劇；與上一代左傾知識分子相較，海外「保釣」的左傾，並不是悲劇，只是一齣滑稽戲（farce），並不令人同情。

從上面幾個不同的例子來看，我們可以知道許多中國知識分子並沒有盡到知識的責任。他們思想之所以如此混淆，原因當然很是複雜，其中一個主要原因是與中國知識分子傳統的使命感有關。因為中國知識分子一向認為他們有責任「先天下之憂而憂，後天下之樂而樂」，他們對國家與社會的問題覺得應該關心，但關心關到極為熱烈的時候，便不易冷靜地思考。使命感並不壞而且非常重要，問題是如何運用得法。只靠使命感是不行的，有時反而被人利用，做火牛。我們必須運用理性，冷靜地反省。我們必須訓練自己能夠**貫通於熱烈與冷靜之間**。這樣中國知識分子才能真正成為民族復興的資源。其實「反省」這類話，自曾子以來已說了幾千年；

問題是：如何反省？我覺得首要之務是：歷史意識的培養。首先，當我們持有一個意見的時候，我們要問自己：這個意見是否僅是我們歷史環境的反映，抑或是禁得起嚴格思辨的考驗並有足夠的客觀證據的支持？其次，我們要問自己：我們的意見之實行的歷史條件如何？換句話說，有沒有客觀環境的支持？當然，環境也可因人為的努力而有所改變；但，如果客觀的歷史條件與自己的意見相差太遠的話，人為的努力是沒有多大效果的，徒然浪費精力而已。因為中國的烏托邦——堯舜禹三代的聖王之治——一向在過去的傳統中被人認為是已經實現過的歷史事實，所以一向不被人認為是人間無法實現的烏托邦。受了這種傳統意識的影響，許多中國知識分子無法認清烏托邦底不能實現的烏托邦性質，常常不知好高騖遠只是好高騖遠而已。切實培養歷史意識，同時繼續堅持傳統的使命感，我們庶幾可能逾越過去的惡性循環，對國家民族產生切實的貢獻。

（原載《中國時報》〈人間〉副刊，一九八三年三月十三日）

再論使命感

——兼答墨子刻教授

拙文〈使命感、歷史意識與思想混淆〉發表以後，〈人間〉在三月二十一日刊出了墨子刻教授的〈政治發展與知識分子的角色〉，文中表示他「個人相當同意康勤先生的看法」。作為那篇文字的作者，我自然感到高興；但，墨君大文的重點所在與拙文的重點所在，除了彼此同意的部分以外，有相當大的不同，而且墨君對我的意思也有嚴重的誤解，我覺得有進一步加以澄清的必要。

墨君說：「以前在中國，知識分子批評知識分子的事也不是沒有過……可是最近出現另外一種批評，認為有時候知識分子的使命感太強了。……康勤……也談到這個問題。他說，中國知識分子的使命感有時太熱烈，犯了烏托邦主義的錯誤。使命感太強或不夠強，真是個問題，換句話說，評估一國的政治發展，在實際與烏托邦之間，在保守與急進的看法之間，如何找到中庸之道，如何做到合理的評估，這不但是中國知識分子的問題，也是西方知識分子的問題。」如果讀者只看墨君的評論，或是因為沒有細讀拙文，竟把墨君表示贊同我的意思當作我的意思；那麼，很可能以為我主張要減低我們的使命感，以便使它不要過分熱烈，甚至以為我與墨君一樣，也是主張烏托邦與實際之間應該加以調和，以求得到中庸之道。事實上，這與我的意思出入甚大。關於「使命感」的討論，我主要是在批評海外「保釣」運動的脈絡中進行的。我說：「因為中國知識分子一向認為他們有責任『先天下之憂而憂，後天下之樂而樂』，他們對國家與社會的問題覺得應該關心，但關心到極為熱烈的時候，便不易冷靜地思考。使命感並不壞而且非常重要，問題是如何運用得法。只靠使命感是不行的，有時反而被人利用，做火牛。我們必須運用理性，冷靜地反省。我們必須訓練自己能夠貫通於熱烈與冷靜之間。」

很顯然地，我在這裡所說「關心到極為熱烈的時候，便不易冷靜地思考」是指只憑使命感去關懷民族與國家，容易產生類似海外「保釣」運動的流弊：以這種使命感去愛國，容易產生道德優越感，道德優越感容易使人自我陶醉，這樣很易造成封閉的心靈，以為自己的意見總是對的，那麼當然無法虛心而負責地反省了。「關心到極為熱烈的時候」那半句話如果從其脈絡中抽出來，完全就表面的意思單獨地看去，雖然可以導出「使命感以後應該減低，以便使它不要太熱烈」的詮解；事實上，那半句話是以反諷的口氣出之的，所以並不一定蘊涵我底正面的態度是主張使命感不要盡量熱烈的，因為使命感不熱烈，很難是真的使命感。我在這裡只是反對一些中國知識分子，不考慮其他因素，只憑使命感便以為可以解決問題的簡單化思維模式，與不考慮其他因素，只憑使命感便以為可以解決問題的自以為是的態度。我覺得簡單化思維模式與挾使命感以自重的傲慢，不但於事無補，反而阻礙了問題的解決。另外，那半句帶有反諷口吻的話即使本身被誤解，但我在它的後面緊接著說：「使命感並不壞，而且非常重要，問題是如何運用得法。只靠使命感是不行的，有時反而被人利用，做火牛。我們必須運用理性，冷靜地反省。我們必須訓練自己能夠貫通於熱烈與冷靜之間。」這四句話明確地表示了我的立場：我並不反對持續我們中國知識分子所特有的使命感的傳統，而且覺得持續這個光榮的傳統

「非常重要」（「持續」不等於「同一」）。我所希望於中國知識分子者，是如何把我們的使命感「運用得法」。換句話說，是如何使我們的使命感現代化。這不是「量」的問題，我並不認為我們減低一點我們的使命感，便可把我們的使命感運用得法，我們應在對使命感的意義與功能有了新的、更精確、更豐富的了解以後，繼續堅持我們使命感的傳統，這種使命感是我們關懷民族與國家的動力（嘴上喊口號，並不一定能夠真的堅持我們的傳統，我這裡所指謂的是實質的堅持），但我們在意識中同時需要把我們的使命感放置在一個正確的位置上，以便避免懷海德（A.N. Whitehead）所說的「錯置具體感的謬誤」（fallacy of misplaced concreteness）。一個東西本身有它的特性與基於其特性所產生的特殊功能。它不是這個，也不是那個，它就是它。但如果把它放錯了位置，基於其特性所產生的功能也就被放錯了地方，結果不但不能發生應該發生的力量，反而會造出許多困擾；在此種情況下，它底功能扭曲了，給予我們的具體感也就不與它的特性有關了。換句話說，它本來沒有這個特性，因此不能產生這個功能，但如果把它放錯了地方，會誤使人以為它有這個特性並產生這個功能，這樣就發生「錯置具體感的謬誤」了。使命感是促使我們關懷民族與國家的動力，促使我們尋找解決我們的問題的動力（當然還有其他的動力，但使命感產生的動力是不計個人利害的，力量特別大）；但，如果我們只憑使命感去關懷國家與民族，誤把「動力」當作解決問題的「答案」，挾使命感以自重，那麼我們不但在知識上犯了「錯置具體感的謬誤」，而且在道德上，因犯了傲慢與自我陶醉的錯誤而喪失了不少人的尊嚴，那是可鄙的。

如何在我們的意識中把使命感放置在一個正確的位置上呢？拙文曾特別強調兩點：一、要訓練自己能夠「貫通於熱烈與冷靜之間」，這樣才能善用理性，使理性得到充分的發揮，使幾千年來中國知識分子所強調的「反省」產生實效。如果使命感與理性，兩者能夠巧妙地配合，我們庶幾可以謀求目前問題之解決的切實方案。二、歷史意識的培養：「我們要問自己：我們的意見之實行的歷史條件如何？換句話說，有沒有客觀環境的支持？當然，環境也可因人為的努力而有所改變；但，如果客觀的歷史條件與自己的意見相差太遠的話，人為的努力是沒有多大效果的，徒然浪費精力而已。」近年來一些中國知識分子已漸知要對中國傳統進行「創造的轉化」。如果我們有豐富的歷史意識作為行為的基礎，而思想又能貫通於熱烈與冷靜之間，那麼我們可以創造地轉化傳統的使命感，使它從堅持意圖的純真而不考慮行為後果的「意圖倫理」（an ethic of intentions）轉化為熟慮自己行為可以預見的後果並對其負責的，具有真正責任感的「責任倫理」（an ethic of responsibility）。（此處我借用了韋伯的分析範疇。）在拙文中我最後說：「切實培養歷史意識，同時堅持傳統的使命感，我們庶幾可能逾越過去的惡性循環，對國家民族產生切實的貢獻。」通觀全文論式，當知這裡所謂「堅持傳統的使命感」並不是原封不動式地——基教式地（fundamentalistically）——堅持，而是在對使命感的意義與功能有了新的、更精確、更豐富的了解以後，在「創造的轉化」中的持續。然而，如果把「堅持傳統的使命感」這個片語單獨從文中論式的脈絡中抽出來，用以辭害義的方式去看，可能會對我的意思產生誤解，以為我是主張用原封不動的方式堅持傳統的使命感的。然而，無論誤解也好，正解也好，卻都不應產生我是主張減低使命感的曲解的。也許是因為墨君自己是如此的主張，所以看到我批評許多知識分子在「保釣」運動中的使命感的膨脹與肥腫，便也以為我的意見是與他的意見是「相當同意」的。這真是差之毫釐，謬以千里了。（事實上，所差之處，豈止毫釐？）

尤有進者，另外使我頗為詫異的是，墨君說：「他（指筆者）說，中國知識分子的使命感有時太熱烈，犯了烏托邦主義的錯誤。」墨君的意思顯然是認為：我以為一些中國知識分子的使命感有時太熱烈，這種過分熱烈的使命感使得他們犯了烏托邦主義的錯誤。事實上，他把我當時的意思弄顛倒了。在我批評「保釣」運動的時候，我是說參加那個運動的知識分子，以為只憑使命感便可愛國，弄得他們不易冷靜的思考。在那個脈絡中，我並未提到許多中國知識分子犯了烏托邦主義的錯誤。在下面一段，我說：「因為中國的烏托邦——堯舜禹三代的聖王之治——一向在過去的傳統中被人認為是已經實現過的歷史事實，所以一向不被人認為是人間無法實現的烏托邦。受了這種傳統意識的影響，許多中國知識分子無法認清烏托邦底不能實現的烏托邦性質，常常不知好高騖遠只是好高騖遠而已。」我在這裡是在做一個歷史的解釋——在這個脈絡中，我才提到中國的烏托邦主義。我是說許多知識分子之所以犯了這種空想主義的錯誤而不自知，是因為他們受了歷史條件限制的緣故——中國傳統一向把堯舜禹「三代」當作在歷史上實現過的事實來看，既然已經在過去人間實現過，許多人認為當然還是能夠在未來的人間實現的。何況，受了儒教的影響，他們認為「人皆可以為堯舜」，「舜何人也？禹何人也？有為者亦若是。」在這種氣氛的籠罩之下，他們覺得事在人為，大同世界終究是會實現的。因此，他們一向不能認清烏托邦只是不能實現的空想。

許多中國知識分子的使命感，成因當然很多，但受了「三代」觀念的影響，是一個重要的歷史因素。易言之，我在文中的主要意思不是墨君所詮釋的那樣：許多中國知識分子由於使命感太熱烈，犯了烏托邦主義的錯誤。我當時所指謂的是：傳統的烏托邦主義促成了現代烏托邦主義，這種烏托邦主義衍生了只憑使命感便可達成理想的過分簡單化的思維方式；換句話說，持續至現在的傳統烏托邦主義的錯誤是「因」，使命感的膨脹是「果」。墨君把我文中所談論的因果關係完全弄反了。（當然，使命感的膨脹，也有助於烏托邦主義產生，事實上兩者之間有一惡性循環的關係；但，這一惡性循環的特性與成因是一個極為複雜的問題，非那篇短文所能論及，也不是我當時論評的重點所在。）

至於墨君所提到的，烏托邦與實際之間應該加以調和，以求得到中庸之道，這個意見我也覺得過分粗鬆。我覺得問題不應如此界定。使命感應分為空想式——無法獲致的——與實際上可經由努力獲致的兩種。所以，嚴格地說，烏托邦與實際之間，無法調和。如果能夠調和，那麼那種烏托邦思想也不是真正的烏托邦思想。我們應該捨棄烏托邦思想，而以「責任倫理」的觀念與行為取代之。或曰：取法乎上，僅得其中，不把目標定得遠大，連中程目標也不易獲得。但，關鍵在於遠大的目標應有其上限，而且要切實地擬定循序漸進的步驟才行，如漫無限制，一定要把人間造成十全十美的天國，種種弊端皆可發生，近代極權主義（totalitarianism）之產生，原因甚多，其中與烏托邦思想之被人信服與利用，是有密切關係的。事實上，我們捨棄烏托邦思想以後的自由、法治與民主的目標仍然是極為遠大的，而這種遠大的目標才有真正人間的、值得為其奮鬥的意義。另外，墨文中揭櫫政治發展的四個主要目標中，並無自由一項，這與我的意思也甚為不同。我認為自由是目的，民主只是手段；所以政治發展的最大目標之一是應該促進個人的自由。此一分歧，牽涉甚廣，不是此文所能論及得了。

最後，必須一談的是，墨君對於殷海光先生的批評。他說殷先生強調「有什麼就說什麼」，但墨君諷刺他只批評政府的錯失，對政府的進步卻不說什麼，所以有失一致性。事實上，殷先生言論中的政論部分，對政府的進步並不是從未提及的，例如，對政府在軍隊管理方面比大陸時代為佳，就不止一次的提到。我們無需為殷先生塑造十全十美的形象，作為一個真正的自由主義者，他必會首先反對我們這樣做。殷先生的言論，關於文化與思想部分，有不少應該修正之處，這是不必為賢者諱的；而他自己一生也一直在摸索中前進，隨時修正他的意見。至於他的政論中的批評部分，主要是針對執政黨而言。在國家法治與民主尚未步入正規，黨禁未開，連「黨外」觀念都還沒有流通的時候，殷先生以一個讀書人扮演了近似反對黨的角色，以風骨鱗峋的道德勇氣，堅持論政的立場，這種為自由民主呼籲的千秋之業在中國與世界爭自由爭人格的歷史上都是不朽的。何況他的批評，一向光風霽月，從大是大非、建設性的觀點出發，絕不是為批評而批評，或如墨君所云「為保有抗議精神」而批評。海光先生逝世至今已經快十四個年頭了，今天台灣在言論自由與其他幾個方面的些許進步正與他的建設性批評中所要求的諸點中的一部分若合符節，而這些進步也是全民一致願望的實現，這一切足證殷先生立場之正確。

可是，在墨君對殷先生的諷刺語調中，卻未把政府與執政黨分開，竟把殷先生對執政黨的批評當作對政府的批評。墨君來自法治與民主都較有成績的美國，然而他的立場看來比執政黨內的開明人士（甚至不太開明的人士）更為保守，這件事除了使人感到無奈，令人啼笑皆非以外，真是從何說起呢？在任何正常運作的民主國度裡，反對黨的功能之一就是批評執政黨的措施，以達到制衡的功效。何況，殷先生對執政黨的批評，是著眼於整個民族未來的前途，超越了政治利益，其理性的程度遠超過一般民主國家反對黨的言論。因此，我們可以說，在他那個時代與環境中，殷先生的言行（尤其是政論方面），展現了高度的理性精神。這是他以開放的心靈發揚傳統中國知識分子的使命感而未受其所囿的結果。墨君卻對殷先生做求全之責備，好像要海光先生和上帝一樣，完全不偏不倚，對他客觀的環境、扮演的角色，與志業的所在，卻隻字不提，他為什麼會用這樣的態度來責備賢者呢？他的居心何在呢？

前已提及，我在拙文所論評的中國知識分子使命感膨脹與肥腫的不當並不蘊涵中國知識分子應該減低使命感的意思；我只是強調今後我們需要把使命感運用得法。墨君則希望我們中國知識分子減低使命感，並大言不慚地告誡我們要理性一點。但，他在沒有把事情弄清楚之前，就牽強附會，大放厥詞；這顯示了什麼呢？他一方面在所著《逃避困境》（*Escape from Predicament*）一書中，以張之洞式「中學為體，西學為用」的觀念說明毛澤東的革命（這個後來產生了慘絕人寰的「文化大革命」的革命）為一成功的故事，另一方面到台灣來則用比執政黨開明分子（甚至不太開明的分子）更為保守的立場說東論西，使人難免要對他所強調的理性與客觀的態度是否已先應用到他自己的思想上去，發生疑問。我們無意懷疑他的言論的誠意（把他那本著作加以分隔以後，其中也不是無一是處）；但，我們要正告墨君，在對中國目前極為複雜的問題發言之前，希望他也要用理性與客觀的態度，自我反省一下，看看他是否是被另一種肥腫的使命感所驅使，以致產生了自以為是的道德優越感而不自知？墨君的思想背景中並無中國知識分子背景中「三代」的包袱，如果他的捕風捉影的言論並不是受了肥腫的使命感驅使的結果；那麼，難道是一顆受了傷害的心靈的病態表現嗎？

（原載《中國時報》〈人間〉副刊，一九八三年四月二十四日）

清流與濁流

中國傳統的讀書人，自古就有一種身分的自覺，這種自覺與他們的使命感是分不開的。在他們的意識與行為之中，小而言之，要自高、自貴，於言行舉止出處辭受之際，十分注意，盡量守住自己人格的尊嚴；大而言之，則以國家天下為己任，要在政治與社會層面實踐「外王」的理想。漢代李膺「高標自持，欲以天下風教是非為己任」，正是中國知識分子的典型。此種身分的自覺是中國知識分子所獨有的特色，因此他們很早就養成有所為、有所不為的信念與風尚；因此自東漢以來，把清流與濁流之分看得極為重要。另外，因為中國知識分子的責任特別沉重，所以他們必須謹慎從事，嚴守自律的原則，否則不可能完成他們的使命。西洋自基督教興起以後，演變出來「政」「教」分離的現象。精神的事務由制度化的教會中的教士指導，世俗的事務則由政治與社會的領袖所管理。從這個西方的觀點來看，以儒家為主流的中國傳統文化則認為精神事務與世俗事務是同一的；更精確地說：是認為人間最重要的事務是精神事務——「成德」，而精神事務卻要在世俗的世界中去完成。秉承這一傳統的人要在世俗的世界中完成精神的使命，他們自然要對社會中清流與濁流之分野，特別注意。

五四以來，雖然傳統中國文化的結構已經解體，傳統文化並遭受無情的攻擊；但，根深柢固的清流與濁流的觀念仍深植人心。五四時代的知識分子，尤其是在學院裡的師生，大體上多能自尊、自重，在言行的風格上並沒有太離譜。清流與濁流的混淆是六〇年代以後台灣經濟起飛與假民主的觀念逐漸流行以後的事。事實上，台灣學院裡的教師與同學仍有許多人在言行中堅持清流與濁流的分界；但，無可諱言地，這種分界在不少人身上已經看不大清楚了。我可舉三個例子來說明：一、前幾年報載一位大學教授被請去與一位以色情為號召的歌星對話，彼此都略帶羞愧地討論這位歌星的歌是如何具有「藝術」性。二、前年由某大學教授率領赴美的「青年友好訪問團」表演中國服裝時，本來是在大專院校就讀的女團員們的旗袍，開叉高及臀部，當旁邊觀眾說了幾次「實在不像話」以後，我心中不免自問：「難道這幾位國內的知識女青年（或背後的指導人員）要以學習台灣風月場中女子的穿著，來表現中國的女性美嗎？或者他們以為這種衣著正足以真正代表台灣，所以就用來從事國民外交嗎？」去年訪問團的團長（也是一位大學教授）在節目表演完了以後，西裝上衣前面的釦子未繫（平常可以不繫，但上臺對大眾講話時，繫起來是應做到的基本禮節），便走到臺上用生硬破碎的英語以打諢代謝辭，好像是要模仿電視主持人的樣子，會場氣氛頓時變得極為無奈。三、最近看到剛從台灣來美就讀研究院的一批知識青年舉行的同樂晚會，好像非要學習一些俗陋的台灣電視節目中的動作便過不得日子似的，一男一女擔任節目主持人，說了些使人笑不出來的俏皮話，催促著一位被叫做「民歌皇后」的女青年上臺表演。她拿著吉他，自拉自唱，唱前說了一段破碎不成句子的國語道白，特別強調她已很久沒唱了，有點生疏，但希望大家一起來「享受」她的緊張。以上是偶然想起我所遇到的具體實例。至於不少在學院裡的師生，把聽色情的流行歌曲看做是理所當然之事，甚至還有人強調那也是藝術（也許是因為壓根兒不知道究竟什麼是藝術的緣故），在在都顯示著在他們的意識之中已經沒有清流與濁流的分際了。

為什麼清流與濁流的意識會在許多中國知識分子的身上消失了呢？簡單地說，有兩個主要的原因：一、以經濟發展為社會主流的生活，直接與間接都與「慾」有關，受到這種生活強烈影響的當代知識分子自然與代表高度理想的傳統知識分子的典型越來越遠；二、真的民主未曾實現多少，但大家到處都會接觸到大眾傳播界所推銷的「平等」，這樣使得價值等差的觀念在社會上越來越模糊，許多人漸漸以為什麼事都有「價值」，都有意義，因此什麼事似乎都可以做，都有它的道理。再加上崇洋心理的流行，使得許多人不能真正了解西洋，誤認庸俗化的生活是摩登的生活。在這種情況下，學院裡的人也深受影響，許多人生活的格調自然與中國傳統「士君子」的清流風尚不同了。

但作為中國知識分子，總應具有自我認同的特性。傳統清流與濁流之分所產生的歧途（或副作用）——孤芳自賞，褊狹自視，道德優越感，甚至勞心者歧視勞力者的階級意識——自可因真正的思想現代化（純正的自由、民主、人權的觀念與價值的推行與普及）而避免。但中國知識分子的使命感卻不可須臾地失卻。將來在法治與民主的制度走上軌道以後，它是民族復興的最大資源之一。如果我們的使命感不只是說說而已，我們生活的風格必須能夠有精緻的文化加以涵煦，在現代化的過程中除了遵守專業化的倫理與行為規範以外，我們在意識與行為中仍需保持經過思想現代化洗禮以後的清流與濁流的分野；這樣我們的使命感才能得到生活的滋養，才能與時俱進，發揮它特有的功能，展現它特有的意義。

（原載《中國時報》〈人間〉副刊，一九八三年三月二十七日）

三

台灣究竟是不是一個多元社會？

——簡答楊國樞教授

最近看到老友楊國樞先生對於我在八月二十五日晚上應臺大代聯會之邀所做「到底什麼是多元社會?」的講演，有所批評（楊文刊在九月九日《聯合報》與九月十日出版的《中國論壇》），心中甚覺詫異。我在那次講演中並未用二分法的方式否定台灣社會多元的現象，也未斷言台灣仍是傳統的一元社會。那晚的講演主要談的是多元社會的性質與功能，以及建立多元社會所需要的基本條件。我只在講演結束之前，討論了一下「現階段、轉型期台灣社會不易界定的特性」。（那天在會場發給聽眾的講演大綱倒數第二項子題也是這樣寫的。）我說台灣社會正處於轉型期，有些地方呈現了多元的現象，但另外有些地方卻未脫傳統中國社會遺留下來的，缺乏法治傳統、政教未能分離、以及小農經濟與宗法社會影響所致的心理狀況的窠臼。因此，我們很難界定台灣社會的性質。在這樣一個談論的脈絡中，我曾以台北是一個二百多萬人的大都市，卻沒有一個根據聲學設計的音樂廳為例，說明台北有錢人花錢並不「多元」。這種不「多元」的現象不能不說是與許多有錢人沒有較高的文化素養與理想有相當關係，而這種文化素養與理想的貧瘠也不能不說是與沒有獨立的、強有力的、精緻的文化有關。（受了五四激烈反傳統運動衝激以後的中國文化傳統與崇洋風氣之下所輸入的西方文化質素的揉和使得在目前的台灣社會呈現著相當混雜的文化現象。事實上，在這種混雜情況尚未釐清之前，台灣社會未能演化出來獨立的、強有力的、精緻的文化也不足為奇。）我當時只是以有錢人花錢尚未多元化為例，說明我的意思；當然，還可以舉出許多其他的例子，諸如許多不同職業的從業人員缺乏敬業精神，人情、關說之氾濫等等。（即以柴松林先生受了黑信的牽累就被迫辭去消費者文教基金會董事長之職這件事來看，就可知道台灣社會缺乏真正有力的法治傳統。沒有健全的法治，一個社會很難切實地進展成為多元的社會。）台灣因為受了經濟快速發展之惠，中產階級漸漸興起，在經濟層面以及經濟發展影響所及的政治層面與社會層面，的確展現了比過去較為多元的現象。不過，多元社會的最重要的基礎——法治與支持法治的道德與文化傳統——卻未能獲得同樣的進展。所以，我在結束講演之前特別強調逐漸建立法治傳統的重要性；如果法治傳統無法確實地建立，民主政治與多元社會在台灣的發展便難免陷入瓶頸的困境。

大眾傳播的報導，由於自身的特性與需要，本來就是有選擇性的，它對所報導的事物，難免有斷章取義或加以誇張的現象；這種現象世界各國皆然，台灣並無例外。所以，對大眾傳播的報導之缺乏精確性與完整性的認識應該是現代國民的基本常識之一。另外，根據經行政院國科會的支持，由政大新聞研究所一位教授所主持的，對台灣報紙新聞報導之正確性的研究調查所顯示：台灣晚報的「主觀性」（如遺漏重要事實、誇張或捏造事實）錯誤率比日報低，「客觀性」（如名稱、頭銜）表現方面，日報則略優於晚報。但總體而言，日報錯誤率高於晚報。報館記者在事前事後均與我沒有任何連繫的情況下，對我講演的報導與我的講演內容有些出入，倒不是令人覺得特別奇怪的。奇怪的是，楊先生自己並未聽講，似乎也並未向參加聽講的友人（如韋政通先生等）探詢我的講演內容，便逕自打破學術界避免根據新聞報導介入爭論的慣例，以他看到的那一點點新聞報導為依據，認為我的講演「籠統」，並批駁我「遽然論斷台灣還不是一個多元社會，豈非掛一漏萬？」任何人的見解與論證都可能有錯，所以正常的批評、討論與切磋，本是健康之事。但這種健康的批評、討論與切磋只能在弄清楚對方的意思之後才能進行。楊先生在沒有弄清楚我的意思之前，為什麼只根據新聞報導便急迫地提出批駁了呢？我不願假定楊先生缺乏常識，竟然會認為一條沒有署名的新聞報導能夠周延地反映了本與新聞報導不屬於同一層次的學術講演的確實內容與論式。楊先生之所以急迫地提出反駁的意見可能與下述兩項互相有關的原因有關。一、也許楊先生認為不管我當時是怎樣講的，新聞報導中既然說我認為台灣不是多元社會，他認為這種報導影響將很壞，得趕快批駁。二、楊先生自己認為台灣在思想、價值、職業與社團各方面已經是多元化了，聽說別人有不同的意見，他在情緒上或習慣上也許不能接受，所以便迫不及待地出面反駁。關於第一點，楊先生在根據新聞報導批評我的意見的時候，並未使用「假若新聞報導是正確的話」等限定句法，他這種相當武斷的態度是有欠公允的。關於第二點，如楊先生堅持台灣社會已經包含了思想與價值方面的多元化，我覺得這種看法——用他自己的話來說——是「遽然論斷」、「掛一漏萬」的。我雖然也欣然肯定台灣社會一部分多元的現象，並贊許不少人士在這方面有意或無意的貢獻；但，這種肯定與贊許並不能使我斷然認為台灣已是多元的社會或已是一個雛形的多元社會或已是日趨多元化的社會，因為台灣社會另一方面呈現著並未多元或表面上似是多元，實際上並未多元的現象。這兩種現象共存於相當的「緊張」（tension）之中，我還看不出哪一邊可能融化另一邊的趨勢。因此，我只能說台灣社會呈現著尚未定型的、或轉型期甚難界定的特性。（我所謂的「轉型」，在這裡並不蘊涵將來一定可轉成多元。）假若楊先生堅持台灣已是多元的社會，那麼我們的意見的確是有基本歧異的，雖然我也肯定台灣社會一部分多元的現象。在法治沒有突破性的進展之前，用以偏蓋全的方式強調台灣已是多元的社會，或是日趨多元的社會都可能產生粉飾現有現象，為既得利益者幫閒的效果。這種表面上似是進步而實際上卻相當保守的言論可能導使人們減低對歷史的包袱與制度上的瓶頸的注意；因此間接地促進了台灣社會在原地繞圈子的可能。說台灣尚不能稱為多元社會未必會減低我們為實現法治、自由與民主而奮鬥的熱忱，也未必會削弱我們對多元社會之實現的希望——假若我們不願把希望建立在一廂情願的幻覺之上的話。說台灣尚未確切地發展成為一個多元的社會，我覺得不會使真正關心台灣前途的人感到氣餒，反而會使我們更認真地正視我們的問題，並切實謀求解決之道。

另外，楊先生特別強調對台灣社會已有的定性定量的社會科學方面的實徵分析；這種社會科學的工作如果做得廣闊而深切，它能提供許多知識，所以在原則上我是甚為歡迎的。但如果做得不夠廣闊而深切，它卻不一定能夠提供新的知識，有時反會造成許多混淆，或對複雜的社會現象產生外表標明是科學的、實際上是簡單化的解釋。關鍵在於當初問題的設計是否能夠涵蓋客觀現象的整體及其特殊性與複雜性，與在研究過程中研究者解答問題的能力與資源。因此，並不是只要是實徵的社會科學的研究，就一定是比較可靠的。有時，因為問題設計的不當，產生頗為偏頗的結論是常有之事。

最後，不能不一提的是，楊先生使用「以海外學人之尊」這樣片語的用語失當的問題。如果楊先生不是故意挖苦我的話——假若是那樣，就與他說他是我的友人這一點有所牴觸了；那麼，我的言論是否應該被尊重不應與我主要是在海外從事研究與教學的身分有關。討論問題，應該就事論事，一個在學術界工作的人的言論是否應該被尊重只應與他的言論的實質有關。何況，不少海外學人見解甚為俗陋，品行更是不堪聞問，我是恥與為伍的。（見解與品行當然不一定有因果的關係；但，就人之所以為人這一點來談，見解與品行都差的人，特別令人鄙視。）台灣文化界甚至學術界的許多人士所表現的浮泛之風與一窩蜂式的崇洋——這一點也是非常不「多元」的——與不少海外學人「趁火打劫」式的言行頗有關連，凡是關心中國現在與未來的人，無論在國內或國外，都應竭力嚴斥與阻止才對。我在這裡並非暗指楊先生也有一窩蜂式崇洋的心理，我只是坦誠地指出他用語的失當，這樣不但無助於抑止浮泛與崇洋之風，反而有助長其蔓延的危險。

一九八三年十月五日

（原載《中國論壇》第一九五期，一九八三年十一月十日）

什麼是多元社會？

——再答楊國樞教授

最近看到老友楊國樞先生繼續討論「多元社會」的兩篇文章（《中國論壇》一九七期與一九九期），其中一篇是答覆我對他的「簡答」（《中國論壇》一九五期）的。我很驚訝我們這兩個老朋友在共同關心的問題上，有這麼多表面上看去是細節上的，但實際上卻是關鍵性的歧異。我現在正在撰寫一篇題作〈法治與多元社會〉的長文，擬根據去年八月二十五日晚上的講稿加以擴充，希望能夠把我對多元社會的看法做一個較為周延的說明。但在此文尚未殺青之前，不能不先就上述兩篇楊先生的宏文做一點必要的澄清。

一、談「多元社會」的定義

首先，我使用多元社會（pluralistic society）這個名詞的時候，其定義與楊先生的定義有相當的不同。楊先生所謂的「多元社會」，主要是指社會各方面的「分殊化」（diversification），意思頗近似社會學中「社會（內部）分殊化」（social differentiation）。而他堅持台灣已是多元社會的基本理由主要是一個「量」的與枚舉式的「類」的觀念——經由他採用的實徵方法，發現在數量上與種類上台灣社會已有許多不同的——分殊的——現象，他就認為台灣已是「多元社會」了。我所謂的多元社會不是指社會內部的「分殊化」，不過，有些多元現象與「分殊化」是重疊的；但另外一些多元現象卻與楊先生所謂的「多元現象」不同。我認為多元現象必須蘊涵至少是某種程度的個人的自由。沒有自由的「分殊」不是多元。換句話說，只有在公平的法律之內，不妨害別人自由的情況下，自由地發表自己的意見，組織自己願意組織的社團，做自己要做的事，才是多元現象。這種開放的多元現象從楊先生所應用的行為科學的觀點來看，有的可能被看做是社會分殊化的現象，但他所認定的每一個分殊現象卻不一定都是我所謂的多元現象。例如，楊先生認為近年來社團數量的增加是台灣已是「多元社會」的實徵證據之一，我卻要問這些社團是否都是自動自發地組織起來的？如果有的社團不是它們的成員自由組織的，這些社團雖然在楊先生統計數字中構成了「社會多元」的證據，但在我的定義之下，卻與多元無關。

二、我所依據的論點

我主要是根據西方政治與社會哲學傳統中論析自由主義的文獻而使用多元社會這個名詞的。因為我個人覺得在二十世紀在這方面講得最透澈的是博蘭霓（Michael Polanyi）與海耶克（F. A. Hayek）兩家，所以更確切地說，我是根據這兩位先生的論點來使用這個名詞的。（他們則是上承洛克、亞當·斯密、佛格森（Adam Ferguson）、休謨與康德的觀點而立論的。）我的用法與楊先生的用法，以英文來表達，至少在字面上比較不易混淆，楊先生所謂的「多元社會」是 plural society，我所謂的多元社會是 pluralistic society。（pluralistic society 這個名詞如果生硬地直譯的話，可譯做：「認為多元是對的社會」或「多元主義的社會」；但這樣譯法，在中文中很不順當。因為中文裡只有「自由的社會」，並沒有「自由主義的社會」這樣的名詞，所以我便決定使用多元社會這樣一個名詞。其實，如果讀者不知名詞的實質內容，作者在文字層面無論如何小心，也仍是容易被誤解的。）事實上，我所謂的**多元社會就是自由的社會**。去年八月二十五日晚上在臺大發給聽眾的講演大綱第六項子題是這樣寫的：「多元社會（pluralistic society）的定義：『社會成員在法律秩序之內，在康德所謂的互為目的的人際關係之中，與人們發揮彼此為用的社會與經濟秩序相重疊之後，根據自我的興趣與素養（discipline）可以做自己所要做的事的一種社會。』」海耶克先生有時稱自由的社會為「多元社會」（pluralistic society），有時稱之為「自動自發的社會秩序」（spontaneous social order），有時稱之謂「開放的社會」（open society），另外，有時候他則引用博蘭霓先生的名詞——「多元中心的秩序」（polycentric order）——來說明他所謂的自由社會。這些不同的名詞代表著他希望從不同的角度來闡釋自由社會的性質的意願。海耶克先生與博蘭霓先生的自由主義，從社會與政治層面來說，主要是建立在法治（the rule of law）觀念之上的；換句話說，以法治為架構的社會才能是一個自由的社會（個人在社會中享有自由的社會），而自由的社會是一個最有秩序，最能利用知識，與最尊重人的尊嚴的社會；因此，它是最有生機、最少浪費、最有組織的社會。這一切的基石，從外在的觀點來說，是法治；從內在的觀點來說，是自由的人文素養。根據這個標準來看，英美社會未臻理想的地方甚多；事實上，海氏與博氏在思想上的工作，主要是針對二十世紀西方所產生的左右兩派極權思想，民主國家的中產階級社會中所產生的相對主義與虛無主義，與社會科學界的化約主義（reductionism）而做的維護自由主義傳統並使其重現生命力的工作。從他們的思想系統來看西方，其自由傳統雖有危機但未崩潰，而社會中維護個人自由的成就；終極地說，是一程度問題；但這一衡量多少的程度問題是在自由架構（法治）之內而言的。

三、「自由架構」的真諦

這個以法治為基礎的自由架構究竟是如何演變而成的？我們究竟如何去理解它呢？這當然不可能在一篇短文中用幾句話就可以交代清楚的。我在這裡只擬以譯述一段海氏著作原文的方式做一點簡要的說明（海氏在文中亦曾徵引了一段博蘭霓先生的話）：「人們的社會行為的秩序性呈現在下列事實之中：一個人之所以能夠完成他在他的計劃中所要完成的事，主要在於在他的行動的每一個階段，能夠預期與他在同一社會的其他人士在他們做他們所要做的事的過程中，對他提供他所需要的各項服務。從這件事實中，我們很易看出社會中有一個恆常的秩序。

如果這個秩序不存在的話，日常生活中的基本需求便不可能得到滿足。這個秩序不是由服從命令所產生的；因為社會成員在這個秩序中只是根據自己的意思，就所處的環境調適自己的行為。基本上，社會秩序是由個人的行為需要依靠與自己有關的別人的行為能夠產生預期的結果而形成的。換句話說，每個人都能運用自己的知識，在普遍與沒有具體目的的社會規則之內，做自己要做的事，這樣每個人都可以深具信心地知道，自己的行為將獲得別人提供的必要的服務；社會秩序就這樣地產生了。這種秩序可稱之謂自動自發的秩序（spontaneous order），因為它絕不是中樞意志的指導或命令所能建立的。這種秩序的興起，來自多種因素的相互適應，相互配合與它們對涉及它們底事務的即時反應，這不是任何一個人或一組人所能掌握的繁複現象。這種自動自發的秩序便是博蘭霓所謂的『多元中心的秩序』（polycentric order）。博氏說：『當人們在只服從公平的與適用於社會中一切人士的法律的情況下，根據自己自發的意圖彼此交互作用而產生的秩序，可稱之謂自動自發的秩序。因此我們可以說每個人在做自己要做的事的時候，彼此產生了協調，這種自發式的協調所產生的秩序，足以證明自由有利於公眾。這種個人的行為，可稱之謂自由的行為，因為它不是任何上司或公共權威（public authority）所決定的。個人所需服從的是法治之上的法律，這種法律應是無私的，普遍地有效的。』」[1]

海博兩氏以現代語言所重述的這項自由產生秩序的洞見，在西方思想史中最初得自十八世紀蘇格蘭古典經濟學家與倫理學家們（亞當·斯密、佛格森、休謨等）在理論上的突破。自由主義，從這個社會理論（social theory）的據點出發，則不僅能夠滿足人要求道德尊嚴的企求，它的某種程度的實現，實際上，能夠產生一個較有效率的社會。在這種自動自發的多元社會中，人們彼此合作、相互為用，但卻並不追求相同的興趣，也不受彼此的牽制或外力的壓迫。這種自動自發的多元中心的秩序，每個社會在不同層次與不同方面當然都有一些，因為每個社會在不同層次與不同方面，都有一些以普遍的與沒有具體目的的規則為架構的社會秩序。不過，在極權與專權的國家中，少數統治者為了維持他們的利益，常以政治命令取代普遍的與沒有目的的社會規則，所以這種社會秩序時常遭受到很大的破壞。

四、法治是自由社會的基石

在真正實行法治的國家，這種自動自發的秩序則是最有效的，最豐富的。易言之，越以法治為主導的社會越是自由的社會。法治並不是指法律越多越好，也不是指那些根據政治命令而制定的法律的執行。法治最根本的要義是：憲法做主導的法律高於政治的肯定與執行。法治下

1 F.A. Hayek, *The Constitution of Liberty*, pp. 159-160. 海氏所引博蘭霓先生的話，見 Michael Polanyi, *The Logic of Liberty*, p. 159.

的法律必須是公平的、普遍的（能夠應用到每個人身上的）與抽象的（沒有具體目的的、不為任何政治利益團體服務的）。法治下的司法機構不但有權審理與裁定人民行為是否違法，而且有權審理與裁定行政與立法部門的政策及其執行的情況是否違法。簡單地說，法治就是合法的法律至上的意思。康德說：「個人是自由的，如果他只服從法律而不服從任何人。」又說：「一個使每個人的自由共存於所有人的自由的法律架構的建立需遵循憲法，這部憲法能夠使人獲得最大可能的自由。」憲法主要的任務則是明列人權清單，保障人民無法出讓的諸權利，制定政府中三權（在我國則是五權）分立的原則，使三權（或五權）相互制衡，以及明訂中央政府與地方政府的合理關係。在法治之下的多元社會中的公民至少應該有下列的自由或權利：組黨的自由、辦報的自由、組織工會的自由，與知的權利等。

綜上所述，評鑑多元社會的標準應該是很明顯的了。我認為既然要用一個形容詞指謂一個社會，就要用一個適當的詞語來形容一個社會的**特性**。而社會的特性則需從其**架構**或**結構**看出。所以，我所謂的多元社會是指一個以法治為基本架構的社會。今日台灣的社會，雖然有許多我欣然肯定的多元現象，在法治尚未獲得突破性的進展之前，我覺得應該用比較謹慎的態度來形容台灣是轉型期的社會，這樣一方面比較切實，另一方面使我們能夠集中注意力面對我們目前最需要達成的目標——法治——而各盡所能，共同奮鬥。

五、不只是程度或語意之爭

楊先生所謂台灣已是「多元社會」或「雛型的多元社會」，是根據他底實徵資料中的社會分殊化的「量」與「類」而說的。他認為台灣社會分殊化的數量與種類已經很多了，所以他就說台灣已是多元社會了。他也許還會引用「量」變可能達到「質」變的學說來支持他的立場。這些看法都是很值得商榷的。

從表面上看，我的看法與楊先生的看法好像只是程度上的不同，甚至也許被認為只是語意上的爭執。但稍一深究，問題並不是這樣簡單。首先，他所提出的實徵材料中那些分殊現象是否都蘊涵了個人的自由，實在不無疑問。根據楊先生採用的觀點來看，這一點也許無關緊要，因為他認為社會中的分殊化就是多元，而這種「社會多元化（分殊化）是一必然的結果」。但，這種分殊化與個人自由有什麼關係呢？照楊先生的看法，大有關係。因為楊先生認為「法治常是社會多元化所導致的一種結果。」照楊先生的看法，社會越分殊化，越容易導致法治的建立；因此，人們就越來越享有自由與民主了。這種看法，除了使人擔心他對法治的了解是否正確以外，基本上是認為現代化的歷史過程將會達成自由與民主的目的。這種帶有帕普（K. R.

Popper）所謂「歷史主義」（historicism）[2]的色彩，近似目的論與決定論的「現代化理論」（modernization theory），在西方六〇年代前後曾短暫地流行過一陣子，但因思路與證據都有問題，現在已很少有人仍堅持此說了。這種理論的漏洞是顯而易見的，在學術界早有接近「共識」的定論，此處無需多說。我在這裡只擬簡單地指出：楊先生所指稱的現代化現象，世界各國都在不同程度中進行，但自由與民主卻不是世界各國共同的趨勢。在第三世界，有的國家（如印度）以現代化的標準來衡量，是遠比不上其他國家的，但其法治與民主的成績則超過了許多其他國家。另外，十九世紀末葉與二十世紀初葉的英國，以楊先生所提出來的六方面社會多元化（職業多元化、社團多元化、思想多元化、參與多元化、分配多元化、其他多元化【包括消費型態多元化與休閒活動多元化等】）的標準來衡量，恐怕比不上已進入發展資訊工業的台灣甚多，但那時英國所獲得的法治與自由的成績與今日的台灣相比，孰多孰少？答案是很明顯的，用不著我在這裡費辭了。

根據以上的分析，楊先生以量化與枚舉式分類的辦法來說明多元社會是有問題的。當然，在形式層面機械地說，楊先生如何界定他底術語是他自己的自由。但，如果他說由他引用的實徵研究所得的結果使我們知道台灣社會內部每一項分殊化的現象都蘊涵了個人的自由，這樣的說法使人懷疑他底實徵研究的有效性。另外，如果他說他底實徵研究使我們知道台灣社會內部已日漸分殊化，不過，不是每一分殊現象都蘊涵了個人的自由，然而社會分殊化的「量」與

「類」的增加卻一定導向法治與自由；這種想法與說法，作為維持個人心理平衡的希望或政治宣傳的口號，本是無可厚非；但如果把它當作學術的理論與真正的事實陳述，我想我以上簡略的論析應該足夠說明它是站不住腳的。既然站不住腳，而楊先生卻仍要堅持此說，那麼他「多元」兩字的使用法與他底「台灣已是多元社會」的理論就的確有問題了。其實，在社會學理論中，「社會內部分殊化」（social differentation）只是功能分析的一個觀念與工具，本來承擔不了楊先生所希望它承擔的歷史任務。[3]

六、已非再談「分殊化」時機

最後不能不一提的是我說「在法治沒有突破性的進展之前，用以偏概全的方式強調台灣已是多元的社會，或是日趨多元的社會都可能產生粉飾現有現象，為既得利益者幫閒的效果」，

2 K. R. Popper 所謂的「歷史主義」與德國的歷史主義不是一回事，但他對以這個名詞為代表的歷史決定論的謬誤的分析，仍是有效的。見 K. R. Popper, *The Poverty of Historicism*, 2nd end（London, 1960）.

3 如真正要了解一個社會的特性或特質的話，則需應用韋伯（Max Weber）所提示的「理想型的分析」（ideal typical analysis）。這樣才能對一個社會進行結構的分析；根據結構的分析，才能確實地了解一個社會的特性或特質。這是繁複而艱深的問題，此處無法詳述了。

與楊先生的反應。我說的那句話，並未涉及強調台灣已是「多元社會」的論者的意圖問題，我談的只是在目前的脈絡中堅持這種論調的效果問題。其實，楊先生與其他幾位老朋友多年來在台堅持自由主義的理想與為了促其實現所做的努力，尤其是在低氣壓來臨之際，能夠把持得住的道德勇氣，素為筆者所敬重。而楊先生在民國六十年與六十一年擔任《大學雜誌》總編輯時代所提出的他所謂「多元社會」的觀念，在當時也的確發生了正面的貢獻，他因此而遭到無理的誤會與困擾是不公平的。但歷史是在變化之中，民國六十年左右，因為既得利益者反對甚至恐懼楊先生的「多元社會」的觀念，他在那個年代的脈絡中提出了這個觀念，的確產生了疏通氣悶環境的效果。然而，十幾年後在楊先生的名詞與觀念已廣為台灣大眾與傳播界所接受的時候，我卻覺得不能不根據本文與上文的理由對他對我的看法的評論予以公開的答覆，並對他的看法加以分析與釐清了。（至於我去年八月二十五日在臺大的講演，倒不是針對楊先生的理論而做的。）如果今天大家仍然像楊先生那樣繼續談他所謂的「多元社會」，那麼，我們很可能只是在原地兜圈子而不自知。這樣對中國自由主義下一步的發展不但不能繼續發揮正面的效用，而且還可能產生原來未曾預料到的阻力。楊先生的「多元」觀念似乎是指社會內部越分殊越好，好像是以為大家越不同便越是進步似的。但，他所謂的不同是以什麼標準來衡量的呢？表面的不同就是真的不同嗎？更進一步地說，是不是任何的不同都顯示了自由與民主的秩序某種程度的實現與成長呢？例如，楊先生在說明台灣社會思想多元化的情形，只是以思想不一樣為其調查的標準，並說台灣已「進入思想紛紜的多元階段」。但，社會成員在思想上必須有了「共識」才能產生我所謂的多元社會，而這種「共識」必須有相當程度的順序性（即：關於那些價值比較更重要必須有相當程度的「共識」），尤其像我們這樣一個未臻真正法治的社會，有共識性的思想運動是促進政治改革的一大動力。（休謨關於統治者無法避免意見的影響以及政府是建立在意見之上的分析，最見精密。）不知楊先生是否想到「思想紛紜」也可能走向涂爾幹（Émile Durkheim）所謂脫序（anomie）的現象？事實上楊先生所謂的分殊化（social differentiation），最應注意 solidarity 的問題，而 organic solidarity（solidarity by differentation）最應注意「脫序」的危險。楊先生在他的宏文中的圖表上，列有社會統合化過程中所需的項目：「容忍、溝通、妥協、共識」與「代議民主、公平、法治」。他在另一文中也提出：「台灣社會在統合化方面有何主要方式與途徑？有何主要困難？應該如何克服此等困難？」可見他注意到了社會分殊化的統合問題。但他以枚舉的方式列出的兩類中的各個項目，並不屬同一層次；它們之間的關係，尤待說明。而最應注意的，在法治架構與人文素養尚未建立起來的社會，其分殊化可能產生「脫序」的危險，卻並未得到楊先生的關切。這也許是因為他相信社會越分殊化，越能促進法治的建立的緣故。

七、我的文章被誤解了

另外，既得利益者的文宣工作，有時也使用「多元社會」這個名詞來形容台灣，其目的無非是想使讀者或聽眾產生台灣在他們的領導下已經獲得了民主與自由，而楊先生的定義，也的確容易被這樣地利用；因此，我說他的名詞與觀念可能產生粉飾現有現象，為既得利益者幫閒的效果。這種效果不是楊先生主觀意願所希望產生的；我提出不同的意見，無非想供給老友與其他關心台灣自由與民主前途的讀者一點反省或思考的素材。

至於楊先生說我對台灣的自由主義者的處境與心路歷程沒有了解，所以才會認為楊先生的「多元論」可能產生粉飾現有現象，為既得利益者幫閒的效果；楊先生與其他讀者可根據本篇與上篇拙文自行做答，我在這裡不願置評。不過，楊先生說我討論台灣社會現階段轉型期不易界定的性質的言論，可能被當作既得利益者拒絕改變的有力藉口，關於這一點我不能不稍加解釋與澄清。首先，有些（並不是全部）人以「國情」做擋箭牌拒絕適應從外邊介紹進來的制度與作法，這是連海內外一般關心台灣的在學青年都知道的事。但，這種論調很難與我的言論扯上關係。因為我從未說過台灣仍是傳統的一元社會。而且曾一再強調，我欣然肯定台灣有些地方已經呈現了多元的現象。我的看法是：台灣社會正處於轉型期，在轉型期的台灣，社會當然已經不是傳統的一元社會了。除非故意曲解我的意思，否則如何把我的意思拿來支持「國情拒變說」呢？根據對學理與歷史的認識，我是一個溫和的漸進改革主義者，一向與人為善，主張對中國傳統進行創造的轉化，多年來立場未變。就我所知，既得利益者並沒有不尊重我的立場，所以並無故意曲解我的言論的行為。何況，既得利益者如要故意曲解我的意思，對他們也不見得有利。台灣言論自由甚有進步（這是我欣見的多元現象之一，可惜有些人尚未善於利用它），可以發表意見的地方很多，如果我的意見被故意曲解，我可以很快地公開予以駁斥，這對他們又有什麼好處呢？另外，楊先生說一般民眾知道了我的意見，最可能產生的感想是：「中國人是沒有辦法建立現代化的社會的」，「原來我們的社會還是老樣子」。楊先生這種假設顯示了他在字面層次上都對我的看法產生了誤解。因為，我從未說過台灣仍是傳統的一元社會，也從未說過台灣沒有希望進展到多元的社會。而他對一般民眾了解事情的能力的低估，也令人覺得非常詫異。一般民眾也許不懂得使用像楊先生這樣的「專家」所喜歡使用的術語；但他們是有常識的，他們也有生活經驗。其中許多人根本不會注意到我的言論，另外一些人要是知道了我的看法大要，他們大都不可能產生楊先生所顧慮的誤解。因為，我的看法只是稍微精緻一點的常識而已：「台灣不是傳統的社會了，但還沒有進展到真正的自由與民主的社會（自由與民主的社會又叫多元社會）。所以我們可以說這是一個轉型期的社會。我們的社會已經有了一些可喜的多元現象。多元社會是有效率的，增進財富的，而且每個人的人格都能比較受到尊重。多元社會最需要法治做基礎，所以我們大家應該盡量把這個基礎打好才成。」他們知道了我的這種看法以後，只會覺得由他們的經驗與常識所認知的東西似乎得到一些整理，他們發現經過整理以後的常識與經驗中的項目，只是比較有系統地被放在應該放在的位置上而已。

八、必須「報喜不報憂」嗎？

然而，我這種謹慎、限定（qualified）而相當樂觀的看法（「相當」二字要請讀者特別注意，我並沒有說「很樂觀」，因為台灣社會中還有不少阻止進展至多元社會的勢力），為什麼一再被楊先生誤解了呢？我想關鍵可能在於楊先生認為他所謂的「多元社會」的發展必然導致法治與民主的建立，而我則認為轉型期的台灣社會並不一定能夠發展成為一個真正法治架構之下的多元社會。關於楊先生的立場的特定問題，我在前面已做分析，而這種歷史決定論或目的論的嚴重後果，已早被在台灣學術界常被徵引的帕普先生分析的很清楚。我在這裡只想概括地再說明兩點：一、想以「歷史必然的趨勢」這樣的說辭來影響既得利益者，並不一定能產生預期的效果。因為，即使既得利益者相信這種說辭（事實上，並不一定），他們可能採取措施盡量阻止這個趨勢的發展，其結果正好與強調此說的人所希望達到的結果相反。因為他們從自利的觀點去看，知道這個潮流對他們有種種的不利，既然大勢所趨將來無法避免走向歷史既定的目的，那麼就應在力之所及的範圍內盡量阻止這個潮流的前進，乘還可取得自己利益的時候，多取得一點。表面上，他們卻要擺出一副盡量符合潮流的架勢以造成進步的形象，然後在這個維護自己利益的形象的背後，盡量爭取自己的利益。二、對於專家們與一般人而言，強調自己希望達成的目標是歷史的必然趨勢，極易造成一種不鼓勵深思、不鼓勵自我批評的氣氛。在這種氣氛籠罩之下，很難做反省的工夫。因為，既然深信大勢所趨，將來一定會達到希望達到的目標，那麼強調歷史的必然性的本身，不但給予情緒上的滿足，而且還可當作自我做出貢獻的手段。這樣，以各種辦法來證明歷史必然的趨勢的確是必然的趨勢，便變成個人所可致力的貢獻了。至於如何切實設法突破（阻礙目標之達成的）瓶頸的工作，反而不被重視了。因為，反正我們關懷的目標將來必然會達成。另外，我這種謹慎、限定、實際上相當樂觀，但對楊先生而言卻不夠樂觀的看法，之所以一再被楊先生誤解，也許是因為楊先生在隱涵的意識中有一種心理傾向，它與台灣大眾傳播媒體和中國某一層次的文化的傾向相吻合，喜歡聽報喜不報憂的訊息。所以，他對我對中國未來並不一定必然達成我的定義下的多元社會的看法，是不願接受的；因此也就無意注意我的限定語言了。假若是這樣的話，這反映了中國傳統社會與文化所遺留下來至今尚未被清除的脆弱的心理。這種不願面對事實的心理，問題很多，影響很壞。其實，關於它的來源與影響，楊先生在這方面是專家，用不著我在這裡班門弄斧了。

九、提出三點最後的看法

最後，我想以三點意見結束本文：一、我雖然不認為台灣一定可以走向法治架構之下的多元社會；但我覺得在政治、經濟、文化與思想四方面都已看到令人欣喜的有利條件的存在（我希望以後能夠對這四方面做一點較為詳細的論析工作），如果這些條件能夠繼續擴張，台灣的確可能進入我所說的多元社會。那將是中國歷史上亙古未有的突破！其實，一個目標在不一定能夠達成卻可能達成的時候，才有主動為其奮鬥的意義。如果我們這一代中國人能夠團結、奮鬥，站在自己的崗位上為中國的法治、自由與民主，竭盡所能，終於使其實現；那麼，我們可以說，我們上對得起列祖列宗，下對得起綿綿無盡的後代！二、法治如無自由的人文素養做基礎，那將是很乾涸的架構。今日美國社會之所以能夠維繫不墜，主要由於法治架構甚為堅固，經濟秩序運作相當良好；但由於人際關係之淡薄與現實（雖然表面上頗為客氣），以及中產階級生活之屑瑣與缺乏精神的意義與目的等等因素所造成的文化危機，已到了相當嚴重的地步。我常想，只有宇宙冥冥之中或有其公正，才能解釋為什麼許多美國人在這樣得天獨厚的環境中，會那樣地不快樂。他們有那麼好的法治，那樣多的自然資源，那樣有活力的經濟，但許多人居然過著那樣差勁的、沒有人味兒的生活。這不是宇宙的公正是什麼？否則好處都被他們占盡了，那不是太不公平了嗎？我們知道，法治本身不能解答意義的問題（the problem of meaning），它只是一個外在的架構，這個架構極為重要，而且我們還要說它有優先建立的必要，然而，它畢竟只是外在的架構，它不能取代人文的素養，法治保障了人的尊嚴，但人的尊嚴只能從人文素養中找尋，並經由訓練，才能得到。所以，在我們努力建設法治的時候，我們應同時努力重建中國的人文（關於這一點，請參閱拙文：〈中國人文的重建〉，收在拙著，《思想與人物》，頁三─五五）。三、受了天真理性論的影響，許多十八世紀末葉與十九世紀的西方人認為人類歷史越來越進步，所以人類的問題會越來越少。許多人認為自由主義的政治、經濟、倫理與文化的學說及其學說所倡導的制度是進步的動力。從這個觀點看去，自由主義幾乎可說是十全十美的；在進步中的自由主義被認為幾乎可以解決任何問題。但二十世紀的自由主義者已喪失了這份天真。我是一個自由主義者，但並不認為自由主義可以解決人類的一切問題。不過，對我們目前的中國問題而言，它卻的確是一個比較最有資源、最能夠針對較多的問題，提出較為切實、合理與人道的答案的一套系統的思想與制度。

一九八四年二月六日

（原載《中國論壇》第二〇三期，一九八四年三月十日）

四

處理政治事務的兩項新觀念

——兼論為什麼建立法治是當前的第一要務？

引言

台灣光復已四十年。這四十年來，政府與人民歷盡艱辛，雖然在外交上頗受挫折，但在經濟上、文化上與政治上都有許多進步。這許多進步是使中華民國在險惡的國際環境中，能夠自存與發展的基本資源。從海外展望台灣未來十年的發展，我覺得，關鍵在於如何能夠繼續保持進步；而繼續保持進步的首要之務則是：有效地解決過去積累下來的許多老問題和近年來各方面的發展所造成的許多新問題。如果全國上下真要解決這些問題，根本之道是：建立法治的秩序與積極地從事文化的建設。本文擬從分析台灣政治、經濟、文化與社會環境的現狀特徵來說明：為什麼建立法治秩序與積極從事文化建設，是徹底解決目前種種問題的根本之道。

法治並非一蹴可及，何況中國向無法治傳統；建立法治，頭緒萬端，當然並非易事。不過，台灣政治、經濟、社會與文化，雖有許多問題，但卻不是沒有活力，尤其是各方面技術層次的工作人員，大都相當優秀；現在中產階級已經興起，教育甚為普及，大家對法治的重要性已有理性的共識；所以，目前的關鍵在於政治領導階層的基本態度與行為取向。他們如能真心倡導法治並身體力行，我認為走向法治，並不是不可能的。

由於中國歷史傳統的影響，中國政治領導階層對歷史發展所產生的功能，往往大於社會中其他範疇裡的人，他們的歷史責任也因此大於別人。當然，這也是他們一再公開宣稱的抱負。相反地，我並不認為知識分子對歷史發展所能產生的影響，有如中國舊式知識分子所說的那麼龐大。理性的說服力，只能在有利的歷史條件之下，因勢利導，它本身並不能創造歷史。但，在受到劉宜良案與十信案震撼以後的台灣，客觀情勢似已到了使政治領導階層不能不注意理性分析的時候了。因此，我想在劉案與十信案已近尾聲，大家於憤懣、譴責之餘，應可平心靜氣攝取教訓的時候，提出一些個人的看法，希望藉理性的分析來說明一點：政治領導階層倡導法治並身體力行的必要性與優先性。

至於文化建設，當然也是頭緒萬端。在已變成大眾消費社會的台灣，影響最大者則是大眾傳播媒體。所以，要談文化建設，我要先向報紙、電視、雜誌與出版界的領導階層呼籲：他們應該更自覺地意識到自己的責任與影響都很重大。如果他們能夠彼此協調，制訂共同遵守的紀律，以有所為、有所不為的精神，有計劃地提升大眾傳播的素質，我想文化建設可以獲得突破性的進步。

一、台灣政治現狀的特徵

目前台灣政治現狀的特徵，主要有三點：一、黨外在政壇上地位的升高與言論自由範圍的擴大；二、民主觀念已深入人心，變成衡量與評論政治行為合理性的標準；三、經濟發展的結果，已使當政者的政治權力與權謀運用的有效範圍相對地縮小。黨外在政壇上地位的升高，從下列事實可見端倪：原來黨外人士只能以無黨籍的身分單獨參選，後來演變到政府不公開承認，但許多大眾傳播媒體逕自稱之為黨外，使政府無可如何，再到今年「黨外公政會」、「編聯會」獲得默許，「黨外後援會」的活動獲得容忍。這一系列的演變，已寖假使黨外，雖在法律上仍不被承認，而在政治上卻已變成了一個雛形的反對黨。另外，以一個在法律上無法具有正式組織的反對團體，在近年的選舉中經常保持接近三分之一的選民的支持，而這次台北市議員的選舉，黨外後援會推薦的十一人都已全部當選——這些事實已明確地說明了黨外在政壇上不可忽視的地位。中國過去本是一個古老的專制國家，向無民主經驗，更無法治傳統；然而，從民國四十九年《自由中國》因欲組織反對黨而遭慘敗，到現在不過二十五年的時間，民主政治在台灣已有如此成績，至少在形式上不能不說是一大進步，這種進步證諸西方民主國家經過數百年的時間才能達到今日的成績，則更使人覺得相當地值得珍惜。（我在這裡使用「形式上」三個字來限定我所謂的「進步」，當然是相對於「實質上的民主政治」而言。我的意見在本文的脈絡中會逐漸明顯起來，在這裡暫不作嚴格的界定。）

至於言論自由的擴展，更是有目共睹的事實。台灣言論自由的情況，雖然在戒嚴法的陰影下，一直未能得到適當的保障——換句話說，雖然中華民國的憲法對言論自由有明文的保障，但大眾傳播與出版事業卻隨時可由政府根據戒嚴法或行政命令勒令禁止發行或予以更嚴重的處置——然而，言論自由範圍的擴大已是不爭的事實。這項不爭的事實，已是歷史變遷的一部分，早與《自由中國》時代不可同日而語。另外，地方上的選舉與中央民意代表的增額選舉已是例行的事。有選舉，就一定有黨外人士參加，就一定有被允許的、公開批評政府的言論，而台灣選舉之頻仍與掀起的熱潮，各國少見。所以，言論自由雖然是在憲法與戒嚴法之間因矛盾而產生的夾縫中生存；但它在民間的擴展已是司空見慣的事。綜上所述，執政黨，因客觀歷史的變遷，已自政治權力的占有者與支配者的角色，變為某種程度上的政治權力競爭的角色。

另外，民主觀念之深入人心與多年來政府的教育政策及大眾傳播的蓬勃發展均有很大的關係。現在各級學校均強調民主制度是最好的政治制度，並以此為中國政治進展的鵠的。而台灣大眾傳播的發達，已使自由人士的言論藉之傳播到過去無法觸及的廣大群眾之前。事實上，自由人士討論政治所使用的語言，已廣為大眾傳播界所接受，已變成台灣社會中約定俗成的政論語言，這種新式的政論語言——如「多元化的開放社會」、「強化民主憲政，溝通民眾意願」、「建立更有秩序的法治社會」等——已在執政黨領導階層的談話與文告中取代了過去「革命政黨」所慣用的，「效忠黨國」之類的話。當然，政治領導階層之所以使用新的語言，也許主要是為了政治宣傳，為了製造良好的形象。況且這種透過大眾傳播媒體，重複多次的語言，可能已變成新的禮儀語言，新的政治口號，所以在大家行禮如儀，喊完口號以後，事情也就辦完了，並不產生什麼實質的意義。對於執政黨人士而言，是不是就是這樣，我們不得而知。但，語言的改變卻透露了一個新的政治文化變遷的消息：民主的觀念早已成為全國國民牢不可破的信仰，它已變成衡量現實政治所做所為的標準。

至於台灣經濟的發展對於政治的涵義，可從下述兩個現象來探討：一、金牛型人物介入選舉。許多與執政黨素無淵源的金牛型人物，因執政黨需要地方人士參加競選，遂搖身一變而成為黨員。他們與執政黨的關係是彼此利用的關係。執政黨覺得他們有錢，是既得利益者，自然會支持保守的政權。競選是花錢的事，他們有錢花，而且又被認為是執政黨的自然支持者，所以便被吸收成為黨員，做執政黨推出的候選人。他們則是要用金錢換取政治權力，以求自利與自保。這種情形，因「十信」案的教訓，可能稍好一點，但基本上，金錢與選舉的關係似乎並無「質」的改變。據說在最近這次選舉中，賄選的情況甚為嚴重。有些省議員候選人花費了數千萬元，縣市長候選人則更多。二、中產階級的興起。這個階級最近二十年在台灣逐漸興起以來，雖然到目前為止，只有零星的組織，尚未扮演民主政治發展過程中應該更為積極的角色；但，他們對於政治勢力，已不像過去升斗小民那樣懼怕。總之，經濟發展使得許多人變成富人或中產階級的成員；從沒錢到有很多錢，或有一些錢。「錢」在社會上與「權力」的關係則是：「錢」的出現與擴展使得「權力」所能發揮的力量比以前要縮小了。

上述三項客觀的事實已清楚地說明了發生在台灣的一項歷史變遷：政治勢力與政治權謀的

有效活動範圍，已因社會上多元現象的出現與發展而相對地縮小。（台灣社會，因無健全的法治基礎，不可稱之謂多元社會，雖然它已有不少多元現象。台灣社會當然已不是傳統的中國社會了。我覺得稱謂台灣為一種轉型期的社會，比較最為恰當。詳見拙文：〈什麼是多元社會〉，《中國論壇》第十七卷第十一期（二〇三期），一九八四年三月十日。）換句話說，今天客觀情勢的發展，已使執政黨運用過去「革命政黨」的方式來控制社會的力量相對地減低了。可是，我們卻看不出執政黨曾就其處理政治事務的基本取向與基本方式做過徹底的檢討與根本的調適。黨內各階層人士，也許都多多少少感受到了歷史變遷的壓力，或許也曾做過零星的檢討；黨內開明人士也許做過懇切的呼籲；但，這一切似乎都未產生多大效果。所以，執政黨處理政治事務的步調與台灣社會的客觀情勢——與台灣社會客觀的需要——顯得頗有脫節的現象。執政黨雖然標榜民主，但推行法治的意志卻不強。[1]因此，對各方面要求民主的浪潮，只

1 法治的進展並不是一點成績沒有。如去年七月一日台北各報報導的，以強盜殺人罪名被地方法院、高等法院及高等法院兩次更審判過四次死刑的張銘傳，由於最高法院認為該案仍有疑點，一再發回更審，高等法院在第三次更審時，以證據不足，改判無罪，遂當庭開釋。張銘傳的皮箱、皮鞋、領帶經刑事警察局鑑定有血跡反應，但調查局重新鑑定後，則認為沒有血跡反應，對被告相當有利。調查局不受刑事警察局的結論影響，完全根據理性與證據辦理。另外，這場官司，在前立法委員選舉期間有些黨外人士曾藉以發揮，如此判決，未因這種「政治」因素，而有所猶豫，尤能顯示司法審判的獨立尊嚴。

得以政治權謀加以圍堵，以致看不清這種習慣性的權謀的使用，從較長遠的觀點來看，是對自己不利的。順著執政黨過去的習慣來看上述第一項政治現狀特徵——黨外在政壇上地位的升高與言論自由範圍的擴大，執政黨當然會覺得它們是威脅它的政治利益的。過去一向處於支配者地位的執政黨，當然要設法阻止黨外力量的升高與言論自由的擴展。正如一向用慣了圍堵方法來治河防洪的人，在眼見河水上漲的時候，當然是要在堤防上再加一些沙袋，用以圍堵河水可能造成的氾濫。不過，如河堤已年久失修，河床淤泥增高，假若仍然一味地使用習慣性的圍堵政策來治河防洪，這種辦法不但不見得永遠有效，而且還可能間接地促成了洪水的氾濫——到處修補河堤，到處圍堵缺口，非常累人，以致沒有時間、心情與精力從長計議，這樣很可能耽誤了設計與進行疏導河水的工程。然而，大家都知道，就治河防洪來論，有時只有疏導政策才能奏效，圍堵政策是不管用的。

茲舉兩個具體的實例來說明，我所謂的：一味地應用圍堵政策來應付台灣近年來歷史性的變遷，並不一定是對執政黨有利的。第一個例子是：用選舉法來圍堵黨外力量與言論自由的擴展，從稍微長遠一點的眼光來看，對執政黨所造成的不利。（執政黨的政治利益包括它在民眾中的形象與美國對台灣的支持。美國是否會繼續支持台灣與台灣是否能夠在法治和民主方面繼續進步，關係很大。因為美國現在對台灣的支持，主要是基於道義。所以，執政黨的政治利益包括台灣法治和民主的實質進展。關於此點，我與丘宏達先生的意見，完全一致。如果現在還有人認為美國對台灣的支持主要是由於台灣的戰略地位，這種說法並沒有多大實質的意義。即使就美國在台灣的經濟利益而言，在美國與中共的貿易與經濟關係節節上升的今天，也沒有從前那麼重要了。）根據國內報紙的報導，最近這次地方公職人員選舉，由於候選人與助選人不遵守選舉法的行為甚為嚴重，被評為「最沒有秩序」的一次選舉。在一般講究法治的國家——在具有公平的、普遍的、可以執行的，與不為政治目的服務的法律的國家——如發現脫法的行為，大家指責的當然是那些不守法的人與執法不周的人，卻不會責備法律本身。但，這次選舉前後，選舉法卻成了眾矢之的。基本的原因是：選舉法的一些條文是根據執政黨圍堵與約束黨外的活動的意願而制定的。然而，在選舉期間，黨外的政治與社會力量，以及台灣社會言論自由的範圍，已擴張到可以相當地不受許多選舉法明文規定的約束的地步。法律無法執行，成為具文。法律的尊嚴，受到傷害。政府的公共權威受到斲喪。而且，黨外人士尚可藉對選舉法的諷刺來損壞執政黨的形象。這種為了政治利益制定的法律，在今天不但成了推行法治的阻礙，而且反而損害了執政黨的政治利益。這個例子可以說明，執政黨使用舊習慣來圍堵民主的潮流及前所未有的社會力量，實際上，是對自己不利的。

另外，我想藉檢討一下「十信」案的政治意義來說明：執政黨使用舊習慣來維護自己的政治利益的不智。執政黨與蔡辰洲之間可說毫無歷史淵源。蔡君是毫不講信義與原則的暴發戶子弟。他走向政壇的唯一籌碼是：錢。他走向政壇唯一的目的是：利用政治關係與政治勢力來維護他種種不法行為，以便更能以走火入魔的方式賺錢。他無愛於執政黨，更不具備對主義的信仰、對領袖的忠貞之類傳統性的入黨條件。他之所以要參加執政黨，唯一的目的是要利用執政黨以遂其私慾。何勞執政黨內部評鑑把蔡君選作第一，使他變成最能代表執政黨的立法委員候選人呢？也許有的執政黨人士會辯稱：當初蔡君申請入黨的時候，表現得很忠黨愛國，我們實在不知道他會如此詭計多端，胡作非為，以致闖下這樣大的亂子。我們實在是被他騙了。我們如果原先知道他會這樣亂來的話，當然不會吸收他入黨的。然而，負責介紹他入黨的大員與負責審查他底資格的人士，難道都是幼童嗎？他們都有豐富的政治經驗，並且是負有重大責任的政治人物，如果連一個企業頑童都能把他們騙住，他們又如何能在黨內與政界擔任如許的政治重任？如果執政黨的重任，原來是由這樣天真的人士去擔任的話，那也太令一般黨員洩氣了。其實這類所謂被騙之類的飾詞，才是騙人的話；而這類騙人的話是無法騙住任何人的。蔡君之被吸收入黨，絕不是因為介紹人與審查人沒有政治經驗，太過天真，或黨的組織與審核系統忽然停擺之故，而是他們太有政治經驗，殊不知他們根據過去的政治經驗所形成的習慣來處理新的事務，這樣的辦法是對自己不利的。（向以「革命政黨」自許的執政黨，最講究黨性、黨紀與政治謀略，它之所以吸收蔡君入黨，基本上是基於執政黨的政治利益的考慮，卻不曉得執政黨當時認為的政治利益（吸收蔡君入黨競選立法委員），實際上，是對它不利的。）蔡君進入政壇以後，以為挾其政治上享有的特權，便可踰越任何法律，任何規定。事實上，所有的法律幾乎全在他的特權之前失效了。然而，客觀的市場機能與經濟律則畢竟是獨立於政治活動的，在金融秩序與市場機能因蔡君之胡作非為而頻於崩潰的時候，蔡君的政治關係也就無助於他了。蔡君今日身繫囹圄，實乃咎由自取；然而，他以其金錢的勢力竟能把執政黨的大員玩弄於股掌之上，以致使積有數十年政治經驗的執政黨為一頑童背了黑鍋。這是為什麼呢？蔡君所做所為除了對國家造成嚴重的傷害以外，對執政黨的形象、信譽與內部的士氣也造成了不是把他開除黨籍便可彌補的傷害。（據今年三月六日台北一份日報的報導，台北市議員趙少康說：「十信事件最大的傷害，應是對執政黨所造成的傷害。」趙議員有此識見，不愧為執政黨新生代的一員。）但，以歷史悠久、人才濟濟的執政黨，怎麼會如此輕易地為一個對該黨利益毫無關懷，利慾薰心之徒提供服務呢？「十信風暴」的遠因與近因，當然甚為複雜，本文不擬詳加討論，那也不是本文的主旨所在。我要說明的是，這個震驚中外的案件之所以發生，除了與政風以及其他因素有關以外，深層地說，實與執政黨未能順應轉型期的台灣社會客觀情勢，體認政治權謀活動的限制與重新界定政治利益有關。

二、兩項新的處理政治事務的觀念

前面的論述，已簡略地說明了當前的執政黨，即使純就自己的政治利益來考慮如何從事政治活動，也應採用兩項新的觀念作為今後處理政治事務的基本原則。這兩項新的觀念已蘊涵在本文的論式中。我在這裡擬做一些進一步的說明。首先，我想先重複一下這兩項新的觀念：一、必須認清權謀性的政治活動，因台灣經濟的發展與社會多元現象的出現，已自然地受到限制，其有效的範圍也自然地縮小了。既然現在已無法在許多地方繼續有效地運用權謀來維護政治利益，下述另一項思想資源，便可推論出來。二、在目前新的客觀情勢之下，政治利益必須更寬闊地加以界定，否則在政治上是對自己不利的。

中國人因受儒家與法家思想的影響，對政治往往堅持著兩極化的看法。從儒家的觀點來看，「政者正也」，政治只是道德實踐的具體的一面。從法家的觀點來看，政治是利用權謀與法令來獵取與維護統治者利益的活動。因為一家認為政治活動絕對不可有權謀的行為，另一家則主張，政治主要就是權謀的行為，所以在理論層次上，儒法兩家勢如水火，絕無溝通的餘地。而在實際層次上，政治行為卻往往表面上是儒家式的，暗地裡卻是法家式的。再加上法家本來就有帶有道家色彩的慎到一支（漢初黃老之術，更是道法兩家的結晶），因此自身更有陰柔甚至陰險的一面，影響所及，權謀自然更是要以心照不宣的方式行使了。權謀既然不能公開地被認定是政治行為的一部分，當然也就不能公開地被認定有其限制。所以，權謀的行使究竟是在什麼範圍之內最為有利，以及為什麼超過這個範圍，反而是不利的——這些細緻的考慮是馬基維利（Niccolò Machiavelli, 1469-1527）現實政治思想的要點之一，卻在中國現實政治思想傳統中，並不發達。近三十多年來發展出來的台灣客觀情勢，是中國有史以來前未曾有的新現象，這種新現象所呈現的客觀事實促使大家必須認清：政治上的權謀活動如不納入法治之內，從稍微長遠一點的眼光來看，有時在政治上是相當不利的，有時甚至是非常不利的。（法治建立以後，當然仍有政治活動；有政治活動，當然仍有權謀活動。但這些權謀活動通常是在法治的架構之內進行，這與在沒有法治的政治環境中的權謀活動，是不同的。）既然台灣社會演變出來的客觀事實，不能由主觀的意志所可硬加凌駕，那麼，政治領導階層就必須以順應客觀情勢的方式，來爭取與維護自己的政治利益。而順應客觀情勢的首要之務就是：**建立法治的秩序**。

至於第二項新的觀念——對於政治利益必須更寬闊地加以界定，否則，在政治上是對自己不利的了解——可先藉以思想敏銳著稱的英國哲學家休謨（David Hume, 1711-1776）對於「利己」之定義的討論進行之。休謨說，人們的行為雖然多是根據利己之念；但，對於「什麼才是利己？」的答案，卻是言人人殊。換句話說，人們在世間所作所為，雖然多是為了滿足自己的利益；然而對於自私如何界定，不同的人卻有不同的看法。把休謨這句名言所表達的思想方式運用到政治事務上，我們可以說：政治是很現實的；但，如何從事政治活動才能滿足現實的要求，卻因不同時代、不同環境而不同。在今天轉型的台灣社會，如把政治利益看得太窄，如仍用舊習慣把政治利益界定成「革命政黨」所了解的那個樣子，實際上對自己是不利的——也可以說是不夠現實的。執政黨由於本身歷史性格與傳統中國「權勢不可借人」的觀念的影響，過去經常是把眼前最易看到的實力當作最有利的實利，所以政治建設的著重點主要是在軍隊、情治、組織，與可以隨時配合政治決定的法令的頒布，即使法令之間彼此產生矛盾亦無所顧及（因為法令主要是為政治服務的，所以法令之間的矛盾並未對政治決定與政治活動產生多大障礙，雖然對政治的行政工作，卻的確產生了許多困擾）。政府遷台以來，執政黨對政治利益的界定，的確比大陸時代要寬闊了，它至少要把經濟建設納入政治考慮之中，這也是為什麼財經人才可以影響一些政治決策的緣故。在這方面，執政黨的政策，的確有許多進步。（但，特別注重經濟建設，相對地忽略了政治建設與文化建設也帶來了許多後遺症——法治之未上軌道、環境污染、生態破壞、色情污染、低俗文化之猖獗等——這些後遺症，今日已經威脅到了經濟的發展。）今天台灣的言論自由與對一般老百姓的人權保障，雖然仍不理想，但比五〇年代要強多了。然而，這種成績，給一般人的印象卻是：那是近二十多年來歷史演變的結果。當政者似乎是被動地、勉強地予以認可的，不像經濟建設那樣，是由當政者當初主動制定有效政策所導引的。

當然，任何政權都不能缺少軍隊、情治機構與法令的支持；當前的關鍵在於如何在維持眼前易見的實力與另一項政治建設之間取得平衡，這另一項政治建設是：開發使一般公民肯定的，政權合理性的資源（sources of political legitimacy）。如果過分相信眼前的實力，而忽略了這些實力——終極地說——是需要一般公民肯定其使用的合理性的；那麼，受統治的人民平時便沒有多大向心力。在緊急、非常的時候，只靠軍隊、情治機構，與為政治服務的法令是不夠的；何況，軍隊與情治機構的士氣，也要靠一般公民對於政權合理性的肯定來支持。那麼，開發使一般公民肯定的，政權合理性的資源，究竟是何所指呢？在今日台灣的客觀情勢之下，那是指：法治秩序的建立。法治建立以後，社會可有基本的公平；而維持基本的公平，則為維護社會秩序與社會成員的士氣的最主要的條件。尤有進者，法治建立以後，不但人權得以保障，而且社會成員的精力更易發揮。只有在法治之下，個人才有充分的自由；法治之下的個人自由，不但最能發揮個人的精力，而且也最易使社會在多元中有效地組織起來。[2]

2　「法治之下的個人自由，最能發揮個人的精力」，這個意思，我想現代一般中文讀者大概都能了解，並能同意。但下面所說的「法治之下的個人自由，也最易使社會在多元中有效地組織起來」，也許就不易被一般讀者所了解了。因為，它背後所根據的自由主義的社會理論，與中國政治思想傳統之間，差距是很大的。這個法治之下的個人自由能夠產生最有效的社會秩序的理論，是十八世紀蘇格蘭古典經濟學家與倫理學家們（亞當·斯密、佛格森、休謨等）在理論思維上的突破。在二十世紀以現代語言重述這項**自由產生秩序**的洞見的大家，當推博蘭霓先生與海耶克先生。我在這裡擬抄一段在別處登表過的，我翻譯的海耶克先生的話，藉之做一點初步的說明（海氏在文中亦曾徵引了一段博蘭克先生的話）：「人們的社會行為的秩序性呈現在下列事實之中：一個人之所以能夠完成他在他的計畫中所要完成的事，主要在於他的行動的每一個階段，能夠預期在同一社會的其他人士在他們做他們所要做的事的過程中，對他提供他所需要的各項服務。從這件事實也許執政黨中有的人會說，其實我們早已注意到你所說的那一套了。你所說的，不過是用了幾個新名詞來解釋一下我們從事政治活動的人都知道的常識而已。難道你不知道，我們的文宣工作嗎？而且我們現在的文宣工作，早已不搞念訓詞那一套了。我們的文宣工作早已配合時代的潮流，並已使用現代的技術了。其實，我們在爭取民眾向心力這一點上，是蠻現代化的。愛護執政黨的黨員，如以類似上述的說辭來解釋他們的工作，認為他們的工作實際上等於我所說的「需把政治利益界定得寬一些，把政治利益界定得讓它要包括開發政權合理性的資源」的話；那麼，他實際上未能在當前的情勢中愛護他的黨的利益；或者說，他由於受舊習慣的影響太深，以致在新的歷史環境中不知如何愛護他的黨的利益了。因為，用文宣工作來爭取人心，即使使用現代化的技術，在今天頗有多元現象，言論自由相當發達的台灣社會，其效果是很浮面的，很有限的。所以這種文宣工作並不是我所謂的「開發政權合理性的資源」的活動。

執政黨過去三十幾年在這方面最主要的活動，如前所述，是：主動地制定計劃性的自由經濟政策來發展台灣的經濟。然而政治領導階層如果現在仍把眼光只放在經濟發展上，不準備把政治利益界定得更寬一點，使它包括法治秩序的建立（與文化建設）的話；那麼，經濟發展勢將遲緩下來，甚至將遭受更大的內部危機。事實上，法治的建立不但可以納民主潮流於正軌，增進了執政黨的政治利益，而且也是經濟升級不可缺少的基礎。經濟發展目前已出現了瓶頸；如要突破瓶頸，改進經濟組織，使工業升級，目前首要之務就是法治秩序的建立。因為只有在法治秩序建立以後，從事經濟活動的社會成員才能從過去注重人與人的**直接**關係、使用人情關說、依賴家族經營、注重眼前利益以致與同業經常陷入惡性競爭的方式中走出，進入注重人與人的**間接**（契約）關係所形成的社會多元秩序，以便在這種秩序中各自發揮自己的才能，於追求自己所要達成的目標的過程中，產生了相互為用的效果，並增進了整個社會的財富。另外，

中，我們很易看出社會中有一個恆常的秩序。如果這個秩序不存在的話，日常生活中的基本需求便不可能得到滿足。這個秩序不是由社會成員服從命令所產生的；因為社會成員在這個秩序中只是根據自己的意思就所處的環境調適自己的行為。基本上，社會秩序是由個人的行為需要依靠與自己有關的別人的行為能夠產生預期的結果而形成的。換句話說，每個人都能運用自己的知識在普遍與沒有具體目的的社會規則之內做自己要做的事，這樣每個人都可以深具信心地知道，自己的行為將獲得別人提供的必要的服務；社會秩序就這樣地產生了。這種秩序可稱之謂自動自發的秩序（spontaneous order），因為它絕不是中樞意志的指導或命令所能建立的；這種秩序的興起，來自多種因素的相互適應，相互配合與它們對涉及它們底事務的即時反應，這不是任何一個人或一組人所能掌握的繁複現象。這種自動自發的秩序便是博蘭霓所謂的『多元中心的秩序』（polycentric order）。博氏說：『人們在只服從公平的與適用於社會中一切人士的法律的情況下，根據自己自發的意圖彼此交互作用而產生的秩序可稱之謂自動自發的秩序。因此我們可以說每個人在做自己要做的事的時候，彼此產生了協調，這種自發式的協調所產生的秩序足以證明自由有利於公眾。這種個人的行為可稱之謂自由的行為，因為它不是任何上司或公共權威（public authority）所決定的。個人所需服從的是法治之下的法律，這種法律應是無私的，普遍地有效的。』」F. A. Hayek, *The Constitution of Liberty*, pp. 159-160. 海氏所引博蘭霓的話，見 Michael polanyi, *The Logic of Liberty*, p. 159.

在政治漸趨法治化以後，法治除了可以提供經濟結構理性化的基礎以外，政治上放開手讓理性做主導導致法治化的過程，也將給企業界提示了一個人間事務經由理性化的努力而獲致成功的榜樣。（以法治為主導的社會，當然不是沒有問題的社會。人間不是天堂，任何樣子的社會都不是十全十美的。在那種社會中，人情自然比較淡薄，如果沒有深具意義的思想文化加以配合，當然可能出現強烈的「異化」（alienation）現象。然而，二分法——不是好的，就是壞的；不是壞的，就是好的——思想方式，在我們的討論脈絡中是排不上用場的。我們只能在衡量與比較各種可能的利弊以後，做一抉擇。）

根據以上的論點，我們知道，對執政黨而言，它如要與時俱進，如要開發資源，使其政權合理性變得更為充實以符合它目前客觀情勢下的政治利益的話，它必須主動地從事法治秩序的建設，並主動地倡導文化的建設。不可再以圍堵的心情與政策來應付民主的浪潮，而要以法治的秩序來疏導民主浪潮於正軌。不再以特權給予不法的商人，以為如此可以相互利用，而要以法治的秩序導使經濟組織的改進，與公平競爭的管道的暢通。

目前英美兩國，法治行之已久，對一般人而言，已成為生活上無從置疑的前提，所以法治的運作與文化之間的關係，從表面上看去，倒不一定存有一必然的有機關係。簡單言之，現在法治秩序仍運作良好，但文化上卻出現了許多問題，這些問題，至少到目前為止尚未侵蝕到法治的基本運作，雖然已有不少影響。但，我們知道，法治最初在歷史上的建立，是與文化（包括宗教與思想）和社會的進展都有極為密切的關係的。對尚未建有良好法治秩序的台灣而言，法治與文化的關係不可與目前英美法治與文化的關係類比；要類比的話，應比照其早期兩者發展的密切關係。易言之，如果我們要建立法治秩序的話，我們就必須同時謀求文化的建設——包括在思想與知識的指引下，精緻文化的倡導與大眾文化的充實。要求文化建設的理由，當然不只一端。除了文化建設與法治的建立密不可分以外，凡是認為人生需要積極意義的人，都希望生活在充沛、有生命力，有連貫性意義的文化之中，他們當然都希望文化得以進展。在今天台灣所呈現的四分五裂的文化之中，他們當然都希望政府與社會領導階層能夠領導大家從事文化的建設。

就以充實大眾文化為例，以現在政府之財力與海內外文化界與藝術界所能提供的資源而言，辦好公共電視是絕無問題的。這樣也可使觀眾在商業電視與公共電視之間有一個選擇。正當的休閒與娛樂方面，或許應該允許職業球隊的成立。不過，必須預防職業球隊可能帶來的種種弊端，如觀眾之間的秘密賭博、黑社會之介入等——這也是要先建立法治的秩序才成。

根據新聞的報導，最近這次選舉所呈現的文化品質的低落（甚至可以說，文化品質的墮落），已到令人怵目驚心的地步。傳統的社會與文化規範幾乎已全部蕩然無存，而實行民主所必需的個人責任感與社會紀律卻又沒有建立起來，所以在競選活動中所看見的是：黑函、毒誓、帶三字經的政見、粗鄙的人身攻訐（辱及對方的私生活、雙親、人格、學問、性器官）。

吳心柳先生謂之「語言暴力」。他說：「這些辭彙、文字、語法可說是把近年來經常出現在電視、歌廳、各級議會和若干政論性、內幕性雜誌中之精華，來一次『集大成』式的密集顯現。那些經常擔心大眾傳播媒體將因素質墮落、職業道德流失而終將傷害到社會的人，這次不幸在痛覺之中找到了實證。」假若上述新聞報導與評論是毫無渲染的話，那麼建設適合現代民主生活的文化，實在是到了刻不容緩的地步！對於這種建設，大眾傳播界、學術界與文化界，當然是責無旁貸的。然而，如果我們希望得到實質的成效，政治與社會領導階層之投入是必要的。

三、一般國民的基本需要

以上主要是從執政者的利益（與責任）的觀點，來說明法治與文化建設的必要性與優先性。從一般國民需要的觀點，當然這兩項建設也是必要的、急需的。舉例而言，在社會、文化與環境生態方面，因為過去習以為常的結構已經改變，它們都同樣需要法治秩序的建立才能解決日益迫切的問題。過去維繫中國傳統社會秩序的道德價值與人倫關係，在許多人身上已經疲竭或脫臼；但，新的社會秩序與價值系統卻尚未建立起來。台灣社會中，暴力與色情，甚為氾濫，「地下」的種種經營已猖獗到目無法紀的地步。商人背信輕義，捲款逃往國外的消息，幾乎是「常態」新聞。連自由職業中的醫師、律師、會計師、建築師都有不少人，自暴自棄地把自己看做不折不扣的營利動物，以各種手段榨取病人或顧客。根據一位評論家的意見，這種現象與社會中送「紅包」的行為很有關連。他說：「『紅包』的惡習使整個的社會成為寡廉鮮恥的社會，強迫大家『實習』做不要臉的人。這就是我們指責的『商人習氣』的根源。商人經過臉皮的鍛鍊，挾重金衝破一切道德的規範以獲取暴利，就成為理所當然的事。失掉了自尊，除了金錢與享受，還有什麼可以值得追求的呢？」今天台灣社會中一些人紙醉金迷、聲色犬馬的花樣，恐怕要使當年上海灘上的白相人都瞠目結舌，自嘆弗如吧！

政府為了鼓勵與刺激工商業的發展，早年無意或無法對環境與生態加以保護。但，今天台灣環境與生態的破壞與污染，已影響到島上每一個人。台灣發展了經濟，卻污染與破壞了環境與生態，所付的代價不能算不大；如不趕快改弦更張，對子孫後代而言，代價將可能是太大了！不知世界上還有哪一個國家的人民百分之九十以上都曾在十四歲以前感染過乙型肝炎，百分之九十五以上感染過甲型肝炎。根據台北市工礦檢查所的報告，勞工的身體情況與工廠衛生，一年不如一年，而所有營造業勞工的體檢，**全部都不及格**。台南灣裡「戴歐辛」的毒害，已遺禍到下一代：那裡孕婦產下無腦兒的比例，是其他地區的**五十八**倍。美國疾病管制中心認為土壤中「戴歐辛」的濃度在一ＰＰＢ時，就可能產生毒性，灣裡土壤中「戴歐辛」的濃度為**二三九〇**ＰＰＢ！現在台北與高雄空氣污染的程度也到了駭人的程度。如果繼續這樣下去，大家的子孫還能在這個島上生存嗎？

在這樣污染囂雜的環境中，許多人於追逐金錢、權勢與感官的享受之餘，已不知生命之中還會有其他的事情可以使他們得到滿足。換句話說，他們的身心已被他們所追逐的東西所奴役。這些人看來很是繁忙，但心靈卻寂寞得很，對他們而言，連語言都已經死亡了。據一位青年作者的觀察，台灣已經幾乎是沒有語言的社會：溝通感情和思想，與表達和探討意義的語言，已被策略性的語言和應酬性的語言所取代。大家除了忙著說應酬話與忙著使用彼此相互利用的策略性的語言以外，已覺無話可說。即使有溝通感情和思想的意願，也不知如何說起，久而久之，感情與思想也只有在內心中枯萎了。在這種情況之下，意見如有不同，很易懷疑對方的誠意或說話者的資格，自然也就沒有真正溝通的必要。既然不必溝通，如要解決不同的意見，不訴諸各種形式的權力的使用，還有什麼別的辦法呢？

在政治與文化建設未能配合經濟快速發展的台灣社會，我們更可從青少年的心理反應清楚地看到經濟快速發展對於文化的影響：《張老師月刊》曾對台北市八所國中與高中裡三百九十九名學生進行一項測試，了解「金錢」與「學問」在他們心目中孰重，結果「學問」略占優勢，以一百七十四對一百三十一的比數小勝，另外有九十四名學生難做抉擇。但在資本主義的美國，去年有一千一百一十名十三歲至十七歲的學生參加同樣問題的測試，結果「學問」與「金錢」的比數則是八百五十六對一百八十一。另外，台中縣豐南國中資優班三十名學生被詢及想當大企業家或傑出學者時，近百分之九十的學生（二十六名）要當大企業家。他們所持的理由是：如果他們有大企業家的財富與地位，就可支持很多有天才的人變成傑出的學者。（殊不知，在大家都要做企業家的時候，哪裡還能在社會上找到要做學者的人來加以支持呢？而這種緣飾的解釋所顯示的在幼小心靈中的世故與機巧，尤令人怵目驚心。）這種以追逐金錢與權勢為主要基調的社會風氣，也可從一位學術界人士在執政黨總理紀念週上的報告，得到旁證。他根據具體的統計資料指出：台灣地區平均每人一年花在書籍上的費用，只有四十多元。這個數目還不夠喝一杯咖啡。國民讀書風氣低落到如此地步，與過去經濟上的快速發展，都可稱之謂「奇蹟」。

從以上簡單敘述的社會、文化與環境生態方面日益嚴重的問題來看，我們如要解決這些問題，首要之務就是建立一個法治的秩序，以及經由「創造的轉化」的過程，建立一個與中國精神傳統和西方自由精神傳統均能銜接的，屬於現代中國的文化。這兩項工作是需要政治領導階層以最大的智慧與最大的勇氣，利用本文所論述的兩項新觀念，在態度與取向方面做基本的改變以後，大力推行的。但在實際運作的層次上，他們根據改變了的態度與取向，卻需熟慮各方面的輕重緩急，以漸進的方式進行為佳。

我的這項呼籲，雖然符合執政黨領導階層的自身利益，並是一般國民理性的需求，但提出來以後，卻使人覺得多半只是筆者個人的奢望而已。因為這與執政黨過去的習慣太不合了。順應客觀的情勢，建立法治，推行民主，在實際層面蘊涵的意義是：許多政治事務不再可能由領導中心直接或間接地完全控制；而且，在法治之下，許多機構相互制衡，也會給受「革命政黨」舊習慣影響很深的人，一種沒有效率，甚至將要鬧得四分五裂的恐懼。（實際上，真正實行法治的國家，是最有效率的國家。但這不是受「革命政黨」舊習慣影響很深的人，所能了解的。）而這一切都與「權勢不可借人」的傳統不合。其實，根據本文的分析，如果執政黨能徹底建立法治與推行民主，在今日客觀情勢之下，它實際上確實開發了它底政權的合理性的資源，所以它不但不會失去政權，而且能夠在領導台灣進步的過程中更可鞏固它的政權；雖然，它持有政權的形式將要改變。但，人受心理的影響很大，有時在關鍵的時刻，理性的了解反不如心理的因素更能影響人的決定。因此，執政黨領導階層在決定改變基本態度與取向的時候，大概需要一點冒險的精神。目前的台灣，已到了非徹底改革不可的時候了。種種「多元」現象，其中有的成分雖然可能變成進步的資源，但如無法治做它們發展的基礎，將可能導致整個社會的「脫序」（anomie）！所以，在這個關鍵的時刻，政治家們拿出一點冒險的精神來，是必要的、值得的。

本文主要是根據執政黨的現實政治的考慮與一般國民的需要，來談法治的建立與文化的建設的必要性與優先性。換句話說，我主要談的是：應該如何。至於政治領導階層在徹底決定把法治的建立與文化的建設作為優先施政的重點以後，實際的具體步驟究竟如何才能產生實效呢？法治建設的基本原則當然是：一、一切法律要逐漸與憲法的精神與條文不生牴觸；二、法律之間，不存矛盾；三、法律必須能夠徹底地、公平地執行。政府應成立人數不可太多的「法治推進委員會」，網羅傑出的憲法與其他方面的法律專家，充分授予權力、並給與資助與支持，使他們能夠開誠布公，從長計議，做成決定後，由政府大力推行，並於推行的過程中，隨時調整沒有太大效果的步驟。至於文化建設，當然也要根據具體情狀，在精緻文化與大眾文化兩方面均不偏廢，按部就班地努力。最近看到吳心柳先生建議政府應效法英國與美國政府，由政府「捐」出錢來，成立類似 British Council 或 National Endowment for Arts, National Endowment for the Humanities，獨立於行政系統之外，由國內外專家智者，設計一套深遠、細密、現在動手，十年後方能看得出、享受得到效益的大計劃來。文化建設當然也是頭緒萬端，其具體步驟，按吳先生之建議，由政府率領民間「捐」出錢來成立「基金會」徹底設計細密的計劃，我覺得是切實可行的。

其實，我們在這兩方面的專家學者，可說人才濟濟，他們目前卻是英雄無用武之地。曾在報上看到一位在政府任公職的人士說：「我們的社會可比作一列柴油火車，因火星塞失靈，不能供應火花，整個列車，雖有強大的馬力，卻不能發動。」政治領導階層如能徹底改變其從事政治事務的基本態度與基本取向，那麼自然可提供火花，領導列車前進無阻。執政黨如能領導全國建立法治、推行民主、發展文化；這種寶貴的經驗不但將使在台灣的中國同胞感到幸福與驕傲，而且對大陸同胞也可提示一個實質的榜樣。這樣執政黨對中國歷史可以交代，對中國人民可以交代，這也是中華民國自存的理由與道路。[3]

一九八五年十二月十二日於麥迪遜

（原載《中國論壇》第二四九期，一九八六年二月十日）

3 我在本文中說：「由於中國歷史傳統的影響，中國政治領導人物們對歷史發展所產生的功能，往往大於社會中其他範疇裡的人，他們的歷史責任也因此大於別人。」然而，我在最近發表的，論政治秩序的兩種觀念的另一文中，曾說：「我們應先放棄一般中國人約定俗成的舊觀念——認為一切重大的改革，都需要政治領袖出來領導才能奏效。今天台灣的社會、經濟的發展與教育的普及已經可能使我們開始運用社會的力量來建設法治、自由與民主底制度的與社會的基礎了。」這兩個說法是否自相矛盾呢？在本文中，我是站在執政者們現實政治利益與一般人民需要的立場，呼籲執政者們主動地下決心，領導全國上下建設法治與發展文化。在另一文中，我的立場是，我們不可把希望完全放在執政者們的領導上。如果他們**不主動**地領導大家從事法治的建設；我們應該利用前未曾有的政治、經濟、社會與文化的條件，奠立法治建設的社會基礎，使執政者們**被動地**不能不順應客觀的環境與客觀的要求，從事法治的建設。所以，兩文的立場，並不矛盾。在人世之間，究竟是執政者們的重大決定，抑或社會、經濟、文化等客觀因素影響歷史的進展較大呢？這是極為繁複的問題，我在這裡，無法細論。但，即使堅持社會決定論或經濟決定論的人也不會否認，在短程之中，執政者們的決定，是能左右歷史發展的軌跡的；而他們的決定也不可能完全化約為社會的力量或經濟的因素。至於執政者們是否能夠採納我的呼籲與建議，那要看他們的智慧、氣度與魄力了。

五

紀念「五四」六十五週年

時光荏苒，「五四」至今已經六十五年了。我們回顧這六十五年的歷史，心緒難免上下起伏，百感交集。一方面，我們覺得「五四」是現代中國歷史上一個光輝的里程碑：作為中國的啟蒙運動，它承先啟後，正確地揭櫫了中國思想、文化、政治與社會的進展的方向——對外爭取民族的獨立與國家主權的完整，對內要求理性的發揚和自由、法治與民主的實現。但，另一方面，由於五四人物所依據的資源過於單薄，而自身又是「多會呼叫，少能思想」，以致在實質層面，他們的言論，往往是混淆的、扭曲的，反映了自己意識的危機多於真正思想的啟蒙；而發揚理性與實現自由、法治與民主的成績，這六十五年來，客觀地說，也是很有限的。

五四精神、五四目標與五四思想在台灣近三十五年的發展，則呈現著甚為奇特的現象。在五〇年代，因為歷史斷層的緣故，「五四」的一切，對於許多人而言，是很隔閡的。五四的精神與理想，在那個時候不絕如縷，其香火之所以還能傳遞下來，主要是依靠少數幾位知識界的領袖——如殷海光先生等——孤獨的奮鬥。但，正因為大多數人對「五四」是無知的，「五四」在思想上的一些錯誤，在六〇年代竟然又如火如荼地重複了一次。（全盤性否定傳統主義與其衍生的「全盤西化」論——這些大概只能發生在中國的謬論——被當作中國現代化首先需要經過的道路；堅持這些看法的人認為，中國思想、文化、政治與社會的現代化必須以對傳統的全盤性的否定與「全盤西化」為前提。）後來，一些從台灣去美的知識分子所參與的「保釣」運動，則變為盲目的民族主義與左傾幼稚病糾纏在一起的重演。因此，概括地說，從五〇年代到六〇年代末期，因為五四精神、五四目標與五四思想尚未獲得經由學理的分析而得到可以對之加以分離的了解，一些在台灣從罅隙中與「五四」銜接的知識分子遂把五四思想中形式主義的謬誤當作啟蒙的資源，他們花了許多精力昂揚地去重複其錯誤。

但在七〇年代初期，情況開始漸漸地徹底改變了。我們知識界的一些有心人士——尤其是有理想的青年朋友們——一方面能夠繼續堅持以中國知識分子特有的入世使命感為主的五四精神，並繼續追求五四的目標（理性的發揚和自由、法治與民主的實現），但另一方面，他們卻能邁出五四思想的藩籬。這種在繼續持續五四正面的使命的過程中從五四負面的影響解放出來的轉變，得來不易。它的原因很多，此處無法詳論。我在下面僅擬略舉三端，簡約述之，不求周全。

第一，一些傑出的、認同於中國文化資源，展示中國人的尊嚴的「鄉土文學」的作品，在七〇年代初期前後，舊的被重新發現，新的則脫穎而出。（當初並沒有這個名詞；後來這個名詞的出現，並不是只有好處，沒有壞處。被認定是「鄉土文學」的作品也有不少膚淺、庸俗之作。我在這裡只是以約定俗成的方式用它來指謂那幾篇在知識界、文化界大家共同喜愛的傑出作品。）這些作品呈現了植根於中國文化中具體而特殊的，中國人生活的實質意義。它們提供了不少資源，這些資源增強了讀者們實質地去了解中國文化所需的「未可明言的知識」（tacit knowledge）。根據這種知識去面對五四式全盤性否定傳統主義與「全盤西化」論，自然不難感到那種受中國傳統一元論思想模式之影響而產生，把中國傳統與西方現代截然二分，以為兩者絕無溝通、融會之可能的看法，是不對勁的；在「創造的轉化」論尚未在中文世界出現之前，一般關心中國未來的青年讀者，也許尚未清楚地知道五四全盤性否定傳統主義與「全盤西化」論，雖然主觀上來自強烈要求擺脫中國傳統之影響的意願，但事實上，卻主要是由於無法從傳統一元論的思想模式的影響中解放出來的緣故。因此，這些青年也許一時拿不出一套系統性的論式來批駁五四思想的謬誤。但，因為那些傑出的「鄉土文學」的作品，有力地展示了在具體生活層面，中國人的尊嚴是與傳統文化質素有千絲萬縷的關係的，所以讀者們在閱讀之餘，與自己的切身經驗相印證，於潛移默化中自然產生了拒斥五四式思想謬誤的資源。

在七〇年代初期也出現了對現代詩的批判運動，雖然關心新詩發展的讀者群並不太大，但這個自覺性的，批判把崇洋當作創作手段的運動，在文化界餘波蕩漾，對七〇年代在台灣的文化意識的轉變也是有歷史性的貢獻的。

第二，七〇年代初期正是中華民國退出聯合國與台灣經濟起飛的時期。我們在國際上受到了嚴重的打擊，於風雨飄搖中自覺什麼事都不能依靠別人，只有自己站起來才能算數。民族主義的情懷雖然不能解放文化與思想的問題，但它促成了尋根的運動。在尋根的運動中，「雲門舞集」的創立，是一個傑出的代表。它以西洋的形式與方法，創造地轉化了中國傳統的題材而不失其純正性與完整性。事實上，它是一項對中國傳統進行「創造的轉化」的成功的實例，雖然這個名詞當時尚未流行。

在國際上失利的同時，我們的經濟卻在突飛猛進。經濟的成長促進了社會的安定與富足，加速了中產階級的興起與教育的普及，而中產階級的興起與教育的普及又促進了大眾傳播媒體的快速成長。這一切都顯示了社會力量的增強，政治控制社會的力量也相對的減低。同時，政府在外交失利以後，為了刺激社會的活力或由於其他外人不知道的原因，也似乎有主動放寬對於言論自由限制的跡象。在這些客觀的條件相互激盪之下，台灣社會自七〇年代以來產生了兩個重要現象：一、黨外運動的興起；二、自由學人的言論為大眾傳播媒體所重視。

黨外運動目前正面臨著在現有的限制與在有限的資源之內如何突破還沒有太成功就已產生了內部危機的關鍵時刻；即使在過去昂揚進展的時候，也因部分人士夾雜著褊狹的「地方意識」，它的某些方面的主張，是與「五四」所要維護的民族獨立與完整的立場和「五四」的開放的啟蒙精神有相當出入的。但，黨外在實際層面為爭取自由、人權與民主的奮鬥，卻有劃時代的意義。它的貢獻，是應該給予肯定的。在政治層面如要實現自由與民主，歸根究柢，必須實行政黨政治。如果在不久的將來，經由黨外的奮鬥與執政黨政治智慧的成熟，在中國的政壇上能夠出現兩黨政治，那麼我們可就真的從轉型期邁向民主憲政了。不過，法治是政黨政治實際運作的必要的基礎；談到法治的建立，在這方面急待努力的地方是很多的。

在台的自由學人，自七〇年代初期以來，透過大眾傳播媒體為自由、理性、法治與民主所做的持續不斷的呼籲，正如黨外運動一樣，是維繫五四理想（目標）於不墜的原因之一。雖然他們之中的一部分人士，在提到中國傳統之時，經常採取整體性的否定態度，[1]他們採取的立場，與五四全盤性否定傳統主義甚為近似，總是認為中國傳統與現代化不能相容——從這一理路推演下去，他們很難考慮如何轉化傳統資源以促進現代化的問題；另外，雖然他們之中的一部分人士採取行為科學的觀點來提倡自由、理性、法治與民主，殊不知以實證主義（positivism）為前提的行為科學與純正的自由主義是有許多衝突的；但，這些學術上的理論問題，並不影響他們在七〇年代的台灣所做的實際貢獻。因為自由、法治與民主在當時主要仍是未來的理想，在這種理想尚未實現之前，透過大眾傳播媒體強調這種理想的重要及其可行性，便已為維繫此一理想於不墜做出了貢獻。至於其理論與理想本身所存在的矛盾，因理想尚未實現，故隱而不顯，在這一階段，並未造成多大問題。何況在現實層面，他們的建議與言論（如堅持民主憲政原則，倡導「程序理性」等）經常提供了在轉型期的台灣社會急需的、具有時效性的輿論。所以，他們的貢獻也是應該給予肯定的。

黨外爭取民主的政治運動與自由學人為實現自由、法治與民主所做的呼籲，在意識層面已經獲得了相當令人欣喜的成果，現在大家對於這些理想的看法，已經有了相當的共識。現在大家都知道，每個人都有與生俱來的、不可出讓的天賦人權，政府的最重要的責任之一就是保護人權，司法應該獨立，選舉必須公正公平公開，反對意見並非動搖國本，法治是「法律主治」

(rule of law),並不是法家思想所謂的「依法而治」(rule by law),政治的制衡是為了防止權力的腐化等。這些過去莫衷一是,甚具爭論性的問題,都已從辯論走到結論。這種成就,一方面得歸功於政府的進步,另一方面則應歸功於黨外運動與自由學人不懈的努力。(至於有了共識以後,這些理想有多少得以具體地實現呢?這當然是另一問題。)

對於關心未來的青年知識分子而言,自七〇年代初期開始,五四精神與五四理想之所以能夠從上一代傳遞給他們,主要是靠這兩方面的貢獻;但,他們在繼續秉持五四精神,為五四理想奮鬥的時候,卻不一定同時採取五四一元論的思想模式,把傳統與現代劃為不能溝通、不能融會的兩個實體,或一些黨外人士的褊狹的「地方意識」,或一些自由學人的實證論與行為科學的觀點,因此,他們為五四理想所做的辯解,以及為其實現所做的努力,至少在理知層面,變得靈活而有力多了。之所以如此,除了與上述第一項的因素有關以外,也可能與下述的第三項因素有關。

第三,自七〇年代中期以後,由於種種機緣,一些在海外從事中國思想史研究的人,開始

1 整體性的否定,並不是整體的否定。中國數千年的傳統文化,緜長繁富,沒有任何人會有時間與精力將其中每一部分均加否定而達到傳統文化整體否定的結果。所謂整體性的否定,是指批評者在每次提到中國文化傳統之時,總是採否定的態度,我們看不到他們在批評傳統的時候,曾做任何限定與斟酌。

用中文在國內發表他們對中國近代思想變遷的看法。因為思想史本身必須以綜合的——套用時下流行的術語，科際整合的——與比較的方式從事，才能有希望得到一些成果，另外，因為海外客觀的環境使他們無形中與他們所關心的問題產生了相當的距離，不致捲入國內日常迫切的問題與人事和感情的糾纏，所以比較能夠冷靜地考察中國五四前後的思想特性與成因。而在汲取綜合的與比較的資源的時候，雖然他們接觸的哲學、史學、社會科學、文學與神學的各家學說並不一樣，但他們卻都受到了韋伯的影響，所以很自然地從五四以來在國內學術界占有優勢的實證論與實驗主義的籠罩下解放出來，看事情自然比較曲折，不採化約主義的簡單方式。在這種情況下，他們一致肯定了傳統與現代之間的辯證關係；而他們在肯定一些傳統質素具有現代意義的觀點上，雖然與新儒家的一些看法有滙通之處，卻自覺地要避免掉入在傳統中「找安慰」的陷阱。他們肯定了五四精神與五四理想，並肯定了五四反傳統運動中對傳統中的罪惡與缺失的揭發與嚴斥的正面意義，但卻不採五四式的二分法，認為傳統與現代彼此之間沒有滙通之處。他們從事史的分析以後，對中國思想與文化之未來的發展，提出了「中國文化與現代生活不是互相排斥的實體」、「中國文化重建的問題，事實上可以歸結為中國傳統的基本價值與中心觀念在現代化的要求之下如何調整與轉化的問題」、「對中國傳統進行創造的轉化」、以及「以傳統批判現代化、以現代化批判傳統」等等看法。這些原先在海外學院中的研究所得，自七〇年代中期以後，藉著蓬勃發展的大眾媒體的傳播，使得許多讀者得以接觸。學院中的理論與大眾傳播如此密切地配合，在世界各國都是少有的現象。從五四的傳統來看，則是其入世精神的具體展現。

透過以上三項因素與本文未能述及的許多其他因素的相互激盪所造成的影響，關心中國未來的年輕知識分子，一方面肯定了中國文化傳統中許多具體而特殊的質素在現代中國人生中正面的、實質的意義，另一方面他們卻能在繼續堅持五四的精神與理想的同時擺脫了五四思想的謬誤。對傳統中國文化與思想不採全盤性的否定態度，自然容易了解其精髓；對西方文化與思想不採「全盤西化」論的觀點，自然不易被其鎮懾，因此，也自然容易了解其各種質素的實質意義，並把相關的成分消化之，據為己用。從這個觀點來看，當代關心未來的知識分子，已經以邁出五四的事實，辯證地光大五四的傳統了。換句話說，五四傳統中對後世所形成的障礙部分已經被打破，而五四精神與五四理想卻在五四障礙打破之後獲得了強化與實質地實現的可能。今後中國知識分子，在學術思想的範疇之內，可以自由自在地，以問題為中心，更深切地接觸西方的學術與中國思想與文化的資源，為明日的中國文化而努力。

這種新的努力方式，事實上，已使年輕一代知識工作者獲得了初步的、令人欣喜的成果。從表面看去，這些成果是零散的，不像五四時代的許多主義有其「系統性」；但那些主義，大多是「意締牢結的」（ideological）與形式主義的謬誤的反映而已。這些新的作品卻能紮實地、針對問題、根據有生機的學理、提出了資源性很高的見解。在知識界，下一步則是根據現有的基礎，每人圍繞著自己關心的問題，做加深加廣的專業研究，希望在未來的十年之內，有不少理論深邃、獨當一面、大部頭、系統性著作的出現。

（原載《中國時報》〈人間〉副刊，一九八四年五月四日）

中國自由民主運動的回顧與前瞻

我今天主要想講的是：「五四」前後，中國五代知識分子對自由民主的看法，這些不同的看法對後來知識分子的影響，以及「自由民主」在中國的意義為何，將來應採什麼對策及態度以克服發展的困難。

簡單地說，「五四」前後中國第一代知識分子可以康有為、梁啟超、譚嗣同、嚴復為代表。第二代可以陳獨秀、李大釗、魯迅、胡適、梁漱溟為代表。蔡元培則是介於第一代和第二代之間。第三代可以毛澤東、周恩來、傅斯年、羅家倫、段錫朋為代表。第四代可以殷海光為代表，到現在則是第五代。

一、自由民主觀念的引進——第一代知識分子

康有為、梁啟超、嚴復領導中國知識分子探討西方自由民主對中國的好處。原來中國並無自由與民主的觀念。他們引進這些觀念的目的，主要不是為了自由，也不是為了民主。因為他們並不很明瞭自由與民主深切與複雜的內涵和問題；從他們的教育背景來看，這是不可能的。但他們看到實行自由與民主的英國是世界上最強大的國家，也是最有秩序的國家。他們希望引進自由與民主的觀念與制度，因為他們覺得這樣可使中國國富兵強，這樣可以解決內憂外患的問題。自由民主只是他們認為的富國強兵的手段。例如，梁啟超認為社會如有自由，個人的能

力可不受限制，得以發揮，社會力量就因而增大，所以要對抗帝國主義，就要靠自由與民主。梁氏因而提倡「群」的觀念，主張「去私崇公」，建立公民觀念。這樣的看法與西洋追求自由的理由正好相反。英美崇尚自由的目的主要是為保障人民個人的自由。而梁啟超所主張的民主與自由則是為了國家的強大。不過當時雖然將自由、民主誤認為工具，但引進了自由與民主的口號，討論了很多基本的中國社會問題，而且，如果斷章取義地看他們的言論，也有與西方純正自由主義相合的地方。

在第一代與第二代之間有蔡元培先生。他認為只有在自由的環境下才能對人、對學術尊重。真理只有在自由的環境中辯論，才能尋得。這樣的想法與中國儒家所謂的「三綱」是有衝突的。他擔任北大校長任內，雖然僅是短短兩年多的時間，卻使北大學術自由的風氣得以發揚，實為中國學術史上光輝的一頁。蔡先生一生雖然沒有發表過有關的高深理論，但他卻從力行中發揚了自由主義的真精神，使中國知識分子具體地接觸到純正自由主義的一面，看到了自由主義光輝的一面。

二、激烈的反傳統思想——第二代知識分子

第二代知識分子以陳獨秀、胡適、魯迅等為主。在「五四」時代初期，第一代的思想，或

已被接受，或已被擱置，已不是重要的主流。當時的主流是激烈的反傳統思想。他們要從傳統的壓抑中解放出來。個人主義提供了一個對傳統抨擊的工具，因此當時許多人提倡個人主義。換言之，當時個人主義的高漲主要是為了反傳統思想的需要。後來，反傳統思想，總體地說，逐漸失勢（因為民族主義的高漲），雖然在某些小圈子裡仍然占有絕大勢力；個人主義的聲音也就因此而減低。概括地說，個人主義的興起主要是為了幫助反傳統思想，而反傳統思想是當時的主流。

三、以自由民主為宣傳工具——第三代知識分子

第三代知識分子以毛澤東、周恩來、傅斯年、羅家倫及後來的費孝通等人為主，其中又有左右派的分野。他們主張以左派或右派的「意締牢結」（ideology）來打倒帝國主義，主要的目的是要建立一個現代的國家，來達成民族主義的要求。

當時的左右兩派各以不同的主張與辦法來謀求現代國家的建立。姑且不論他們的主張內容，他們有一個共同的趨勢，那就是都受到了列寧的影響，要用現代「意締牢結」和組織能力去從事政權的建立，遂產生了「革命政黨」的觀念和組織。又因為政黨的組織需要很多人參加，所以它們便運用政治宣傳及組織的力量吸收很多人參加「革命政黨」。自由民主的名詞就

在這種情況下，被誤用而成為宣傳工具；這樣，自由民主的真義便更落空了。

不過在當時，仍有知識分子在提倡自由民主。我現在可舉兩個例子。一個是費孝通先生，一個是梁漱溟先生。費孝通先生主張費邊社式的民主，提倡建立福利國家。雖然他對中國的關心令人欽敬，但他的看法卻有一個問題。因為建立福利國家的前提是：假設已有一個強大的、有效率、有組織的國家。然而在當時，強大的國家並未建立起來，又有左右派的鬥爭，所以福利國家的民主理想是無法實現的。

梁漱溟本是第二代的人物，但他的言行在第三代興起以後，仍被注意。他希望以中國最優美的儒家精神繼往開來。梁氏以堅苦卓絕的精神，主張村治，組織農民合作社，建立草根式的自由民主。這個理想很好，但嚴格分析起來，卻有兩個基本的問題：第一，村治是以儒家的思想來推行民主，但民主必須建立在法治的基礎上；法治卻不能從主張人治、德治的儒家思想中找到理論的支持。第二，當時梁漱溟是在軍閥韓復榘的手下推行村治，所以無法得到穩定的支持，隨時都可能因得不到韓的支持而終止。換句話說，梁氏所推行的村治，並沒有政治的基礎，僅憑著儒家的使命感來推動村治，是根本不可能的事。

在第二代和第三代之間，有一位過渡人物，那就是胡適之先生。胡先生一生堅持民主，不管時代如何變，軍閥如何猖獗，他總是主張民主，自稱是一個不可救藥的樂觀主義者。從思想的層次來看，他的思想呈現著一個基本的錯誤。胡適是一個相信早期杜威主義的人；早期的杜威對於自由民主的辯解，主要建築在實用的觀點上；胡適沿用了這個實用的概念，但卻忽略了歷史環境的不同，以致犯了倒果為因的謬誤。杜威以實用的觀點為自由民主在美國的環境中辯解，認為自由民主的生活方式最能解決生活中的各項實際問題。這個杜威又稱之為「實驗主義」或「工具主義」的觀點是事先預設（assumed）著美國的法治與民主的傳統的。當初美國法治與民主傳統的建立與演進是與美國早年的宗教、政治、思想及文化息息相關的；這牽涉到對自由民主的價值的肯定與歷史演進的複雜過程。換句話說，美國法治與民主傳統的建立，最初並不是根據杜威的實驗主義的觀點來進行的。杜威哲學是以美國穩定的法治，自由與民主的政治與文化傳統為背景的。美國民主與自由傳統的演化的結果之一，是杜威哲學的興起。這個作為民主傳統之結果之一的杜威哲學，到了胡適的手上卻變成了在中國促進民主的因素。不管外在的客觀情勢如何變，他總是說民主對中國最為有用。他卻從未深切地考慮過如何使自由與民主在中國泥土上生根的問題。易言之，他之所以能夠終身做一個不可救藥的樂觀主義者，主要是因為他從未深切地面對問題的緣故。不過，從客觀的觀點來看胡適的影響，卻不能不肯定他的一些貢獻。因為胡適一生始終提倡自由與民主，又因為胡先生的文章很淺顯，連中學生都可以看得懂，所以在宣傳的層次上，他對民主自由的確做出了貢獻。許多人最初對民主的粗淺認識是得自他的著作。

另外，傅斯年先生一生言行的意義也值得一提。傅先生民族的觀念極強，但卻不盲目地做以民族主義當作宣傳基調的任何政治勢力的奴隸。他有膽識、有見解——從他給胡適的許多書信中，可見一斑；基本上，他是一個相當純正的自由主義者。但在左右政治勢力鬥爭與分化的環境中，也只能選擇做右派政治勢力的諍友。不過，他的諍言，多半沒有發揮效力，雖然政治人物對他還算禮遇。從他帶有悲劇成分的一生，可見在沒有政治、經濟、文化的基礎上，提倡自由與民主是多麼的艱難。

四、以實踐凸顯道德尊嚴——第四代知識分子

第四代知識分子就是第三代知識分子的學生，如先師殷海光先生等。殷先生原本是民間右派的重要人物。他雖然在理論上沒有重大的建樹，不過殷先生由右派轉變成為自由主義者的過程是非常了不起的。因為在二十世紀中國左右政治勢力鬥爭與分化的過程中，原先持有自由民主信念的中間人士轉變為左派或右派的，頗有其人，原先是右派，後來轉變為自由人士的則很少；有之，則殷先生是一個重要的代表。這種轉變是要靠強大的道德力量支持的。殷先生除了在思想上肯定了自由民主的價值，並具體地在言行之中力行他所主張與信服的自由與民主。因此，他為中國的自由民主運動賦予了道德的尊嚴。他認為自由民主的理想不可在強權的壓迫下屈服。他以「威武不能屈」的道德力量，提倡自由與民主，影響自然很大。

現在我想談一談，中國推行自由民主的困境是什麼？過去四代知識分子雖對自由民主的提倡都做出了貢獻，但他們的步驟卻顯得相當地紊亂。

但「物有本末，事有終始」，要實現民主，必先建立法治。什麼是法治呢？法治是「以法主治」（the rule of law）的意思，並不是指「依法而治」（the rule by law）。換句話說，一個政府管理眾人之事的行為，即使皆根據法律進行之，卻並不一定可稱之謂法治的政府，因為專制的政府也有其法律。關鍵在於法律本身是否合法，合乎民意，以及普通法院是否能完全獨立於政治的影響，獨立地審理案件與執行判決，包括對政府機構被控案件的審理與判決。法院必須高於政治，而不是為政治服務的。

法治必須符合兩個條件：第一，法治之下的基本法律必須是抽象的——沒有具體的目的，不為任何政治團體服務的。第二，法治必須是公正的，普遍地有效的，也就是法律之前人人平等。這樣的法治有兩個效益：一、它能建立自由社會中的社會秩序——既開放又穩定，既自由而又有組織的社會秩序——這個社會秩序最能發揮每個社會成員的精力。二、它最能符合道德的原則，因為它是建立公平社會的基礎；它也最能保障人權。落實而言，多一點法治，就多一點自由民主的實踐；只有在法治之下，才能實現真正的自由與民主。

六、下一步驟該怎麼辦？

最後我想談一談，如要實現自由與民主，下一步驟該怎麼辦？根據以上客觀的分析，身為一個關懷自由與民主在中國前途的知識分子，很容易產生悲觀的想法。不過，我不敢悲觀；況且，我們也可看到一點曙光。現在的台灣，在爭取自由民主的過程中，採取了很多浪費時間的方式。不過最近幾年有一個重要的消息，那就是「消費者文教基金會」的成立。這個基金會在當初成立的時候，曾受到很多的阻力與打擊。不過現在已漸漸形成了一股社會的力量，並能促請內政部制定消費法。這種情形在過去是不可能的。可見中產階級在台灣已自覺地建立了一個小據點，爭取自身權益的活動已經發生了。

「消費者文教基金會」並不是一個政治團體。它只是一個為爭取與保護消費者的權益的民間組織；表面上看來，它並沒有政治意義。但它的茁壯與發展卻間接地能夠促進與消費者有關的合乎法治的法令的訂定與執行。如果社會上的其他人士，能夠組織起來，像「消費者文教基金會」那樣，爭取與他們有關的其他權益；那麼，與這些權益有關的法治秩序也可能漸漸地建立起來。法治的秩序，很難由政治鬥爭中建立起來。它必須建立在社會、經濟與文化的基礎上。從表面上看，我的論點與大家關心的政治問題、政治改革，過於疏遠。然而，如要在穩定中完成合理而必須的改革，就得拋棄唱高調的習慣，從基礎做起，逐層逐次地建立法治秩序。有了起碼的法治秩序，才能談開放黨禁等政黨政治的問題。我這種「低調哲學」，從長遠的觀點來看，也許是比較實際的。

七、中國知識分子的使命感

從這個觀點出發，我們就必須檢討一下中國知識分子使命感的問題。中國知識分子主張自由民主，主要的動力來自使命感。所謂「使命感」就是指：知識分子覺得活著不應完全為了自己，應該時刻關懷中國的未來。但使命感雖然是一個動力，本身卻不能解決問題；如果使命感沒有正確的導向，反而能夠破壞事情，甚至造成許多新的問題。今後中國知識分子，如果是真心關懷中國的未來，就必須訓練自己貫通於熱烈與冷靜之間，這樣才能真正成為民族復興的資源。

八、問題與討論

問：知識分子的使命感應如何培養？應走向何方？是否能尋得領導人物帶領？

答：中國問題，很難解決。知識分子很難改變中國歷史的洪流。我個人認為知識分子最重要的使命，就是盡量把問題看清楚，中國知識分子過去強調天人合一，認為「人」的內在有極大的——幾乎是無限的——資源和力量。所以張載可以說：「為天地立心，為生民立命，為往聖繼絕學，為萬世開太平」。這樣的看法，從中國思想發展史的觀點來看，當然有其意義，也可了解。不過，從比較思想史的觀點來看，張載所謂人可「為天地立心」，那是對人的能力過於自信了，自信到了唐吉訶德式的地步了。從基督教的觀點來看，這種自信幾乎取代了上帝的地位，是可笑而不可饒恕的。（當然，從儒家的觀點來看基督教，它也是可笑的）。中國知識分子受了自身精神傳統的影響，自然覺得自己有能力解決一切問題。我個人是不贊成這種浮誇的看法的。如前所述，我個人認為知識分子最基本的責任是把問題看清楚，並誠懇地、負責地告訴大家。要把這樣一件事做好，已是相當不容易的了。當然，如能進一步提出切實可行的改革方案，自然也應負責地提出來。

我覺得這個問題所提出的——希望能找一個領導者的意見，並不是要崇拜權威；而是：假如有一個人能提出一套理論，再經由理性的驗證，確定這個理論的可信度，也就是經由理性的探討，自然形成一個思想中心，這對自由民主是有正面的功能的。否則自由民主可能會帶來一種錯覺，這個錯覺就是：把每人都有獨立判斷的「權利」當作每人都有獨立判斷的「能力」。這樣反而形成一種教條式的民主，而帶來了害處。

問：為什麼知識分子對近代中國的影響不大？

答：事實上，影響近代中國最大的有兩種人，一是政治人物，一是知識分子。但我剛才卻說知識分子對政治的影響很小。那麼，我講的究竟是什麼意思呢？二十世紀中國的左右兩派政治運動，在未定型之前，知識分子都對它們發生過很大的影響，如光復會中的章太炎對右派政治運動的初期以反清為主的民族主義的塑造，以及李大釗、陳獨秀對左派運動的塑造。但，當這兩個政治運動變成了政治勢力以後，沒有實權的知識分子的影響力便變得很小，微不足道了。至於自由主義者，從胡適到傅斯年到殷海光，雖然在文化上的確為理想保持了一點聲音，但在政治上向來沒有發生過多大的影響。

（一九八五年五月四日明尼蘇達大學中國同學會主辦「五四運動與中國知識分子」座談會發言紀錄；原載《中國論壇》二五五期，一九八六年五月十日）

漫談胡適思想及其他

——兼論胡著〈易卜生主義〉的含混性

一

民國三十七年底，我隨家人從北平來到台北；三十八年初開始在成功中學就讀初二下。在這之前，我在北平師大附中讀了一年半的初中。那一年半的時間雖短，但對我卻產生了極大的影響。北平師大附中是在和平門外北師大的對面，離琉璃廠很近。當時班上的國文老師告訴我們琉璃廠有許多書店，大家應該利用中午休息的時間到那裡去走走。中午休息的時間有兩個多鐘頭，大部分同學喜歡利用這段空閒在操場上打球或到圖書館看書，做功課。我卻常常獨自在校門口附近架著棚子的攤子上，就著切得細長的辣鹹菜，喝完只有「老北平」才會欣賞的熱豆汁，心神為之一振以後，漫步到琉璃廠去。北平的店鋪一向非常講究禮節，真可說得上「童叟無欺」，琉璃廠的商家更透露著一股自然而深厚的文化氣息，使我一接觸就覺得著迷。小小的年紀，當然不懂得字畫、善本書那些文士的清玩；所以，除了偶爾看看字帖以外，不常去舊書店或榮寶齋。我常去的是上海各大書店在北平的分店。在那裡我開始瀏覽朱光潛的《給青年的十二封信》、《談美》，胡適的《文存》，魯迅的《吶喊》、《徬徨》、《華蓋集》、《野草》等。手頭如有零錢，也就順便買幾本帶回家細看。

朱光潛先生文筆洗鍊，偶爾引用舊詩詞與西洋文學中的名言雋語，連敘帶論，左右逢源；

意見娓娓道來，清新而易懂。他的那些小書是使我深受啟蒙之益，愛不釋手的讀物。魯迅先生的短篇小說〈祝福〉、〈明天〉、〈故鄉〉、〈社戲〉帶給我極大的震撼。但《狂人日記》、《阿Q正傳》以及《野草》裡的散文詩，內容深奧複雜，當時根本無法看懂其深義。他的句法也使我覺得很奇怪，有的時候優美而有力量，如〈故鄉〉、〈社戲〉，讀時使人擁有抒情詩的感受；但，有的時候卻又頗為生硬、不夠通順；而且，其議論文字大部分沒寫幾句就完篇了，總使人覺得意有未盡。他的藝術與思想，對一個十幾歲的少年而言，實在不易接近。（現在回想起來，我在十幾年後在美國開始下苦工夫研究魯迅思想，其部分潛因可能是在這個時候已由受其吸引卻又深感困惑而種在心坎了。）

二

胡適先生的文字淺顯明白，於平易中見「執著」。當時給我印象最深的是他的〈易卜生主義〉與〈我們對於西洋文明的態度〉。他引易卜生的話說：

> 我所最期望於你的是一種真實純粹的為我主義，要使你有時覺得天下只有關於你的事最要緊，其餘的都算不得什麼……。你要想有益於社會，最好的法子莫如把你自己

這塊材料鑄造成器……。有的時候我真覺得全世界都像海上撞沉了船，最要緊的還是救出自己。

看到胡文中這樣的話，起初我很感困擾。因為胡先生所倡導的「易卜生主義」與我在家庭與學校裡所接受的倫理教育、公民教育太不合了，太衝突了。心中的困擾抹不去，老是在心頭打轉。但越想便越漸漸覺得胡先生為他的主張所做的說明很有道理。胡先生說：

把自己鑄造成器，方才可以希望有益於社會。真實的為我，便是最有益的為人。把自己鑄造成了自由獨立的人格，你自然會不知足，不滿意於現狀，敢說老實話，敢攻擊社會上的腐敗情形，做一個「貧賤不能移，富貴不能淫，威武不能屈」的斯鐸曼醫生。斯鐸曼醫生為了說老實話，為了揭穿本地社會的黑幕，遂被全社會的人喊作「國民公敵」。但他不肯避「國民公敵」的惡名，他還要說老實話。他大膽的宣言：「世上最強有力的人就是那最孤立的人！」這也是健全的個人主義的真精神。

這個個人主義的人生觀，一面教我們學娜拉，要努力把自己鑄造成個人；一面教我們學斯鐸曼醫生，要特立獨行，敢說老實話，敢向惡勢力作戰。少年的朋友們，不要笑這是十九世紀維多利亞時代的陳腐思想！我們去維多利亞時代還老遠哩。歐洲有了十八九世紀的個人主義，造出了無數愛自由過於麵包，愛真理過於生命的特立獨行之士，方才有今日的文明世界。

現在有人對你們說：「犧牲你們個人的自由，去求國家的自由！」我對你們說：「爭你們個人的自由，便是為國家爭自由！爭你們自己的人格，便是為國家爭人格！自由平等的國家不是一群奴才建造得起來的！」

胡先生這些常被引述的話，當時在我這個少年的心靈中，產生了很大的激盪。它使我接觸到了西方個人主義重要的一面。同時使我覺得提倡個人主義的真精神是把國家弄好的第一要務；所以，不但不與愛國思想衝突，而且反而是真的愛國主義的基礎。因為愛國不是愛某一個集團、某一個政黨，或某一個領袖，而是愛我們個人認定的國家的尊嚴；所以，說到最後還是要以自己的思想做定奪的，而自己必須先把自己「鑄造成器」，產生獨立的判斷力，才能有自己的思想可言，才能根據自己的思想認定什麼是國家的尊嚴，才不會在別人搖晃的旗幟下隨聲附和，甚至做了別人打著「愛國招牌」的爭權奪利的工具。

從那個時候開始，我便是《胡適文存》的忠實讀者了。但，愛讀《胡適文存》的結果，卻使我在高中時代（台北師大附中）遭受到一次至今記憶猶新的痛苦經驗。有一次在「週記」裡，我把胡適先生提倡的「易卜生主義」大加讚揚了一番。但，和其他同學交上去以後，級任老師發還的時候卻沒有我的那一本，他在班上跟我說，要我在下課以後到他的宿舍裡去取。我下課後到他的宿舍，一進門他就指著我的鼻子大聲痛斥。他說：「國家弄到這步田地，就是胡適提倡『個人主義』的結果。你年紀很輕，好的不學，怎麼這麼早就中了他的思想的毒？胡適的思想不但破壞了中國固有的道德傳統，而且使得我們現代的中國人大部分變得自私自利。現在大敵當前，我們必須養成為了大我犧牲小我的精神，這樣的精神才是真的愛國精神。」他說話時氣憤異常，手在發抖，根本不許我加以辯白。我覺得他的話很不公平，嘴又被他堵住，心中很覺冤曲，但心中決定絕不認錯，也許他在這個時候覺得有點尷尬，便大聲要我好自反省，然後發還我的週記簿，教我退出。

我從老師的宿舍出來以後，心中覺得很吃驚，不知為什麼他會因為我讚揚胡適而發那麼大的脾氣。另外，我越想越反而覺得胡先生的見解更對了。

後來，我從臺大畢業後負笈來美，開始接觸西方自由主義的典籍與研究中國思想史，發現胡先生所倡導的「個人主義」，因為沒有照顧到它的宗教背景、康德道德哲學所賦予的尊嚴，以及十八世紀以來古典自由主義為它建立的社會理論的基礎，所以並不周延，更談不上深刻。然而，他的「個人主義」畢竟引進了西方文化的一面。他的淺易的論式，平淡而自信的語句，雖然對一些人產生了麻醉作用，信服以後，不再長進；但，對於思索問題的青少年而言，卻是一個接觸西方文化的橋樑。從這個觀點來看，他的貢獻在歷史上是應該在有所保留以後加以肯定的。另外，胡先生的「個人主義」，由於的確具有西方文化的特色，所以使許多中國人覺得格格不入，甚至產生極大的反感，這也許是為什麼我在高中時代由於表示信服胡先生的意見而竟然遭受一位相當刻苦自勵的老師痛斥的原因。

三

不過，因為胡先生表達他的看法的方式太過簡單了——許多應該限定（qualify）的地方都未加限定——所以，他在中國之被誤解也不能完全由誤解他的讀者負責。例如：「真實純粹的為我主義」（這是胡先生的譯文，他根據的易卜生原文英譯是："a genuine full-blooded egoism" 見 John N. Laurvik and Mary Morison, tr., *Letters of Henrik Ibsen*（New York: Duffield and Co., 1908）, Letter 84, p. 218.）實在並不一定如胡先生所說的那樣，能夠「為國家爭自由」；雖然，這種「為我主義」也不見得一定會與愛國精神相衝突——因為它可能認為國家的存在與發展是個人存在與發展的先決條件，而健康的愛國精神的確應該來自個人的獨立思想與獨立判斷。然而，易卜生的「為我主義」源自他底「無政府主義」的思想背景，[1]那是反對國家（the state）

1 胡先生在〈易卜生主義〉中說：「易卜生的純粹無政府主義，後來漸漸地改變了。」這是與事實有出入的。

存在的極端個人主義，即使在西方，也只是極少數激烈的知識分子的主張，與西方正統的自由主義者所主張的個人主義很不同。西方正統的自由主義，不但不主張廢棄國家，而且它的理論的出發點已經預設了國家存在的必要性——人類如要脫離弱肉強食的「自然狀態」（the state of nature），必須共同協議建立國家，所以國家與代表國家的政府的存在是自由主義的基本預設之一，自由主義者所關心的則是：國家必須為保障公民的權利與謀求公民的福利而存在，而不是公民為國家的權力而存在，國家的權力必須加以限制，以防止其濫用，法治是限制國家權力與導致社會健康發展的最佳架構。這一思想系統一開始就在觀念上把國家、社會與民族（nation）予以分類，認為它們屬於不同的範疇，並堅持政教分離（separation of church and state）的基本原則。十八世紀啟蒙運動興起以後，基督教的信仰經由世俗化（secularization）而溶入社會之中，產生了社會涵蓋國家、指導國家，而國家不能涵蓋社會、指導社會的觀念；因此，代表國家的政府須對社會負責，秉承社會的指導。

在歷史上，因為國家權力的擴大所產生的種種罪惡使自由主義偏激的一支深受刺激，以致使它認為設法限制國家權力的膨脹是不夠的——只要國家存在一天，社會總是要深受國家的侵蝕——所以，根本解決之道是取消國家與代表國家的政府的存在。這樣的無政府主義思想，認為如此做才真正能使社會與個人獲得獨立的、自由的發展。（正統的自由主義認為這種偏激的思想內容有許多矛盾而且後果將很壞，不但不能促進個人的自由而且將斲喪個人的自由，所以已經不是自由主義了。）

胡先生在沒有交代清楚這些複雜的西方思想的流派與背景之前，一開始便以極端的個人主義——「真實純粹的為我主義」——來說明他提倡的個人主義的意義，自然難免要在中國造成許多思想上的混淆。在舊式的政治秩序已經崩潰，中國急需建立現代國家與現代政府的五四時代，作為一個愛國者的胡適，他當然不是一個無政府主義者。胡先生的本意只是希望藉強調個人獨立與個人發展的重要，以及國家的存在是為了保障公民的權利與謀求公民的福利——這些自由主義的基本要點——來建立一個自由民主的新中國。然而，他卻以提倡易卜生在西方思想脈絡中發展出來具有強烈無政府主義色彩的「為我主義」，來說明他所強調的個人獨立的觀點；這種方式對於只取其在建設新中國的過程中應該強調個人獨立的這一思想向度（dimension）的讀者而言，自然沒有什麼不好，而且我們毋寧要說那是很健康的；但，提倡易卜生的「真實純粹的為我主義」無形中夾帶進來「無政府主義」的思想成分，而且很易發展成——或滑落到——自私自利的思想，這就不能不說與胡先生思想中的機械成分或推演過當有

易卜生的確因「巴黎公社」的失敗而「把他主張無政府主義的熱心減了許多。」但在胡先生引證的同一信中，易卜生仍說：「無國論」具有一個「健全的核心」（a sound kernel）。見 John N. Laurvik and Mary Morison tr., *Letters of Henrik Ibsen*, Letter 81, p. 214. 胡文見《胡適文存》（上海：亞東圖書館，一九二一年初版）卷四，頁一一三—一三八。

關。另外，胡先生文中給人的印象又有個人自由實是國家自由的手段的語病，這就使他的思想產生更加混淆的結果了。我的中學老師也許看清了胡先生所提倡的「易卜生主義」蘊涵著無政府主義的成分，並很易滑落到自私自利的思想——也許他的確看到了提倡易卜生所謂的「為我主義」的危險性與不穩定性。那麼，他在看過我的週記後對我嚴加訓斥，也就不是一點道理也沒有了——我到今天仍不認為他發那麼大的脾氣是根據現實政治的理由，至於他言辭中並不通達的部分，我想我在這裡可以不必深論。

事實上，胡先生的意思更接近十九世紀自由主義大家托克維爾（Alexis de Tocqueville）所說的——相對於「衝動的愛國主義」（instinctive patriotism）而言——「反省性的愛國主義」（partriotism of reflection）[2]；然而，胡先生卻由提倡易卜生主義談起，這樣粗鬆的辦法，固然可以摧毀中國人性格中的依賴性與打倒斲喪個性發展的禮俗，但他在不知不覺中，由於沒有在思想上扣緊分寸，遂把「為我主義」說成「個人主義」，以致在廓清舊思想與舊文化的同時，製造了一些新的思想與文化上的問題。

四

前面說過，我在北平讀初中時，另一篇胡先生的文字——〈我們對於西洋文明的態度〉——也給我很深的印象。那篇文字，胡先生自己也認為比較重要，所以和「易卜生主義」一樣，都曾收在《胡適文選》中，以便給「國內的少年朋友們作一種課外讀物」。用〈胡適文選自序〉中的話來說，他寫那篇文字的目的是：

> 人們常說東方文明是精神的文明，西方文明是物質的文明，或唯物的文明。這是有誇大狂的妄人捏造出來的謠言，用來遮掩我們的羞臉的。其實一切文明都有物質和精神的兩部分，材料都是物質的，而運用材料的心思才智都是精神的。木頭是物質；而刳木為舟，構木為屋，都靠人的智力，那便是精神的部分。器物越完備複雜，精神的因子越多。……我們不能坐在舢板船上自誇精神文明，而嘲笑五萬噸大汽船是物質文明。
>
> 但物質是倔強的東西，你不征服他，他便要征服你。東方人在過去的時代，也曾製造器物，做出一點利用厚生的文明。但後世的懶惰子孫得過且過，不肯用手用腦去和物質抗爭，並且編出「不以人易天」的懶人哲學，於是不久便被物質戰勝了。天旱了，只會求雨；河決了，只會拜金龍大王……。這樣又愚又懶的民族，不能征服物

2 Alexis de Tocquevile, *Democracy in America*, ed. P. Bradley（New York, 1954）, I, pp. 250-253.

質，便完全被壓死在物質環境之下，成了一分像人九分像鬼的不長進民族。所以我說：「這樣受物質環境的拘束與支配，不能跳出來，不能運用人的心思智力來改造環境改良現狀的文明，是懶惰不長進的民族的文明，是真正唯物的文明。」反過來看看西洋的文明，「這樣充分運用人的聰明智慧來尋求真理以解放人的心靈，來制服天行以供人用，來改造物質的環境，來改革社會政治的制度，來謀人類最大多數的最大幸福——這樣的文明是精神的文明。」這是我的東西文化論的大旨。

我們如果還想把這個國家整頓起來，如果還希望這個民族在世界上占一個地位——只有一條生路，就是我們自己要認錯。我們必須承認我們自己百事不如人，不但物質機械上不如人，不但政治制度不如人，並且道德不如人，知識不如人，文學不如人，音樂不如人，藝術不如人，身體不如人。

肯認錯了，方才肯死心塌地的去學人家。不要怕模仿，因為模仿是創造的必要預備工夫。不要怕喪失我們自己的民族文化，因為絕大多數人的惰性已儘夠保守那舊文化了，用不著你們少年人去擔心。你們的職務在進取不在保守。

我當時看到胡先生這些話，心中深受震盪。它並沒有使我產生文化的自卑感——當時雖對中國傳統文化知之甚少；但，生活在北平，我在存在的層次上每日目睹與中國傳統文化有千絲萬縷關係的豐富的禮俗，其中高貴優美的成分很自然地令我認同（雖然當時也看到了許多令人憎惡的成分）。我底生活的體驗自然使我無法像胡文那樣把中國傳統文化都化約成為攻擊的對象。胡先生的這篇文字給我的影響則是：它使我對西方文明發生了極大的興趣，同時也使我覺得救國的首要條件之一是，引進西方進步與合理的成分。

中西文明比較之後，到底哪一個是更有精神的成分呢？這是一個極為繁複艱難的問題，此處無法細論。我覺得胡文的看法雖然並不令人心服，但卻的確提出了一個重要的問題。有的人也許會覺得這樣二分式的論說，本身便沒有多大意義。因為中西文明都有精神的成分，都有物質與物欲的成分，我們很難比較哪一個文明精神的成分更多——何況胡先生那樣強調西方近代文明的精神，以致完全忽略了西方帝國主義所造成的罪惡，完全忽略了西方資本主義下許多人的生活幾乎完全被追逐物欲與權勢的念頭所占據。所以，我們可以說他的看法是太以先入為主的偏見做衡量的標準了。然而，我們如暫時不把胡先生從「效果」推想到「精神」的籠統推論放在心上，只注意他舉出的事實，那是足以發人深省的。最近夏志清先生在《知識分子》一九八五年冬季號（第二卷第二期）〈中國古典文學之命運（中）〉一文中，從中國沒有悲劇來討論中國古典文學的問題，見解嚴肅，也是發人深省的。夏先生在文末說：「中國小說可與西方最偉大小說相提並論的，大家公認只有一部《紅樓夢》。十多年前，我也在《中國古典小說》裡把它推崇備至，但近年來，自以為對中國舊社會有了更深入的了解之後，我對《紅樓夢》也不能真心滿意。在一篇近文裡，我就問道：難道《紅樓夢》真比得上《卡拉馬助夫兄弟》和喬治·艾略特的《密德馬區》（*Middlemarch*）嗎？曹雪芹當然對小說裡大多少女的遭遇絕對同情，也看到些貴族大家庭生活之恐怖，但他還只能借用釋道觀點來看破塵世之空，也就等於在理智上否定了他筆下多少青少年男女對生命、愛情的那種渴望，且對迫害他們的大家庭、舊社會作了個妥協。任何人向惡勢力低頭，雖出於無奈，總是不光榮的；任何小說家藉口看透人生而向惡勢力低頭也同樣是不光榮的——包括我們敬愛的曹雪芹在內。」

我個人覺得籠統地討論中西文化孰優孰劣，最後都得訴諸價值判斷；因此，永遠無法獲得一致的結論。但，如大家討論的方式比胡適先生那一代人變得較精緻一點的話；那麼，對特定文化成分的評鑑，便可能更有說服力。考察中西文化的基本原則應是：一、意圖與效果不能劃簡單的等號，好的意圖不一定有好的結果，好的結果不一定來自純潔的意圖。二、應對意圖本身的特性做更精密的了解；三、應對意圖與手段之間的關係做更深入的考察；四、觀察文化現象的視野要廣博，不可以偏概全。

魯迅思想的特質

一

根據博蘭霓（Michael Polanyi）在他的知識論中對於創造活動的性質的洞察（這裡所謂的「創造活動」包括科學的創造活動，也包括藝術的創造活動），我們知道當創造的想像力強烈活動的時候，它「不僅更熱烈，而且是更具體、更特殊。」當然，一個人只能在他所具有的對世界事務的性質的一般性知識之內產生具體感與特殊感。當一個人擁有的一般性知識越豐富、越深刻——換句話說，當一個人與世間事務接觸時所能夠使用的參考架構（frame of reference）越豐富、越深刻——的時候，他便越可能針對某一問題或事務產生特定的具體感與特殊感。然而，一般性背景知識本身並不能取代創造活動；創造活動通常充滿著特殊的具體感。

興起於他自己全然參與的、呈現著強烈「意締牢結的」（ideological；通常譯作「意識形態的」）時代，魯迅思想的特質因一不尋常的結合而顯得特別突出：在面對中國前所未有的危機之時，它同時具有犀利的邏輯感與鮮明的具體感（即：它對事務與思想的涵義擁有謹嚴的思辨能力，同時它又能對所接觸與關心的事務之特性產生具體的感受）。在他的敏銳心靈與他對於事實的豐富而具體的感受的相互運作之下所產生的創作與議論，為五四激烈反傳統主義提供了實質的、有力的內容。同時，也正由於這些思想上與精神上的資源的支持，他能夠在五四時期及其後的時日之中，抵抗許多「意締牢結」運動中先天性的陳腐與要求順從的壓力。易言之，魯迅所擁有的不尋常的犀利的邏輯感與鮮明的具體感，是他對中國傳統某些特殊的社會弊病與文化弊病所作透澈而有力的描述的主要資源；而這些弊病，對他的許多讀者而言，也許在沒讀他的著作之前並未清楚地或系統地意識得到。同時，這些資源也是他底原創性思想的動力——他底原創性思想有時與他底「意締牢結」的立場頗有矛盾與牴觸。在魯迅的心靈中，作為一項他底「意締牢結」所信誓的全盤性反傳統主義與對中國傳統中一些優美質素的真切而具體的了解，是同時並存的。因此，他底意識之中存有沉痛的思想矛盾與精神上的緊張（spiritual tensions）。就這一點而言，他底複雜意識已為二十世紀中國深沉的文化危機作了見證，但，從另一意義而言，他底複雜意識，對五四的知識階層卻又最不具代表性。因為經由他對中國諸問題之實際的了解所產生的絕望，以及他對任何簡單的解答方式的反對——他真正理解到中國的問題遠比任何擬議中的解決方案所能涵蓋與解決的要來得大、來得複雜——這些跟五四時代的意識形態中樂觀地向前看的氣質是不協調的。

然而，從另一方面來看，魯迅深切感受到時代脈搏的跳動，並為求得解決中國的諸多弊端而奉獻了他的一生。他在日本留學期間，已經認識到為要使國家新生，必須推翻滿清政府。不管他究竟是否正式加入過光復會，魯迅無疑地是國民革命的熱烈支持者。在五四時代，無論是在激烈否定中國之過去的負面呼聲，或在通過自由與知識以尋求啟蒙的正面呼聲這兩方面，他都是「新文化運動」最重要的發言人之一。雖然他轉變成為支持中共領導的左翼運動的過程，是相當痛苦的；但是，一旦他轉變了，他便毅然地為了左翼運動的利益而投入筆戰與論爭的漩渦中。從許多方面來看，他是站在每一運動尖端的果決的鬥士。就這一點來說，魯迅又是五四知識分子中最具代表性的人物之一。

然而，魯迅卻又經常在心中重新考慮他所獻身的政治與思想運動。在他留學日本那段時期，他看夠了呼喊革命的留學生的膚淺與虛偽，並且目擊他們不同派別之間的相互中傷，以致對革命運動的結果深感憂慮。在辛亥革命爆發的時候，他覺得很高興；然而辛亥革命的後果——社會與政治秩序與文化與道德秩序的解體、社會中幾乎每一部門都被沮喪、頹廢的氣氛所籠罩，以及袁世凱與軍閥政治在中國的肆無忌憚——這一切使得他當初對革命後果的最壞的憂慮得到了證實。他因此陷入了絕望的深淵。

雖然魯迅多少受到道家（尤其是《莊子》）的影響，但他的絕望的心情並不是來自道家所謂世事終歸於徒勞的觀點，而是兩項因素交互作用所引發的。這兩項因素是：他對中國的諸多具體事實清楚的理解，與「藉思想、文化以解決問題的方法」——那是源自中國儒家傳統的「整體性思考模式」（holistic mode of thinking）。在辛亥革命後中國社會與政治秩序和文化與道德秩序均已解體的五四時代，這項思考模式的邏輯推演自然導致從審視一種屬於中國心靈特有的病症的角度來診斷中國的弊端。[1]從這個角度出發，他的絕望格外深沉、格外難以抹除。對魯迅而言，如果對中國之未來做一次不帶情緒性的、切實的估計，這樣估計的結果指向著：全然的無望。

早在留學日本的時代，魯迅已經認定中國各種問題的最根本原因是，令人嘆息的中國人的民族性。這樣的態度意味著解決問題的唯一辦法是：透過思想與精神革命來改變民族性。政治革命只能改變外在的政府形式，卻不能帶來要建立一個較好的未來所需要的真正本質性的革新。然而，正因為魯迅已經認定中國的積弱的根本原因是在思想與道德方面，這項認識使他陷入了絕望的深淵。魯迅在日時曾與許壽裳做過廣泛的討論，他們認為：「（中華）民族最缺乏的東西是誠和愛——換句話說：便是深中了詐偽無恥和猜疑相賊的毛病。口號只管很好聽，標語和宣言只管很好看，書本上只管說得冠冕堂皇，天花亂墜，但按之實際，卻完全不是這回事。」（見許壽裳著，《我所認識的魯迅》，〈回憶魯迅〉章。）因此，在魯迅面前等著他去做的基本工作是：透過思想與精神革命去治療中國人的精神的病症。然而，一個在思想與精神上深患重痾的民族如何能認清它的病症的基本原因是它的思想與精神呢？（思想與精神既已深患

1 關於「藉思想、文化以解決問逝的方法」是一項來自中國儒家傳統的思想方式以及它如何是促成五四全盤性反傳統主義的興起的原因之一的詳細解釋，請參閱拙著《中國意識的危機》（*The Crisis of Chinese Consciousness: Radical Antitraditionalism in the May Fourth Era*（Madison: University of Wisconsin Press, 1979）。

重痾，自然不能發揮正常功能，不能發揮正常功能的思想與精神，如何能認清病症的基本原因是思想與精神呢？）既然連要認清自己病症的原因都不易辦到，又如何奢言要鏟出致病的原因呢？魯迅當然可以盡力去啟發他們，但結果充其量是在未知之數。根據以上的分析，我們知道即使在辛亥革命之前，魯迅內心深處已隱然懷有焦慮與悲觀之感了。辛亥革命的失敗——在舊的政治與文化秩序崩潰以後未能建立起來新的秩序——的結果，只使魯迅的焦慮與悲觀之感表面化罷了。

總之，雖然魯迅與其同時代的其他知識分子一樣，都使用著認為思想是人間事務的根本的「整體觀思考模式」，並因應用這樣的思考模式而共同得到思想與精神革命是一切其他變革的基礎（故應優先進行）的結論，但他和其他人有所不同。那些人，在重複強調這項預設——這項視為當然的信仰——與高喊「思想革命」的聲浪中，看到了未來的曙光；魯迅卻根據那同樣信仰的內在邏輯進行嚴謹的思辨，以致得到徹底絕望的結論。因此，他那有名的，關於中國人所處境遇的比喻——關在一間「絕無窗戶而萬難破毀」的「鐵屋子」裡，行將窒息——可以說已經蘊涵在他對思想與精神革命之整體性要求的邏輯裡了。

但是，如果說魯迅的絕望是在他底思考的邏輯中經由嚴謹的推理而產生的，這卻不是說只運用他底嚴謹的推理便可創造出他底陰鬱悲觀的文學傑作。那些作品的實際創作是在他看到了許多不可饒恕的中國光景的時候，因深受刺激而興起的具體之感所引發的。在所有五四時代的作家之中，魯迅對中國民族性中令人深感遺憾的特質作了最顯明、最具體的描述。我們都知道〈狂人日記〉是魯迅用白話文創作的第一篇作品。（他在辛亥革命後，曾用文言文寫過一篇短篇小說〈懷舊〉。）但，無論〈狂人日記〉事實上是不是他用白話文創造的第一篇作品，它成為魯迅悲觀的、全盤性反傳統主義的文學創作第一個實例，有其藝術上與思想上的必然性。因為〈狂人日記〉代表著魯迅在堅持全盤性反傳統主義的立場的時候，必須首先面對的一個主要的矛盾。假如中國人在思想上與精神上是那樣地病入膏肓，以致不能認清在他們「吃」別人的時候正是他們被別人「吃」的時候；假如他們的心靈是如此地「昏亂」[2]以致使他們在自我毀滅的過程中不但不謀自救，卻反而津津有味地壓迫著別人；那麼，一個在同樣環境中被教育出來的，與他的同胞同樣地擁有中國人的性格的人如何可能是一個例外？答案是：他不能，除非他「瘋」了。

在〈狂人日記〉中，魯迅使用現代心理學上對於精神分裂症的了解來描繪「狂人」底幻覺；所以在整個故事中，關於「狂人」底精神錯亂的敘述，使人覺得很真實。魯迅底深沉的悲觀與

2 引自魯迅〈隨感錄三十八〉，《熱風》。最初發表在《新青年》五卷五期（一九一八年十一月十五日）。周作人後來在給曹聚仁的信上說，這是他所起草後來用周樹人的筆名發表在《新青年》上的。但魯迅生前一直親自把它收在《熱風》中，即使在他們兄弟齟齬以後，魯迅仍然沒有把它抽出去。顯然得很，文中的見解當時是他們兄弟共同的看法。關於這份材料詳細的討論，兄前引拙著頁一一六，注27。

別有會心的反語便透過對於這樣的「真實」的諷諭式的採掘而顯露出來。「狂人」對他的「瘋狂」並無自覺，當然更無法自救，他也無法在「健康的世界」與「瘋狂的世界」之間走來走去。假若他能夠如此，他便不是一個真正瘋狂的人；因此，根據故事中內在的邏輯，他也就不可能看到中華民族真正的特性：嗜食同類、自相殘殺的蠻行。在中國的社會之中，不管自覺與否，每個人都是「吃」人的人。但，對於這樣殘酷的行為，大家行之有年，並無自覺。因此，一直要等一個人變成了「瘋子」，他才能突破遮眼的藩籬，洞察事實的真相。然而「狂人」清澈的了解卻無法傳播給他的同胞，因為「狂人」的語言與心智範疇與他的同胞們在屬類上完全不同。即使「狂人」竭盡所能要與他的同胞們溝通，他的話將永遠被當作「瘋話」，所以完全是無濟於事的。從「狂人」的觀點來看，故事中的其他人才是真正地發瘋了，他卻不是心智不清的人；當然，反過來看，其他人認為「狂人」是有精神病的人，他們才是清醒的人。但是，在狂人的眼光與其他人的眼光之間存有一項關鍵性的差異。對「狂人」而言，世界是一個；但對其他人而言，卻有兩個世界：狂人生活的狂人世界，和他們生活的健康世界。

因為狂人相信他跟其他人都生活在同一世界之中，他並不知道別人把他當作瘋人看待，因此不可能會聆聽他的話語。對於「狂人」而言，除了說出他所發現的真理並希望藉真理的力量來說服別人去突破嗜食同類、自相殘殺的惡性循環，其他別無它途。然而，其他人卻認為「狂人」是生活在「瘋狂世界」之中，所以他們無法把「狂人」的話當真；他們根本無法從「狂人」

的觀點來了解「狂人」所要說的話，並從中獲益。〈狂人日記〉中「狂人」最後記下來的一句話——「救救孩子……」是絕望的吶喊，我們不能從這篇作品的內在邏輯中推論出將來確有救出孩子的機會與環境。相反地，「狂人」覺得他所遇到的孩子們都心懷吃人的意向，因為他們都是在吃人的社會中被養大的、也都內化了這個社會的習俗與準則。用「狂人」自己的話來說：「這是他們娘老子教的！」

無論自覺抑或不自覺，中國社會中每一個成員都是「吃」人的人；中國人並無內在的資源藉以產生一項導致仁道社會的思想與精神變革。令人覺得難堪的是，只有當一個人變得「瘋狂」以後，他才能理解到中國社會與文化的真正本質。但，正因為〈狂人日記〉中的主角已經甦醒了，他卻被這個社會的「正常人」指為「狂人」。如果一個人未曾意識到中國社會與文化的本質並從其影響中解放出來，他便無法從中國傳統的吃人蠻行中掙脫出來。但當一個人清楚地了解了中國社會與文化的本質並意識到從其桎梏中解放出來的必要時——魯迅底〈狂人日記〉的內在邏輯卻顯示——他反而失去了改變中國社會與中國文化的能力。

魯迅除了提出這一可怕的、無法解脫的弔詭（paradox）以外，更進一步追問：具體地表現在傳統中國文化與社會中的，中華民族的特徵究竟是哪些？魯迅對於中華民族具體的真實的了解賦予了他的激烈反傳統主義的實質內容。換句話說，雖然反傳統運動是五四時期的思想主流，許多激進知識分子都曾熱烈地參與；魯迅的創作則提供了攻擊傳統的真正實力。《阿Q正傳》從最初發表時起到現在，一直被認定是他的最佳作品之一，其力量來自作者對阿Q之具體性格的生動描述。

阿Q的性格呈現著下列的特徵：卑劣、懦弱、狡猾、自大狂、和不能正視與承擔外界對自己的屈辱以致當別人污辱他的時候，他總設法加以解釋，使自己覺得那些污辱不但不是污辱，反而是對自己有利的——所謂「精神上的勝利法」，這個辦法使他覺得好歹他永遠是勝利者。這些特徵使他在被凌辱時得以殘存，並促使他有時主動地去欺凌比他更弱的弱者。除了上述這些以外，阿Q的性格另外呈現了下述兩個特色：一、他缺乏一個內在的自我；二、對生命本身缺乏感受——他對生命本身的麻木甚至有時顯示著一種對於生命之毀滅的享樂。阿Q是一個多半根據自然本能生活著的動物——這裡所謂的「自然本能」包括他在中國社會中內化了這個社會中約定俗成的習慣以致不加思索的反應方式。他有條件反射的本能，但缺乏自我意識與改變自己的能力。他多半根據本能生活著，不能因受到外界的刺激而獲得啟發。在這篇故事裡，有時他顯得無知與天真；事實上他的「無知」與「天真」是他缺乏內在自我的顯著表徵。沒有自我意識，他不能修身，不能在思想上與道德上有所進步。他的無知與他的「精神上的勝利法」既不能把他從終將毀滅的結局中救出來，也不能激起他對施加在他身上的各項壓迫進行——用魯迅值得紀念的名言來說——「絕望的抗戰」（《兩地書》）。它們只能使阿Q不去想為什麼他要被置於死地。使人覺得難堪的是，只有死亡本身帶給他一瞬間的自我意識。

二

然而，在魯迅底複雜思想中，雖然對中國傳統全盤性的排斥確實占據著重要的位置；但他對人間事務的具體感卻又使得他認識、欣賞一些中國傳統中的道德價值（如「念舊」）與文化質素，並適當地使它們在不失純正性的情況下接受了它們。不過，他並沒有因這樣地接受了一些傳統的道德價值與文化質素而激起超越它底全盤性反傳統主義的思維活動；雖然純就理論而言，有此可能。終極地說，他底全盤性反傳統的立場與他選擇地接受了一些中國傳統道德價值與文化質素的事實，兩者之間存有無可疏解的基本矛盾。因此，他的靈魂被這一分裂的看法與這一看法所帶來的罪惡感所扯裂。他對中國的未來的悲觀不因他認識、欣賞、與接受一些傳統的道德價值與文化質素而稍有緩衝；因為他在中國人做得到的範圍內看不到有什麼資源可以使得他們能去改善自己，並克服中國傳統嚴酷的壞影響。

這種徹底的絕望之感很輕易地導使他走向「虛無主義」。一如在《野草》中一些散文詩所表現的，沒有什麼是可信賴的、可相信的。但魯迅的「虛無主義」必須與屠格涅夫及早期的杜斯妥也夫斯基所描繪的虛無主義作一仔細的分辨。俄羅斯的虛無主義者是在沒有任何信仰的境況中生活著。因為他們認為一切皆是虛無，所以他們從不感到人生之中有任何義務或限制。與那樣的虛無主義相比照，魯迅的「虛無主義」並未導致那樣合乎其本身邏輯的結論。（這倒不是因為魯迅的頭腦不夠邏輯、不夠尖銳，而是因為，如下文所述，他的心靈深處仍受中國宇宙論的影響所致。）事實上，他在五四後期的一個寫作主題是：在闇暝的虛無主義感受之中，掙扎著保持他獻身於中國之新生的信誓以及對生命意義的追尋。在世界文學中，很少有像魯迅這樣的作家，他一方面認為世界是虛無的，但另一方面卻使自己介入意義的追尋，並獻身於啟蒙。

在一九二五年三月十八日一封給他的學生（後來是他的妻子）許廣平的信中，魯迅說：「我的作品，太黑暗了，因為我常覺得惟『黑暗與虛無』乃是『實有』，卻偏要向這些作絕望的抗戰。」（《兩地書》）他空虛、沮喪的感受在他的散文詩中沉痛地表現出來——魯迅說那是「廢弛的地獄邊沿的慘白色小花」（《野草》）。在這些散文詩中他以各種方式呈現出許多作為他的第二個自我的意象，試著去表現各種隱喻式的思想。他對每一件事情的懷疑——包括當時在中國流行的各種意識形態所描繪的未來之美好社會——在〈影的告別〉中極顯明地呈現出來：

> 有我所不樂意的在天堂裡，我不願去；有我所不樂意的在地獄裡，我不願去；有我所不樂意的在你們將來的黃金世界裡，我不願去。

然而你就是我所不樂意的。
朋友，我不想跟隨你了，我不願住。
我不願意！
嗚乎嗚乎，我不願意，我不如徬徨於無地。

在這一虛無主義當中，沒有什麼事情是被信賴的，沒有什麼事情是被相信的；然而，正如在其他地方他的思想所表現的特色那樣，魯迅另有別的想法。在描述希望是虛幻——只不過是一個抗拒「空虛中的暗夜」的裝置——以後，魯迅引他喜愛的匈牙利詩人裴多菲（Petöfi Sándor, 1823-1849）的詩句來作結：「絕望之為虛妄，正與希望相同。」因為絕望是耽溺於過去，或者，更精確地說，是耽溺於根據過去的經驗所作的理智的估計。魯迅在希望與絕望之間痛苦的衝突與精神的煎熬使他特別強調意志的重要性——奮力回應生命之呼喚的意志的重要性。在這裡他像一個存在主義者，把重點放在人的意志的意義上；然而，這樣的看法並不是受到歐洲的「上帝已死」的觀念的啟發而來，而是透過中國的，在現世的時空中人能夠發現意義的觀念而產生的。

這一經由強調意志的力量來尋求出路的作法可以用詩劇〈過客〉來做進一步的說明。此劇可以當作關於魯迅一生的寓言來讀，劇中的主角——過客——看起來很像魯迅。「約三、四十歲，狀態困頓倔強，眼光陰沉，黑鬚、亂髮。」劇的場景基本上是在「空間上表現的時間上的兩難困境」。[3]他的行程從過去到未來沿著一條「似路非路的痕跡」，過客現在是停在荒原上。他遇到一位七十老翁和一位十歲女孩——過去和未來的化身——老翁問他要到那裡去，過客回答說：「我不知道。從我還記得的時候起，我就在這麼走，要走到一個地方去，這地方就在前面。我單記得走了許多路，現在來到這裡了。我接著就要走向那邊去，（西指），前面！」過客接過來一杯水。他向老翁與女孩道謝，並問：「前面是怎麼一個所在？」

老翁：前面？前面是墳。

過客：（詫異地）墳？

女孩：不，不，不的，那裡有許多野百合、野薔薇。

老翁注意到過客是勞頓的，而且他的腳受傷了，老翁勸他「回轉去，因為你前去也料不定可能走完」。過客回答說：「我只得走。回到那裡去，就沒一處沒有名目，沒一處沒有地主，沒一處沒有驅逐和牢籠，沒一處沒有皮面的笑容，沒一處沒有眶外的眼淚。我憎惡他們，我不回轉去！」所以過客決心走下去，並且說：「況且還有聲音常在前面催促我，叫喚我，使我息不下。」

就這樣，在他幾乎對每一件事都有著虛無主義的疑惑的時候，魯迅最後感到他必須繼續邁向他未知的命運。事實上，他那強硬的心靈對中國是不是能夠生存下去的懷疑與其他一些事情使他心中形成了一項罪惡感，這個罪惡感只能藉著他一再強調為國家民族奉獻、犧牲來緩和，為國家民族奉獻、犧牲是他自從留日以來一直縈繞於懷的。[4]走筆至此，我們必須面對一個有關魯迅的虛無主義與存在主義之性質的問題。雖然魯迅對中國的前途存有極大的疑惑，魯迅是屬於本世紀初中國革命知識階層的一分子，對他們而言為國家犧牲奉獻是理所當然的事，無需辯解或說明。尤有甚者，儘管傳統架構已經崩潰了，但許多根深柢固的傳統中國文化質素，尤其是某些歷經幾世紀被視為當然之文化與思想的傾向，仍然存續了下來。傳統中國世界觀最重要的要素之一是：天人合一的觀念，這個觀念蘊涵著超越的實在（transcendental reality）是內在於宇宙之中的，而人乃是宇宙整體中與整體不可分隔的部分。這種看法和笛卡兒式的認識論主體主義（Cartesian epistemological subjectivism）及現代西方的自然主義化約論（naturalistic reductionism）都有顯著的不同，在後二者，人是疏離於宇宙的，因而只能通過他自己的主觀

---

3 參見李歐梵在一九七四年四月二日於亞洲學會第二十九屆年會所提的論文："The Tragic Vision of Lu Hsün: Hope and Despair in the Wild Grass"一文。我對魯迅之「過客」的簡要討論大多根據李先生這篇論文。此文主要論旨已收入李先生的專著：*Voices from the Iron House: A Study of Lu Xun*（Bloomington: Indiana Univ. Press, 1987）。

4 這種為國家民族犧牲奉獻的情懷明顯地表現在一九〇三年他寫的〈自題小像〉：靈台無計逃神矢，風雨如磐闇故園；寄意寒星荃不察，我以我血薦軒轅。

思考與意志來取得生命的意義。[5]（當然，我這裡指的只是現代西方思想中占優勢的趨勢，我們可以舉出許多例外，如萊布尼茲、斯賓諾沙、歌德以及近代哲學家懷海德（A. N. Whitehead）和博蘭霓（M. Polanyi））。

中國的世界觀也與從喀爾文教義衍生出來的基督新教倫理有顯著的不同。喀爾文教義認為，由於「上帝的絕對超越性」，因而罪孽深重的人完全無法接觸到神性。這樣一個孤離的個人，只能藉著他對於外在的、物質世界中的事務的努力，來消滅他的寂寞感、道德的失敗和精神的疏隔。[6]儒家天人合一（或道心與人心合一）的觀念蘊涵著超越的意義是內涵於人的生命之中。易言之，這超越的意義是人在現世生活中經由努力來**發現**的，而不是被人的意志與思考所**創造**出來的。在儒家思想中，人性內涵永恆與超越的天道；所以，人跟宇宙永不分離。道同時具有宇宙中客體的一面與人心中主體的一面。因為人性參與道性（或天性），所以人具有內在的道德與理知的能力和判斷力，這些能力能夠使他認識到宇宙中「道」的意義，他去發現意義的努力將不是一種疏離的行動，也就是說，不是一種面對著盲目的、無意義的世界，全然在主觀自我之內的努力。

如眾所周知，魯迅早年曾受過嚴格而卓越的中國古典教育。他自己曾說他過去是如此深切地浸潤於中國傳統文化之中，以致不可避免地深受其影響。很明顯地，作為一個中國思想家，魯迅仍然在中國文化的經驗範圍內活動，在這種文化的經驗範圍內，一個真正歐洲格調的存在的認同危機是不可能出現的。儘管他有強烈的存在主義式的傾向和虛無主義式的觀察，魯迅於面對疑惑與艱困，強調人的意志的時候，他仍然是強調那種去發現意義的意志，而不是強調去**創造**意義的意志。因為在人的生命中能夠發現正面的、美的東西的未曾明言、默會的信仰在魯迅意識的深層從未動搖。

從他毫不猶豫地應用尖銳的邏輯推論來參與全盤性反傳統運動去觀察他的思想的演變，在他的思想中未曾繼續推演到在邏輯上極具合理性的虛無主義的結論——這一事實應該予以特別

5 參見 Benjamin I. Schwartz, "On the Absence of Reductionism in Chinese Thought," *Journal of Chinese Philosophy* 1（1973）, pp. 27-44.

6 參見 M. Weber, *The Protestant Ethic and the Spirit of Capitalism*, tr., T. Parsons 一書。喀爾文之「上帝的絕對超越性」的教義是從其思想的邏輯必然性中得來的；因而，「這教義的重要性也隨著喀爾文只想念上帝而不想念人類的宗教思想在邏輯一致性上的增加而增加。」（頁一〇二）在這一主張「由於神對一切創造物具有絕對的超越性，神性之真正透入人類的靈魂是不可能的：有限不能包括無限」（頁一一三）之教義的衝擊下，「新約聖經中，喜悅罪人的悔改，如同婦人尋回了遺失的銀幣的，有人情味而易於理解的天父業已消逝；代之而起的是一個超越的存在者，祂超過了人類所能理解的範圍。」（頁一〇二）簡單地說，喀爾文教派把宗教和人類經驗之神秘的、情感的一面完全成功地抑制下來。正如韋伯所指出的，「這一極端不合人道的教義」只能導致「個人內心空前的孤寂」（頁一〇四），一種企圖以強行地，但系統而制慾地追求現世的收穫（賺錢）來填補的，內在孤寂。

注意。這一事實標示著他是繼承著中國文化（儘管其結構已經崩潰）基本態度之一——一個從「天人合一」有機宇宙觀所衍生出來的，認為由人性的內涵可達到超越，在人生的活動中可臻神聖之境的態度。此外，他根據他底民族主義的信誓為中國的新生所做的努力，以及他對於思想力量的信仰（因此，他覺得一個作家可對中國之新生做出貢獻）——此一信仰在冷酷的現實壓力之下偶會動搖，但就整體而言，終其一生堅信不移——這些都加強了他從中國的世界觀中所承繼的基本態度，此一態度阻止了他底虛無主義在邏輯推演上所可能產生的結果。在一再承擔著挫折感與深沉的絕望之中，魯迅把自己堅定地奉獻給中國重建的工作當作是他在現世現時的人生中追尋意義的活動的一部分——這樣的舉措顯示了一個純正的現代中國知識分子的良心。

魯迅政治觀的困境

——兼論中國傳統思想資源的活力與限制

一、人生範圍遠超過政治的範圍及文藝與政治的歧途

當年輕人要求魯迅就人生問題給予指導的時候，他在答覆中總是否認他在這類事情上有任何權威可言。不過，有一點他是知道的：應該讓生命有機會做最充分的發展。這自然表示生命不應囿於政治；人生的範圍遠超過並遠高過政治的範圍。魯迅說：

倘若一定要問我青年應當向怎樣的目標，那麼，我只可以說出我為別人設計的話，就是：一要生存，二要溫飽，三要發展。有敢來阻礙這三事者，無論是誰，我們都反抗他，撲滅他！

可是還得附加幾句話以免誤解，就是：我之所謂生存，並不是苟活；所謂溫飽，並不是奢侈；所謂發展，也不是放縱。[1]

魯迅曾以精緻而複雜的思考，經營出一套否定性的反傳統思想，然而在面對這麼重要的問題，需要陳述正面的答案時，他竟然只能以這樣簡單的方式來表達他的意見。不過，他的答覆是那麼簡單而直截了當，足見這番話是何等穩固地植根於他對人生究竟應該如何的具體想法之

中；他不會讓這樣的想法被任何「意締牢結」（ideology）所左右。

對魯迅而言，政治主要是那些自私而不講原則地操縱人類事務的人們彼此爭奪權力的一種活動。他在一篇題作〈文藝與政治的歧途〉的重要講演中指出，政治在本質上是保守的，因為在維持現狀的時候，搞政治的人最能獲取一己的私利。搞政治的人不喜歡那些喜歡動腦筋並要表達自己思想的人；文學因此難免要和政治衝突，因為好的文學是有思想的，而搞政治的人必然會以為思想具有顛覆性。這樣以自利為旨的保守心態，是一切政黨——包括革命政黨——中搞政治的人的特色。在革命成功之前，革命派的政治人物通常是贊同作家的；他們都對現狀不滿。「……直到革命成功」，魯迅以對過去具有洞見、對未來也具有先見之明的睿智，通覽過去、展視未來，他說：

> 政治家把從前所反對那些人用過的老法子重新採用起來，在文藝家仍不免於不滿意，又非被排軋出去不可，或是割掉他的頭。……
>
> 十九世紀，可以說是一個革命的時代；所謂革命，那不安於現在，不滿意於現狀的都是。文藝催促舊的漸漸消滅的也是革命（舊的消滅，新的才能產生），而文學家的

1 魯迅，〈北京通信〉，收入《華蓋集》；見《魯迅全集》（北京，一九八一），三：五一—五二。

命運並不因自己參加過革命而有一樣改變，還是處處碰釘子。現在革命的勢力已經到了徐州，在徐州以北文學家原站不住腳；在徐州以南，文學家還是站不住腳，即共了產，文學家還是站不住腳。革命文學家和革命家竟可說完全兩件事。[2]

魯迅是在一九二七年十二月二十一日，在上海暨南大學發表這篇講演的。當時由曹聚仁記錄後，於一九二八年一月二十九、三十日刊載在上海《新聞報》上。一九三四年杪，魯迅又自行校閱一遍，收入一九三五年出版的《集外集》中。[3]這篇文章所表露出來的，是從有良心的作家的觀點，毫無保留地鄙視一切類型的政治。

然而，令人覺得奇怪的是，在這篇講演中，魯迅稱徐州以南的地區為「即共了產」。事實上，由何應欽指揮的一支北伐軍，已經在五天之前（十二月十六日），把北方軍閥張宗昌從徐州驅逐出去，占領了徐州。早在四月十二日及四月十五日，由蔣介石指揮或與蔣結盟的部隊，已分別在上海及廣州開始清黨。一九二七年間，蔣介石不斷進攻軍閥和清除共黨分子，以鞏固他的控制。七月間，在漢口及武昌的國民黨左派也開始清除中共分子，到了八月十九日國民黨左派向南京屈服，「寧漢分裂」就此結束。一九二七年四月十五日在廣州的血腥清黨過程中，魯迅也在廣州；他深受震驚，也倍感痛楚，特別是因為他有幾個學生也被殺。雖然他本人沒有涉及任何一方，甚至可能被這一年間狂飈般的事件弄得莫名奇妙，但對於受到踐踏的人，他始終有一份深厚的同情。十二月二十一日魯迅在暨南大學發表這篇講演的時候，他自然已經相當清楚，中共和國民黨聯合發動的「革命」已被蔣介石破壞。因此，魯迅稱新近被蔣的反共部隊所占領的徐州以南地區「即共了產」，很可能是一句反諷的話，意思是說這個地區對作家們而言仍然不安全，他們必然會和新的統治者衝突，即使這些新統治者早先曾宣稱過，他們願意服膺共產主義。

然而，魯迅在文字校訂方面通常是非常仔細的；當他在一九三四年十二月校閱這篇文章時，竟會容許這個與事實正好相反的句子保持原狀，確實令人覺得甚為奇怪。因此，這一語句的另一可能的了解方式是：當時他對共產黨和國民黨都同樣地鄙視，認為它們是「一丘之貉」，遂不以為有必要在其間再做分辨。那些對魯迅講演時的歷史脈絡無知的讀者，當會從字面上來了解他的話，以為他的意思是說：在共產黨統治的地區，作家們仍然是不安全的。魯迅

2 魯迅，〈文藝與政治的歧途〉，收入《集外集》；見《魯迅全集》，七：一一八—一一九。

3 見曹聚仁，《魯迅年譜》（香港，一九六七），頁八七。關於魯迅校閱《集外集》事及與編者楊霽雲商量該收入他蒐集到的哪些篇，需刪去哪些篇，見魯迅在一九三四年十二月十一日與十九日給楊氏的信。在十一日的信上，魯迅說這篇講演即使收入，恐怕「也通不過」檢查；但當楊氏把它收入當作〈附錄〉時，魯迅在十九日的信上說：「曹先生記的那一篇（指這篇講演）也很好，不必作為附錄了。」見《魯迅全集》，十二：五六九，六一一。

在校閱時對這個與事實正好相反的句子之所以未加改正，也許正是希望將來的讀者從字面上來了解他的意思。（到了一九三四年的後期，魯迅已經很熟知中共幹部周揚及其同僚的政治性操縱與陰謀，對他們極為憤慨。[4]魯迅對這些人的鄙視，會不會是使他決定把這句話保存原狀的原因之一，縱使在名義上，他仍領導著從屬於中共的「中國左翼作家聯盟」？）

無論魯迅是否是在用反諷的方式來指涉國民黨（指其為叛徒而不是真正的革命者），重要的是：這句話字面上的意思，正好符合他根據作家所應持有的道德與藝術完整性與獨立性的絕對立場，普遍地對任何類型的政治（不論是革命性的或非革命性的）均予排斥與鄙視的思想主題之一。更具體地或特定地說，當魯迅要說明文學與政治在本質上是不相容的時候，他選擇的例子是一九一七年的俄國布爾什維克革命，既然「十月革命」在當時中國左派知識分子心目中是共產主義革命的「理想型態」，魯迅的這篇講演，便不能只等閒地視為他對國民黨反諷式的批評。我們必須認真地把它看成一篇具有一般意義的表白。

從這場「理想的」革命中，魯迅進一步以葉遂寧（S. A. Yesenin, 1895-1925）和梭波里（A. SobolY, 1888-1926）的自殺為例來說明他的論點。這兩位俄國作家在「十月革命」之前對他們祖國的狀況是深切不滿的；他們呼籲革命，在革命到來時也曾勇敢地參與。可是革命帶來的不義和苦難，使他們徹底幻滅以致都自殺了。魯迅對此事的評論是這樣的：

> 在革命的時候，文學家都在做一個夢，以為革命成功將有怎樣怎樣一個世界；革命以後，他看看現實全不是那麼一回事，於是他又要吃苦了。照他們這樣叫、啼、哭都不成功；向前不成功，向後也不成功，理想和現實不一致，這是註定的運命；……所以以革命文學自命的，一定不是革命文學，世間哪有滿意現狀的革命文學？除了吃麻醉藥！蘇俄革命以前，有兩個文學家，葉遂寧和梭波里，他們都謳歌過革命，直到後來，他們還是碰死在自己所謳歌希望的現實碑上，那時，蘇維埃是成立了！[5]

很清楚地，在這篇講演中，魯迅認為作家在面對政治時，需堅持他底道德與藝術的自主性；政治深陷於自私的政治人物底保守心態與權謀之中，即使是革命的政治也不會改變其本質。正因為作家必須聽從他的良心呼喚，他的生命註定是悲劇性的，文學和政治的道路，無可避免地，是分歧的。為了把他對政治的看法以更明晰的方式表達出來，魯迅不從軍閥政客之流身上表現出來的普通保守型態的政治取譬。反之，他卻拿共產革命的政治，作為具體的實例，

4 諸如魯迅在一九三四年十二月六日給蕭軍和蕭紅的信（編號三四一二〇六b），一九三四年十二月十八日給楊霽雲的信（編號三四一二一八a）；見《魯迅全集》，十二：五八四，六〇六。

5 《魯迅全集》，七：一一九。

來說明政治的本質。如果連具有高尚的主張和理想的革命政治都無法擺脫政治的本性——保守的心態與權謀的活動——的話；那麼，一般的政治活動就更難做到這一點了。在這篇講演中，魯迅對革命文學的界定，是從作家的誠直來著眼的；這種誠直，必然使作家對人類社會的現狀不滿，並且與政治——包括革命的政治——相抗衡。所以，正如魯迅所言，「革命文學家和革命家竟可說完全兩回事」。我相信，若是有人再追問下去，魯迅不會拿不滿現狀作為革命文學的唯一判準，但他仍會認為，對社會現狀強烈的不滿，是界定革命文學家的一項主要特徵。

二、魯迅對「革命文學」的另一看法

在一九二七年十二月二十一日發表的這篇講演中，魯迅以革命文學對社會現狀的批評為著眼點，對革命文學的意義和角色，做了直截了當的認定。魯迅在另一篇以〈革命時代的文學〉為題於一九二七年四月八日在黃埔軍官學校發表的講演中，表達了他對革命文學的另一種看法，這種看法充其量只能以曖昧兩字來形容，與上述的講演形成了尖銳的對比。在這篇較早的講演中，他認為文學在革命的形成中，只扮演一個很小的，甚至可說是微不足道的角色。他首先指出，文學是「最不中用的，沒有力量的人講的；有實力的人並不開口，就殺人」。[6]不過，他和後來一樣仍然堅持文藝自主的原則，認為「好的文藝作品，向來多是不受別人命令，不顧利害，自然而然地從心中流露的東西」。[7]但是，對於文學在革命情勢中能起的作用，他表示了強烈的保留；這與當時流行的、認為文學在促進革命和完成革命的過程中能夠擔任重要的宣傳任務很不同。

魯迅認為，在革命的過程中，文學有三個階段。在革命尚未發生之前的第一個階段，幾乎所有的文學都表達了對當時社會狀況的不滿，叫苦、鳴不平。但這些叫苦、鳴不平的文學，對於革命沒有什麼影響，因為叫苦、鳴不平並無力量。不過，一旦文學上的哀音變為怒吼，表現了一個民族內蘊的力量，這種文學便預示了反抗的到來。與革命爆發時代接近的文學，每每表達了這種憤怒。（在此，魯迅對於他的文學完全無用的說法表現了一些曖昧。如果革命是由「民族內蘊的力量」所造成，而文學是表達這種力量的工具；那麼，有效地、強有力地表達「怒吼」的文學不能不說對革命也有所貢獻。）在第二個階段，也就是革命的時代，行動取代了寫作。大家忙著革命，又被生活的困窮所迫，就沒有時間從事文學活動了。只有到了革命之後的階段，文學才得以兩種形式出現：一種文學是稱頌革命、謳歌革命；另一種文學則是弔輓舊社會與舊文化的滅亡。

6 魯迅，〈革命時代的文學〉，收入《而已集》；見《魯迅全集》，三：四一七。

7 同註6，四一八。

根據這樣的分期，魯迅否定「革命文學」這個觀念的妥當性與有效性，因為文學與革命的形成並沒有什麼關係。「革命文學」作為一個範疇，必然是一個形式主義的範疇：革命者所寫的文學，可稱之為革命文學。至於在一場真正的革命成功之後，再往後出現的文學，魯迅推想那將是「平民文學」，因為革命的結果，使得世界屬於平民的了。[8]

魯迅自一九二六年以來對報導包括黃埔軍校畢業生參與的北伐的順利進展、擊潰軍閥部隊的消息，覺得「極快人意」。[9]在這樣令人興奮的時刻，面對著即將投入北伐的年輕學員，他在講演中表示了對革命戰士的鼓舞。魯迅認為中國當時需要的是革命人，[10]而不是所謂革命文學。魯迅說：「中國現在的社會情狀，只有實地的革命戰爭，一首詩嚇不走孫傳芳，一砲就把孫傳芳轟走了。自然也有人以為文學於革命是有偉力的，但我個人總覺得懷疑，……我呢，自然倒願意聽聽大砲的聲音。」[11]

這種論調和魯迅當時甫形成的態度倒很相稱，他當時強調軍事與政治的行動在眼前的政治變革中所扮演的角色的分量，並貶低文學的角色。這樣的態度，是由一九二六年軍閥政府在北京屠殺女學生[12]等殘酷的現實的衝擊所導致的。國民黨與共產黨在孫中山領導下的合作，也促使魯迅期待著一些立即的變革，確可用「火與劍」來達成。[13]

一直到一九二七年十二月二十一日魯迅在上海講演〈文藝與政治的歧途〉之前四天發表的一篇文章中，他仍然在表達這一思路。在發表於一九二七年十二月十七日的〈在鐘樓上〉，魯迅引述葉遂寧和梭波里的自殺，但他並不是用他們的自殺來肯定作家之與政治——不論是不是革命性的政治——分庭抗禮的道德方面及藝術方面的誠直；相反地，魯迅認為他們的自殺是肯定「十月革命」的價值所難免的犧牲。對魯迅而言，葉遂寧和梭波里由於對「十月革命」的幻想破滅而自殺，這一事實正足以顯示在俄國確實發生了一場革命。革命是需要人民的受苦和犧牲的，「十月革命」進行之中和完成以後許多人受苦和犧牲，便證明了這是一場真正的革命。魯迅因此說：

……凡有革命以前的幻想或理想的革命詩人，很可有碰死在自己所謳歌希望的現實上的運命；而現實的革命倘不粉碎了這類詩人的幻想或理想，則這革命也還是布告上

---

8 同註6，四一九—二一。

9 魯迅在一九二六年九月十四日給許廣平的信，收入《兩地書》，見《魯迅全集》，十一：一一七。

10《魯迅全集》，三：四一八。

11 同註10，四二三。

12 見魯迅，〈紀念劉和珍君〉，收入《華蓋集續編》；見《魯迅全集》，三：二七三—七八。這是一篇血淚凝成的人間至文，憂憤而深廣。台灣有識青年多已自覺歷史斷層的苦楚；現在已經解嚴，這本早期二〇年代魯迅的書，總可找到一讀。

13 魯迅在一九二五年四月八日給許廣平的信，收入《兩地書》；見《魯迅全集》，十一：三九。

的空談。但葉遂寧和梭波里是未可厚非的，他們先後給自己唱了挽歌，他們有真實。他們以自己的沉沒，證明著革命的前行。[14]

用〈在鐘樓上〉及魯迅在八個月之前在黃埔軍校的講演來與〈文藝與政治的歧途〉相比照，後者便顯得格外要緊而又突兀。這篇講演與魯迅在五四早期的立場比較相合，因為那時他所著重的，便是作家為了革命性的變革所必須擔當的重要角色，以及作家應堅持超乎政治之上與政治之外的思想和道德自主性的價值。他早期認定作家有其自主性，後來卻主張作家在階級鬥爭的革命政治中需扮演輔助政治領導中心的角色；是不是這兩相衝突的立場所產生的「緊張」（tension）太過強烈，他為了要暫時減輕這種「緊張」，在有意或無意中想及時對早年堅持的立場做最後一次肯定——否則，也許就來不及了？在此時（一九二七年十二月二十一日），魯迅向「左」移動的外在跡象雖然尚未完全明朗化，但他已意識到，一旦他要開始為左派政治服務，為「意締牢結」獻身而使思想變得簡化將勢所難免；會不會是因恐懼這樣的簡化，他才在這個關鍵時刻去最後一次陳述作家的藝術和思想自主性的意義？

三、韋伯對於政治的分析範疇：「意圖倫理」與「責任倫理」

無論魯迅在上海的講演背後有什麼心理上的或其他方面的原因，一個極為重要的問題等待著切實的解答。在上海的講演中，針對一切革命政治——包括共產黨領導的革命（其領袖在革命成功之後將變為人民的壓迫者）——他以最有力、最清楚的方式提出警告；那麼，究竟為什麼以及究竟如何魯迅竟會終於忽視了他自己提出的這一警告，以致情願放棄他一向堅持的作為一個作家所應具有的道德與藝術自主性，並甘心為左翼革命政治服務？如能找尋得到這個問題的答案，它可以讓我們對魯迅——特別是他的晚期（一九二七—一九三六）——思想中很要緊的一面，獲得確鑿的了解。

在深受儒家影響的傳統的中國，政治從來未被看成是一個獨立的範疇（或領域），在這個獨立範疇（或領域）中從事（政治）活動的人的行為，需根據韋伯（Max Weber）所謂「責任倫理」（the ethics of responsibility）而非「意圖倫理（或終極目的的倫理）」（the ethics of intentions（or ultimate ends））來評斷。韋伯對政治之本質所做的卓越分析，同時顧及到了這

14 魯迅，〈在鐘樓上〉，收入《三閑集》；見《魯迅全集》，四：三六。

兩種態度在邏輯方面及在實踐方面所蘊涵的結果。[15]「意圖倫理」所根據的是一宇宙的理性主義，即認為宇宙的本質及其內的行為是理性的：相信善的意圖將會帶來善的後果（或云意志的誠篤有助於世界的和諧）。這樣的倫理觀念認為，政治行為的每一步驟都必須發自純真的道德動機；所以，從邏輯的觀點來看，唯一可行的路途是：任何政治活動都不許在道德上有曖昧之處，都不許使用在道德上有問題的手段。然而在實踐的層次上，在政治領域中秉持「意圖倫理」的人，通常不知如何處理他發自善良意圖的行動所帶來的未曾預期的、有時甚至是有害的後果。他通常是要埋怨世界的缺陷或不公、別人的愚蠢、歷史的命運、或說這是天意；卻很少會承認這是他的行為帶來的後果。尤有進者，在經驗世界中更常見下述的情況：信奉「意圖倫理」的人們，往往經由對自己的意圖之崇高與純真的自我頌揚，便輕鬆而突然地放棄了思想上的邏輯一致性，遂把自己變成揭示未來完美無缺的世界將要到來的先知，並預見偉大的道德目標將經由極端不道德的手段的使用而獲實現。因此，為了實現最偉大的目的，最不講道德原則的手段被說成是正當的、可以使用的。他們認為為了使未來的世界變得永遠美好無缺，為了使一切不道德與不公正的手段都再沒有被使用的可能，他們有理由最後使用一次極不道德、極不公正的手段以達成這個最偉大的目的。

對比之下，主張根據「責任倫理」處世行事的人，特別注意到了世界之非理性與不完美的特質，並且曉得最善良不過的意圖可能帶來與原來目標正好相反的後果。他知道，相對而言，政治是一個獨立的領域，人在其中所採用作為手段的行動，不可老是用純道德的尺度來衡量；他認為自己應為自己的行動可以預見的後果負責。只要他在經驗世界中預見某些手段能夠帶來某些後果，而這些後果正是他所追求的道德性目標的構成部分；那麼，即使從道德純粹論者的眼光來看這些手段是有問題的，他也願意妥協地使用它們，因為從政治範疇（或領域）的獨立性的角度來看，它們在道德上是中性的。由於他經常注意他的行動在可以預見的未來將要產生那些後果並對其負責，所以他之使用從純道德的觀點來看有問題的手段，是與那些揭示未來完美無缺的世界將要到來的先知式的政治人物的手段，以及與追逐權力的政治人物的手段，均不相同。先知式的政治人物，用為達成崇高的目的來解釋使用邪惡的手段的「合理性」，然而他們對可以預見的政治行為的後果，卻沒有**切實**的責任感。被權力慾所驅使的政治人物，其生命中只有自私之一念，他使用一切能夠找到的手段，為了權力本身而追逐權力。

15 Max Weber, "Politics as a Vocation," in W. G. Runciman, ed., and Eric Matthews, trans., *Max Weber: Selections in Translation*（Cambridge, 1978）, pp. 212-25. 根據韋伯的觀點在中文世界進行的具體分析，見林毓生，〈如何做個政治家？〉，已收入《思想與人物》（台北：聯經，一九八五第三次重校印行），頁三九七—四一〇。韋伯的這篇重要文獻，已由錢永祥譯成中文，收入錢永祥編譯，《學術與政治——韋伯選集㈠》（台北：允晨一九八五），頁一五四—二二一。

四、中國傳統的政治觀

在傳統中國，至少就其正統的思想路線而言，國家固然要負責維繫社會的安寧與和諧，然它的基本目的則是道德性的。政治權力合理性的解釋主要是這樣的：天子由於他具有完美的道德資質而受「天命」，受命的天子的道德自然帶有「奇理斯瑪的」（charismatic）特性；國家的主要目的是：由天子代表國家，運用他的道德的「奇理斯瑪」來教化百姓。（實際上，天子以道德與文化的資質為準繩，選用為國家服務的官吏，官吏代表天子執行他的許多職責。）因此，基本上政治是從「意圖倫理」的觀點來了解的。不過，由於缺少強有力的先知資源（姑不論「今文學派」——那畢竟是很晚才被重新發現的），根據「意圖倫理」的觀點來了解政治的這一傾向，並沒有產生預言（十全十美的）千禧年即將因救世主降臨人間而到來的運動。這樣的運動（如東漢的「太平道」以及綿延元、明、清三個朝代的白蓮教），在它們興起的時候，需先依託儒家正統思想以外的——道教與佛教的——資源，然後它們才能利用正統思想中「天命」觀念所蘊涵的普遍主義（universalism）（這樣，具有「千禧年」運動性質的農民起義才有「替天行道」這類的口號）。

因為實際上的統治者，往往不是真命聖王，從孔子以降，在儒家思想中便有一個「從道不從君」的相反論調——認為統治者如果背離了「道」，人們便應服從「道」之指引，而不從「君」的命令。然而，這一說法只是面對現實與理想之間的差距時，一種想維護「道」的完整性的防衛措施而已。它並未改變，政治與道德的合一在聖王的德性中得到具體的呈現——這個一元論的觀念。在傳統中國，政治中的「道」，除了普遍王權之外，再無制度性纜繫的著落、碇泊之處。在儒家思想之內的各派學說之中，經世學派雖然特別著力於考察各項政治實務與制度的直接效益，但它依然假定國家的目的主要是在道德方面。因此，經世學派之強調「效益」，只能算是次一層次的關懷，並沒有向那個政治與道德合一的基本前提挑戰。

站在與儒家之把政治道德化的觀點直接對立的立場，則是法家思想；至少就《韓非子》書中一些以較尖銳的方式出現的觀念而言，法家主張把政治徹底弄成不道德的東西（immoralization）——這不同於把政治看成非道德化的東西（amoralization）。（「非道德化」是指：既不是道德的，也不是不道德的，是中性的。）照《韓非子》書中的一些說法，法家主張的追逐權力，完全是為了統治者的利益服務；為了追逐權力，甚至連摧殘生命與消滅文化亦在所不惜。法家也同樣沒有察覺到世界之非理性與不完美的特質，更沒有意識到意圖與意圖的後果往往有很大的差距的問題，所以也未曾設法處理意圖及其後果之間的差距——這一社會理論（social theory）問題。事實上，法家與儒家一樣，都預設了一個理性主義式的宇宙，在其中，意圖（就法家而言，他們故意把意圖弄成不道德的，而不是道德的）是可以獲得實現，得到當初的意圖想得到的結果的。因此，法家也未思考到為了實現政治人物負有道德責任的目標而使用在道德上曖昧的政治手段的意義與功能；所以法家也未發展出來政治獨立性（或自主性）的思想範疇。

五、魯迅的革命政治觀與中國傳統政治觀的關係

雖然魯迅曾經明確地對傳統中的許多成分予以嚴斥，然而在他意識中的一個基本層面上，儒家要把政治道德化與法家要把政治弄成完全是不道德的東西的二分法（dichotomy）所培養出來的傳統中國式的政治觀，似乎仍然被他理所當然地接受了下來。既然缺少一個——從「責任倫理」的角度去了解政治的某些特質的——思想範疇，政治的實態，在魯迅的眼中只能看作是一場沒有良心的人為了自私所演出的，永不止息的騙人把戲。因此，和傳統的儒家一樣，他覺得政治是卑劣的、可譴責的。這一看法，如把它當作是對政治的坦率描述，和法家的想法也沒有什麼差別。

因此，我們可以說（雖然他本人可能並未充分察覺到這一點），魯迅肯定了儒家對於政治所持的理想，認為政治應該是根據「意圖倫理」追求道德性的目標；他同時透過具體的觀察，肯定了法家對政治的現實所獲致的了解，認為政治實際上是以不道德的行為來追逐不道德的目

標。所以，對魯迅而言，政治可能是道德的，也可能是不道德的，但絕不可能是非道德的（amoral）。在這一「二分法」之間，不僅容不下韋伯式「責任倫理」意義下對政治的看法，也不可能產生一些英國哲學家所發展出來的在社會理論中對政治所持的觀念——強調在相對意義下具有獨立性的制度所能發生的影響力。走筆至此，我們可深感興味地追憶西方社會與政治哲學史上一段雋永的史實：休謨（David Hume）及其後繼者對於社會哲學所採用的探討途徑的基礎是建立在孟德威爾（Bernard Mandeville）的觀念之上，即：「群眾中的至惡者也對公共利益提供過一些貢獻」。[16]對許多人類的事務，休謨也是一個懷疑論者，但他發展出來了一個特

---

16 引自 F. A. Hayek, "Dr. Bernard Mandeville," 收入他的 *New Studies in Philosophy, Politics, Economics, and the History of Ideas*（Chicago, 1987）, p. 251。原文見 Bernard Mandeville, *The Fable of the Bees: or Private Vices, Public Benefits*, ed. F. B. Kaye（Oxford University Press, 1924）, I, p. 24。原籍荷蘭的孟德威爾醫生在一六九六年左右開始在倫敦行醫。他在一七〇五年發表的這首〈蜂的寓言〉的詩，曾引起衛道之士極大的誤解、憤慨與恐懼。但他的思想是十八世紀蘇格蘭啟蒙運動的先驅。所謂「群眾中的至惡者也對公共利益提供過一些貢獻」——這一概念主要是建築在對於社會與政治秩序是由演化（非由理性建構）而來的了解上。在這一演化過程中，人的意圖與後果，往往是不一致的。自私自利的人的行為後果，往往也構成了促進演化的因素之一，如果他的行為是發生在一個開放的、多元的、受政治控制至最少程度，其資源在走向法治的路途之中得以自由發揮的社會。例如一個自私的官吏的貪污行為可能促使防止貪污的法律變得更為周延，更少漏洞。海耶克先生特別強調演化與多元的自由主義是與孟德威爾及十八世紀蘇格蘭啟蒙運動中的哲學家、社會思想家

別強調制度的觀念，這是西方純正自由主義者一向堅持的一個觀念。用海耶克（F. A. Hayek）的話來說：「休謨希望得到的和平、自由與公正，非來自人們的善良品性，而是來自（健全的）制度——這一制度使得即使是壞人，在他們追逐各種事務以滿足自己的私慾時，也為公共的好處做了事。」[17]與上述韋伯所主張的——在政治上，應運用「責任倫理」處世行事——以及休謨所特別強調的——在政治與社會中關鍵在於健全制度的形成——構成鮮明的對比則是：魯迅是以獻身他執著的道德原則的態度來接觸與處理政治問題的。對魯迅而言，即使他不能確知他走的那條路終究要把他帶到那裡去，繼續在這條路上走下去，乃是一項道德的義務。[18]政治是一種道德的劇曲，中國共產黨的革命則是一樁為了獲得美好的未來而發動的崇高事業——這一事業更染有強烈的道德色彩。它的醜惡面——如後來發生的，所謂「無產階級文化大革命」所呈現者——在當時實無法想像。作為一個道德的人的魯迅，在他尋找一條出路，而同時又感到與所處的現實政治完全疏離的時候，他幾乎無可避免地把自己投入了支持共產革命這條路上去——視這項決定為一道德行為，而完全不顧他自己針對政治所提出的警告。（換句話說，他對自己支持共產革命的這一政治性的決定當作道德的行為而非政治的行為，故無顧於他自己對政治性的行為的譴責與警告了。）

魯迅對馬克思主義的文學理論相當熟悉。事實上，托洛斯基對於這套理論的詮釋，構成了上述魯迅在黃埔軍官學校講演的理論背景。在他向「左」移動的時候，他也已熟悉浦力汗諾夫

（Plekhanov）與盧那卡爾斯基（Lunacharski）所發展出來的文學和藝術理論。[19]不過，他對馬列主義的知識，則相當零散。他之所以左傾，並不是由於對馬列主義的著作全面而系統地研讀的結果，也不是因為受了千禧年式的歷史轉化的遠景所激發的緣故。（他對現實的具體感、尖銳的邏輯頭腦、與心靈上的悲觀之情都阻止他受千禧年式的歷史觀的影響。）不過，魯迅一向對受壓迫者懷有深摯的同情。他發現馬克思主義的階級分析，是一種和他的觀點相投合的了解社會與歷史的工具。在這個意義上，他變得左傾涉及一些理知上的重要改變。然而，他變得左傾，主要乃是一樁道德的行動，最初是由於與政治現狀深感疏離之故。但，正因為魯迅未把他的左傾看做是一件政治性的行動，這樣的改變播下了悲劇的種子。

（休謨、亞當・斯密、佛格森等）一脈相承的。

17 F. A. Hayek, "The Legal and Political Philosophy of David Hume," 收在他的 *Studies in Philosophy, Politics, and Economics*（Chicago, 1967）, p. 121。海耶克所引休謨的話，見 David Hume, *Essays, Moral, Political, and Literary*（London, 1875）一：九九。

18 魯迅在好幾處表明了這種態度。見〈過客〉，收入《野草》，《魯迅全集》二：一八八—九四；他在一九二五年三月十一日給許廣平的信，收入《兩地書》，《魯迅全集》十一：一三—一六；〈寫在墳的後面〉，收入《墳》，《魯迅全集》一：二八四；〈北京通信〉，收入《華蓋集》，《魯迅全集》三：五一。

19 Leo Ou-fan Lee, "Literature on the Eve of Revolution: Reflections on Lu Xun's Leftist Years, 1927-1936," *Modern China*, 2/3（July, 1976）: 291-324。

對魯迅而言，政治這回事，是一件污穢的遊戲，譴責可以，參加則決不行。他對政治的嫌惡，使他根本不想去了解它的複雜性。一旦他對政治做了全面性的譴責，那麼當他把政治當作政治來看的時候，他只能拒斥它；如果他對政治加以接受，那是因為他沒把它看成是政治性的東西的緣故。[20]他進入政治的領域，目的是為一道德理想服務，不曾了解政治涉及權力的取得與分配；因此他放棄了參與那個過程的機會。正因為他放棄了參與權力的取得與分配的過程的機會，他讓那些把政治當成政治——而不是把政治當成道德——的人來領導政治。在道德意義上，他獻身於一件理想事業；但在政治意義上，他扮演的是靜態的、被動的、服從政治領導者召喚與指令的角色。直到最後，他對改善中國政治品質幾乎無所貢獻——無論政治在這裡是指一個相對地獨立自主的行為領域而言，抑或是指一套制度而言。他能做並且做到了的是，盡他的能力所及，在領導者的一般性的指示之下，扮演他的角色。[21]

尤有進者，由於魯迅是從道德的立場來參加左派為其理想奮鬥的活動，而未從政治的立場來考慮許多行為未所預期的後果，魯迅讓他的聲望與作品變得在政治上有被操縱與利用的可能——這樣的活動，從他的觀點來看，是不道德的行為，他會毫不遲疑地加以譴責的。中共把魯迅偶像化以及把他的作品以政治化的觀點加以解釋的一切努力，完全和魯迅一生獻身於道德與理知的完整性的立場相違背。他當然會堅決反對把他的作品變成政治的工具。自然，他無需為別人如何利用他的作品負責。然而，他根據道德理想獻身於把政治當成道德的行為，卻使他的聲望與作品受到那麼多政治性的操縱與利用，這畢竟是具有悲劇性與諷刺性的歷史事實。不過，對於魯迅的兩難困局（dilemma），我們只能描述，而不能加以價值判斷。作為一個義不容辭的，為民族復興而獻身的中國知識分子，他必須在政治問題上採取立場，一九二七年後左右政治兩極化的中國，讓他幾乎沒有其他的選擇餘地。上面說過，魯迅對政治的鄙視，是由他對政治的諸般現實之具體的、針對其特質的認識所支持著的。可是因為在他的思想之中並沒有新的分析範疇來讓他用新的角度處理政治的諸般現實，他的具體感只能增強他早先已有的對事務本質（包括政治本質）的「系統性」了解。再敏銳生動的具體感也不足以應付近代中國的危機所構成的挑戰；這樣的挑戰，在實質上，需要更有創造性也更系統化的反應。

在討論過魯迅的政治觀所蘊涵的悲劇性的後果以後，我們必須在結束本文的時候，對魯迅

20 我對於魯迅和其他中西思想家的政治觀的比較，用意並不是說若魯迅具備了韋伯式和休謨式的概念，他就會釐清中國的一切問題。我也不是不知道韋伯式和休謨式的政治觀，它們本身也有困難的問題。不過，從這個比較研究的角度來看，我們可更尖銳地了解魯迅非此即彼的政治觀，是如何反映了傳統中國二分法的影響。

21 魯迅在他的左傾時期所寫的許多「雜文」，多是論駁性的，主要目的在於為左派政治服務或擊潰他的論敵，而不是尋找真理。在許多雜文中，他如往常一樣，經常表現了不凡的博學，但是他的警句、反語、譏嘲性的暗諷，表現出來的有時是聰明多過自由的探討或開放的精神。從歷史的事後回顧角度來檢討，有些雜文所表現的態度與思想是站不住腳的。

在道德方面與理知方面的偉大予以衷心的肯定。正由於他參與左派政治運動是一道德性的行動，當他認識到了政治的操縱與權謀的冷酷本質之時，他終究運用了他自己內在的道德與理知資源來抗拒這樣的政治。他與中共駐上海的首要文化幹部周揚之間仇視而嚴酷的關係，以及他——與他的學生胡風——在一九三六年的「兩個口號之爭」中，對中國共產黨的指令的反抗——這些人所熟知的故事，見證了作為一個知識分子的魯迅，個人人格的完整性。事實上，在他生命的最後一年，魯迅終於從政治的壓力之下解放出來，復歸到作為作家的他原有的內在資源。在這個時候，他的文學創造力遂又重新展現。使像〈女吊〉[22]這樣的作品得以撰成的天才，暢達而動人地證明了在他身處的時代危機以及在他的政治觀的悲劇之中，魯迅在理知方面與道德方面人格的強韌。

譯自 Lin Yü-sheng, "The Morality of Mind and Immorality of Politics: Reflections on Lu Xun, the Intellectual," in Leo. O. Lee, ed., *Lu Xun and His Legacy*（Berkeley: University of California Press, 1985）.

（原載《文星論壇》第一一二期，一九八七年十月一日）

22 魯迅，〈女吊〉，收入《且介亭雜文末編》；見《魯迅全集》，六：六一四—六一九。

民初「科學主義」的興起與涵義

——對民國十二年「科學與玄學論爭」的省察

一、前言

現代中國的「科學主義」（scientism）是指一項意識形態的立場，它強詞奪理地認為，科學能夠知道任何可以認知的事物（包括生命的意義），科學的本質不在於它研究的主題，而在於它的方法。所以科學主義者認為，促進科學方法在每一個可能領域的應用，對中國和世界來說是非常必要的。通過對中國現代思想史中一個事件的考察——即對一九二三年發生的在中國現代思想史上許多領袖人物都曾捲入的激烈而廣泛的「科學與玄學論爭」的考察——我們可以看清這一思潮是如何興起的，以及它的歷史含意。傅樂詩（Charlotte Furth）甚有見地地分析過這一論爭；D. W. Y. 鄺早年對此一論爭的敘述，在許多方面仍然有用。我在這裡不擬重複他們的發現，而要在現代中國文化危機的背景下，抽出它的幾個主要特徵，並估量其對後來中國文化發展的影響。

二、「科學與玄學論爭」的緣起、兩派的基本立場，及對「科學方法」的共同誤解

這次論爭肇始於丁文江對張君勱在一九二三年二月十四日對清華大學學生演講的輕蔑批

評。在那次演講中，張氏特別強調科學與人生觀之間有道不可逾越的鴻溝。他認為「人生觀之特點所在，曰主觀的，曰直覺的，曰綜合的，曰自由意志的，曰單一性的」。[1]反之，科學則是客觀的，為邏輯方法所支配，其方法是分析的，並為因果律與自然現象的恆常性所統轄。[2]這樣，他明確而不留餘地的說：「科學無論如何發達，而人生觀問題之解決，決非科學所能為力，惟賴諸人類之自身而已。」[3]張君勱是希望維持人的道德自主性的觀念論觀點；但他僵硬的立場不但不能使他的理論往前推進一步，而且也無法避免被許多讀者誤解。他最易遭到批評者抨擊的一點是：他的立場可能被看作：有否定科學的社會含意，無視科學對人類生活方式的巨大影響，及隨之而來對人生觀的巨大影響。對他的立場更為嚴重的反駁則是：他通過具有相對主義色彩的直覺主義及個人人格至上主義來為精神和良心自主性的辯護是謬誤的。張氏說：「故自然界現象之特徵，則在其互同；而人類界之特徵，則在其各異。惟其各異，吾國舊名詞曰先覺，曰豪傑；西方之名曰創造，曰天才，無非表示此人格之特性而已。」[4]順著這個說法推演下去，一個人的人生觀是有機地與他的性格連鎖著，而他的性格則是他的直覺之源；因此

1 張君勱，〈人生觀〉，《科學與人生觀》（上海：亞東圖書館，一九二三），頁九。
2 同上，頁四—九。
3 同上，頁九。
4 同上，頁九。

人生觀必須看作是主觀的。奇怪的是，張氏並未提出一個更高的宗教哲學的「實在之源」作為精神與道德意識能被客觀地合法化的基礎。如果這樣做，他便可暗示：精神與道德意識在不同時空中不同的具體表現，是內在地與這更高的「實在之源」聯繫著的，這樣便無主觀武斷與相對主義之嫌。這樣，他可避免別人指責他是主觀相對主義者——起碼可以奮力反擊此一類指責。然而，為什麼如此熱切地維護精神和道德良心的價值的張君勱，竟寧願用它們的主觀性作為自己辯護的武器，並堅持人生觀完全是屬於個人的呢？

有機式的宇宙觀畢竟是中國文明的最基本原則之一！儒家與道家都持這種天人合一，或道心與人心合一的觀點。事實上，張氏極熱心地希望能夠維護儒家的立場。但，在儒家思想中，「道」既有在宇宙中客觀的一面，又有在人心中主觀的一面。「道」被認為是內涵於人性之中；人的精神性與道德良心當然不是純主觀的（因為人的精神性與道德良心反映了「道」的實體，而「道」是宇宙客觀的實在。）在一個特定的意義下，它們（人的精神性與道德良心）自有其客觀性。張君勱之所以一再以強調精神與道德良心的主觀性來維護它們（而結果適得其反），其中原因很多；一個關鍵性的因素則是：他深受當時流行的「科學主義」式的對客觀性（或客體）的「理解」的影響。張氏未經深思熟慮便接受了那樣的觀點。D. W. Y. 鄺對「科學主義」所下的定義相當簡要：「一般地說，『科學主義』是從一個傳統或遺產中產生的一項信仰，在這項信仰中有限的科學原則被廣泛地應用，並成為這個文化的基本預設及不證自明的公理。」

更嚴格地說，「科學主義」是這樣的一種思想：「它把所有的實在都排放在一個自然秩序之內，而且認為只有科學方法才能理解這一秩序的所有方面，無論是生物的、社會的、物理的或心理的。」[5]對於這一定義，我們尚可添加下列一點：「科學主義」，作為一項意識形態而言，是由於對自然科學的性質與方法的誤解而產生的。（極具諷刺意味的是，這個誤解主要是由於對各門自然科學的目的與效果過分崇拜所致。）對張氏來說，客觀性（或客體）與主觀性（或主體）是截然分開的——因此彼此獨立，無法滙通。科學屬於客體的範圍。他認為科學絲毫不能解決以精神和道德自主為基礎的人生觀問題，所以人生觀不可能與科學屬於同一領域。就這樣，張氏在不知不覺中因深受五四時期在中國甚為流行的「科學主義」的影響，而採用了對於客體頗具實證主義色彩的觀點，儘管他外表上是批評「科學主義」的。這也清楚地顯示「科學主義」在當時中國知識分子圈中占了主導的流行地位。張氏認為，科學的特徵在於它使用的方法。他知道科學方法包括歸納法與演繹法，然而他卻認為物理學、化學和生物學使用的主要是歸納法：「先聚若干種事例而求其公例。」[6]只有幾何學「則以自明之公理為基礎，而後一切

5 D. W. Y. 郭，《科學主義在中國，一九〇〇—一九五〇》（紐哈文：耶魯大學出版社，一九六五年版），頁二一。
6 張君勱，《科學與人生觀》，頁五。

原則推演而出，所謂演繹的也。」[7]在這樣粗陋的、實證主義式的，對於自然科學的「理解」之上，難怪他認為他所最珍視的東西（精神與道德良心），不可從屬於科學（歸納法）研究。他認為它們必須與科學的題材截然分離，因為它們屬於主體的範疇。

但丁文江認為張氏完全誤解了科學的本質與功能。丁氏稱張氏為「玄學鬼」，認為他僅是把歐洲唯心主義的曚昧傳統與中國陳舊的宋明理學結合起來，以阻撓中國急需的進步。與張氏所聲稱的，科學不能解決人生觀問題正好相反，丁氏認為任何真正的知識都需通過科學方法，才能獲得；所以，在將來某一時期，科學將發達到能夠使各個不同的人生觀統一起來。因為人生觀必須基於對真、假、對、錯的理解（對丁氏而言，只有科學才能提供這樣的理解），所以只有應用科學方法，才能解決人生觀問題。丁氏說：「在知識界內，科學方法是萬能的。」[8]然而，丁氏對科學方法本質的理解是什麼呢？與他幾乎欣喜若狂地為「科學方法」所做的主張形成鮮明對照的是，他對「科學方法」的性質卻缺乏精緻的理解，即使從他使用的簡陋語言已可看出端倪：「我們所謂科學方法，不外將世界上的事實分起類來，求他們的秩序。等到分類秩序弄明白了，我們再想出一句最簡單明白的話來，概括這許多事實，這叫做科學的公例。」[9]於是，在他所受的地質學訓練基礎之上並根據他對歐洲作家如卡爾．皮爾遜（Karl Pearson）和托馬斯．赫胥黎的了解，丁氏基本上把科學事業當作是一項：對由感官所察覺到的經驗素材進行歸納的研究。科學的調查研究的操作是高度有序的，幾乎是機械的過程，在這一過程中人們用歸納法從各種事實中發現共同特性以對它們進行有序分類，並建立起自然界的規律。他承認但並不重視假設·演繹（hypothetico-deduction）：「科學未嘗不注重個性直覺，但是科學所承認的個性直覺，是『根據於經驗的暗示，從活經驗裡湧出來的』。（參閱胡適之《五十年世界之哲學》）。」[10]對丁氏而言，科學的特性最明顯的一點就是：運用歸納法，演繹法在丁氏的科學觀中則沒有什麼地位。對他而言，假設·演繹法只是一個一切知性活動共同採用的不易界定的行為；而非與經由嚴格訓練後所得到的形成問題之創造的想像力有關。（事實上，假設·演繹法並不必然與歸納而得的證據有關，而是與經由嚴格訓練後所得到的形成問題之創造的想像力有密切的關係。這種想像力與科學題材的演繹傳統有特殊的關係，這種傳統默會地指向可以成立的科學問題的正確答案的方向。）對於丁文江而言，因為他不明白假設·演繹在科學中精微的功能，所以他只認為一個人在其選定的主題內，越能做嚴密的經驗研究，便越易獲得啟示，也便越易受可靠的直覺的啟發。所以，可靠的假設·演繹並不是從麥可·博蘭

7 同上，頁五—六。

8 丁文江，〈玄學與科學〉；同上，頁一六。

9 同上，頁三。

10 同上，頁一四。

霓（Michael Polanyi）所謂「自然中的理性直覺（the intuition of rationality in nature）」[11]中產生，而是從豐富、廣闊的生活經驗中產生。因為他的科學方法的概念特別強調歸納法，所以任何被認得的宇宙中的部分都可成為歸納研究的對象。因此，丁氏認為歸納研究是對「真、假、對、錯」獲取真正知識的唯一途徑。從這項他所謂的「科學方法」底既寬泛又單一的態度出發，他從極為不同的工作中——如胡適的〈紅樓夢考證〉、凱恩斯的《和平的經濟後果》、牛頓發現的萬有引力定律、愛因斯坦的相對論——找到了科學的思維方式，似乎這些非常不同的發現僅僅是題材的不同，而發現的過程卻是非常相似的。在他認為這些都是運用歸納法研究出來的成果的時候，便絲毫沒有覺察到自己這項見解的荒謬。因此，他認為清代學者訓詁校勘的考證技術與科學方法是非常類似的。

張君勱把每個人的人生觀說成僅僅是他的性格和直覺的反映，並要用這樣的理由來堅持他所主張的精神與道德自主性的立場。但這種論式是難以成立的，遭到丁文江的猛烈抨擊。同時，丁文江又揪住張氏難以防守的相對論觀點加以攻擊，並鼓吹自己的科學歸納法普遍有效的觀點。丁氏說：

> 玄學家單講他的本體論，我們決不肯荒廢我們寶貴的光陰來攻擊他。但是一般的青年上了他的當，對於宗教、社會、政治、道德一切問題真以為不受論理方法支配，真

正沒有是非真偽；只須拿他所謂主觀的、綜合的、自由意志的人生觀來解決他。果真如此，我們的社會是要成一種什麼社會？果然如此，書也不必讀，學也不必求，知識經驗部是無用，只要以「自身良心之所命，起而主張之」，因為人生觀「皆起於良心之自動，而決非有使之然者也」。讀書、求學、知識、經歷，豈不都是枉費功夫？況且所有一切問題，都沒有討論之餘地——討論都要用理論的公例，都要有定義方法，都是張君勱人生觀所不承認的。……況且人各有各的良心，又何必有人來「秉燭」，來做「表率」；人人可以拿他的不講理的人生觀來「起而主張之」，安見得孔子、釋迦、墨子、耶穌的人生觀比他的要高明？何況是非真偽是無標準的呢？一個人的人生觀當然不妨矛盾，一面可以主張男女平等，一面可以實行一夫多妻。只要他說是「良心之自動」，何必管什麼論理不論理？他是否是良心之自動，旁人也當然不能去過問他。這種社會可以一日居嗎？[12]

11 麥可．博蘭霓（Michael Polanyi），《個人的知識：走向一個後批判哲學》（*Personal Knowledge: Towards a Post-Critical Philosophy*）（芝加哥大學出版社，一九五八年版），頁一六。

12 丁文江，〈玄學與科學〉，頁一六——一九。

丁氏認為張氏的錯誤部分是由於對玄學的盲從，部分是由於對科學的本質與功效的誤解。不但自然現象，就是人的心理內容也可被科學研究。科學的目的是去掉每個人的主觀偏見——偏見是合理、健康的人生觀的巨大障礙——並尋求普遍承認的真理。科學方法極力把真理同錯誤分開，抽出事實來分類以建立秩序，然後用最清晰的語言表達出來。於是，丁文江說道：「所以科學的萬能，科學的普遍，科學的貫通，不在他的材料，而在他的方法。」[13]

從上述對張君勱與丁文江論戰的分析中，有一點特別值得注意，即無論他們之間有多尖銳的分歧，有一基本論點卻是共同的：他們都相信主觀性（主體）與客觀性（客體）是根本不可逾越的，彼此完全絕緣地各自屬於一個獨立的範圍，他們同時都認為歸納法是科學方法的主要部分，能對付客體範圍內的問題（對丁而言，這些問題是經由知覺所察覺到的）。但是，丁張二氏共同的見解卻使人覺得很詫異；因為他們都把W. 斯坦利．傑方思（W. Stanley Jevons）的《科學的原則》一書當作自己理解科學方法的權威來徵引。然而，正如俄內斯特．尼格爾（Ernest Nagel）在介紹這部十九世紀邏輯和科學方法的經典著作時說：「傑方思清楚地洞悉：不認為科學是受益於『「自然」的預期』（anticipation of nature），而只把科學的工作當作是積累事實，根據事實所呈現的特性加以分類，最後篩選出它們的屬性與屬性所可蘊涵的通論的看法，是完全不足以說明科學的本質的。與這項強調歸納法是科學的本質的論調完全相反，傑方思認為科學方法主要是：在科學研究中建立假設，而假設的功能則是：對於事實加以選擇與解釋，這種選擇與解釋受科學家在研究過程中含有預期性的理念影響很大。……傑方思把歸納法形容為『從特殊真理到普遍真理的推論』，他又說『歸納是演繹的反面運作』。這些話不是一些匆忙的讀者把他的意思當作是『主張普遍的真理可從特殊的真理那邊經由歸納過程推論而來』所能了解的。因為傑方思曾明白指出：『歸納是自然現象隱藏的意義的破解』，要達成這項任務，我們必須製造出許多假說，一直到碰到一個假說，其演繹的結果與經驗相符。因此，當他說『歸納是演繹的反面運作』的時候，他的意思是：從某一假說演繹出邏輯的結果，然後把這個結果與所看到的事實相比照，在這一過程中自然律才能建立或否定。傑方思在他的大著《科學原則》的重大貢獻是：他賦予了『假設．演繹的方法』豐富而至今有效的解說。傑方思認為：假設．演繹的方法才是科學程序的本質。」[14]

根據尼格爾對傑方思底著作的簡明分析，可以明顯看出丁、張二人都完全誤解了傑方思對邏輯和科學方法的基本論點。傑方思認為，科學研究過程的重點是「假設．演繹」，而不是歸納。但丁文江和張君勱則認為科學方法的主要部分是歸納法。傑方思認為，科學的研究本身是

13 同上，頁二〇。

14 尼格爾（Ernest Nagel），"Introduction to the Dover Edition of *The Principles of Science: A Treatise on Logic and Scientific Method*, by W. Stanley Jevons," xlix-l.

演繹法與歸納法互相為用的互動過程——主觀「猜測」與客觀經驗錯綜複雜地揉和在一起，以致無法相互分離。所以，在科學事業中談論主觀與客觀之完全分離是不正確的。尤有進者，「假設．演繹」法決不像丁文江說的那樣，靠「經驗的暗示」便變得更可靠。某些最有創造性的成果的「假設．演繹」的見解與「經驗的暗示」毫無關係，而純然訴諸科學家想像或猜測的才能。愛因斯坦之發現相對論即是一例。[15]

三、胡明復對於「科學方法」的看法

事實上，在「科學與玄學論戰」爆發之前，一項較敏銳的論述科學方法的文章已在一些中國知識分子的圈子中出現。胡明復，一位著名的數學家，從一九一六年到一九一七年在《科學》雜誌上發表了一系列論述科學方法的文章。儘管他在兩個不同的立場中搖擺不定（他在第一篇文章中強調歸納法，稱之為演繹過程的基礎，[16]但後來在第二篇文章中又轉而強調演繹法，認為演繹法最初的思路並非必然要從歸納經驗中得出），因此使讀者無法得到一個明確的印象；但他在論述科學定律與科學理論時，認為它們的形成有時與新的或直接的感官刺激並沒有關係，有時甚至完全是在內心中建立起來的，而這些在內心建立起來的定律與理論卻又能與已知的原則和事實一致地聯繫在一起。[17]

海王星的發現就是一個感官經驗與科學不相涉的例子。最初知道海王星的存在並不是來自於觀測而是從已知事實與科學定律中推演出來的。另外，胡明復指出，原子論與電子存在的理論正是具體的實例，用來可以說明一些「科學的定律與理論完全是在內心中建立起來的，而這些在內心建立起來的定律與理論卻又能與已知的原則和事實，系統地聯繫在一起」。（然而胡明復較為正確的觀點，如下文所述，並未在中國的知識界產生很大的影響。相反地，張君勱、丁文江與胡適彼此之間的意見儘管不同，但他們對科學性質的誤解卻很一致。之所以如此，並非由於張、丁、胡三位缺乏聰明與才能之故。胡明復[18]較為正確的意見，之所以未能得到應得

---

15 對科學探索中溝通主觀性與客觀性的卓有見識的認識論分析，見麥可．博蘭霓（Michael Polanyi），《個人的知識：走向一個後批判哲學》。

16 胡明復，〈科學方法論一〉，《科學》，第二卷第七期（一九一六），頁七二一。

17 胡明復，〈科學方法論二〉，《科學》，第二卷第九期（一九一六），頁九五八。

18 胡明復是與胡適、趙元任等同年一起公費留美，並一起就讀康耐爾大學的。他與任鴻雋、趙元任、楊杏佛等都是「科學社」的發起人。胡適在《胡適留學日記》（台北：商務印書館，一九五六）民國三年五月十二日特別記有趙元任與胡達（胡明復）同時獲選兩種學會榮譽（Phi Beta Kappa and Sigma Xi），並說：「此二種榮譽，雖在美國學生亦不易同時得之，二君成績之優，誠足為吾國學生界光寵也。」頁二三一。同年六月二十九日，胡適記有「科學社」發起的經過，頁二六三—二六五。胡明復在民國元年與胡適曾共同發起組成一個「政治研究會」，見《胡適留學日記》民國元年十二月二十一日條，頁一三四。又參閱：胡適，〈追想胡明復〉，《胡

之注意以及張、丁、胡三位對科學性質的誤解之所以反而在當時甚受歡迎，實為本文所要探討的歷史問題。）

上述對科學的解釋當然沒有給誇大歸納經驗作用的論者以明確的支持。胡明復的解釋，使那種認為在科學方法中歸納法優於演繹法的簡單化的主張面臨棘手的困境。

不過，儘管在中文世界中對於科學方法的性質，已有人提出了較敏銳（雖然有些模稜）的解釋，儘管丁張兩位對科學的解釋與他們所信賴的西方權威的解釋正好相反，他們仍然毫不猶疑地堅持主觀性與客觀性完全分離，根本無法溝通的觀點，同時並堅持歸納法在科學活動中具有優先性的觀點。在這樣的情況之下，我們必須提出一個關鍵性的問題：他們兩人的意見既然有許多不同與爭執，為什麼卻又都對科學的性質堅持著同樣的、考慮欠周的誤解呢？傅樂詩與D. W. Y. 鄺都正確地看到，西方的材源在中國知識分子熱烈吸收西方思想的背景下所形成的影響，傅樂詩同時還暗示著傳統中國文化對他們可能發生的影響。我在這裡擬提出一項說明以具體地與分殊地解釋西方文化中的一些質素通過中國固有的母膜（matrix）被中國知識分子吸收後所發生的影響。

四、胡適的「科學主義」

但在這樣分析之前，有必要簡單地考察一下另一項在中國比丁文江更激烈的「科學主義」。根據當時一些人的品評，這項更激烈的「科學主義」變成了「科學」之所以戰勝「玄學」的鮮明旗幟，並使它的鼓吹者，胡適與吳稚暉，成為大眾所歡迎的「英雄」，大眾於是趨之若鶩。

對胡適而言，丁文江並未達到大家希望他達到的目的。丁說科學能夠解決人生觀的問題，但他僅提出了自己的主張，卻並未努力真去解決有關人生觀的問題。胡適說：「君勱的要點是『人生觀問題之解決，決非科學所能為力。』我們要答覆他，似乎應該先說明科學應用到人生觀問題上去，曾產生什麼樣子的人生觀；這就是說，我們應先敘述『科學的人生觀』是什麼，然後討論這種人生觀是否可以成立，是否可以解決人生觀的問題，是否像梁（啟超）先生說的那樣貽禍歐洲，流毒人類。我總觀二十五萬字的討論，終覺得這一次為科學作戰的人——除了吳稚暉先生——都有一個共同的錯誤，就是不曾具體地說明科學的人生觀是什麼，卻去抽象地力爭科學可以解決人生觀的問題。」[19]按照這樣的自我要求，胡適遂主動地「總括了吳稚暉先

適文存三集》（上海：亞東圖書館，一九三〇），頁一二一一—一二二二。此文是胡明復逝世後，胡適在一九二八年三月十七日寫的悼念他的文字。

19 胡適，〈科學與人生觀序〉，頁九—十。

生所提出的『漆黑一團的宇宙觀』、『人欲橫流的人生觀』，再加上他的『一點擴充與補充』，提出了他所謂的『科學的人生觀』或『自然主義的人生觀』」：

1. 根據於天文學和物理學的知識，叫人知道空間的無窮之大。
2. 根據於地質學及古生物學的知識，叫人知道時間的無窮之長。
3. 根據於一切科學，叫人知道宇宙及其中萬物的運行變遷皆是自然的，——自己如此的，——正用不著什麼超自然的主宰或造物者。
4. 根據於生物的科學的知識，叫人知道生物界的生存競爭的浪費與慘酷，——因此，叫人更可以明白那「有好生之德」的主宰的假設是不能成立的。
5. 根據於生物學、生理學、心理學的知識，叫人知道人不過是動物的一種；他和別種動物只有程度的差異，並無種類的區別。
6. 根據於生物的科學及人類學、人種學、社會學的知識，叫人知道生物及人類社會演進的歷史和演進的原因。
7. 根據於生物的及心理的科學，叫人知道一切心理的現象都是有因的。
8. 根據於生物學及社會學的知識，叫人知道道德禮教是變遷的，而變遷的原因都是可以用科學方法尋求出來的。

9. 根據於新的物理化學的知識，叫人知道物質不是死的，是活的；不是靜的，是動的。

10. 根據於生物學及社會學的知識，叫人知道個人——「小我」——是要死滅的，而人類——「大我」——是不死的，不朽的，叫人知道「為全種萬世而生活」就是宗教，就是最高的宗教；而那些替個人謀死後的「天堂」「淨土」的宗教，乃是自私自利的宗教。[20]

在這樣的「自然主義的人生觀」基礎上，胡適最後得出結論道：「甚至於生存競爭的觀念，也並不見得就使他成為一個冷酷無情的畜生，也許還可以格外增加他對於同類的同情心，格外使他深信互助的重要，格外使他注重人為的努力以減免天然競爭的慘酷與浪費」；「空間之大只增加他對於宇宙的美感」；「因果律的籠罩一切，也不見得束縛他的自由，因為因果律的作用，一方面使他可以由因求果，由果推因，解釋過去，預測未來；一方面又使他可以運用他的智慧，創造新因以求新果。」[21]

---

20 同上，頁二五—二七。

21 同上，頁二七—二九。

然而，任何明眼人讀了胡適的文章後，都能夠很容易地指出，他如此自信的論調，事實上只是一組不根據前提的「推論」而已。這是決定論的、純機械的自然觀、社會觀與一串意志主動主義——我怎麼想，就怎麼做，「做」的結果相信將會符合我的想法——的觀念與信仰的揉雜罷了。胡適一生一再強調思想清晰是多麼重要，並時常批評別人思想不清；可是他卻並未感到此文甚為明顯的矛盾。達爾文主義的「適者生存」、「物競天擇、優勝劣敗」等觀念的本身，並不必然引起人們對同類的同情心或使人盼望減免天然競爭的慘酷與浪費。宇宙無限大的觀念，可能會也可能不會引起「對於宇宙的美感」。如果宇宙中的任何事物都按照自然律自然地運作與變化——所謂「自然地」就是指「本身自然如此」——那麼，人既然也是「自然」的一部分，不能超出「自然」之上，又如何能夠「創造新因以求新果」呢？

胡氏不把「自然」與「生命」之間的關係看作是一不可避免的張力或衝突（tension），他聲稱他的意志主動主義的觀點是以他的自然主義的理解為基礎的。因此，在這個意義上說，他認為他的觀點是科學的。且不說從專業的觀點來看，科學知識的形成與運用既有其限度而且也需視情況而定，所以胡適自認得自科學的見解，實使科學的正當範圍伸張過度或變得破裂；即使他自認得自科學的見解完全而精確地合乎科學知識，從邏輯的觀點來看，它們也無力支持他的意見。因此，胡適底「科學主義」的意見實由非科學的材源所促成。更嚴重的是，胡適過分渲染的「科學主義」的意見帶有類似宗教的格調；他似乎企圖建立一個自然主義的宗教——把科學當作新的宗教——以便解除內心深處的焦慮。這便使我們想起我們前面對張君勱和丁文江的疑問了：縱使一項較敏銳（雖然有些模稜）的對於科學性質的理解已在中文世界裡出現，儘管張丁兩位對科學的看法與他們所信賴的西方權威的見解完全相反，為什麼他們竟然一致認為在科學事業中歸納法具有優先性，以及主觀性（主體）與客觀性（客體）截然分隔，毫無溝通的餘地？同時，我們應問：為什麼這一考慮欠周的，對科學的誤解，反被受過高等教育的精英廣泛接受，而那較敏銳、較正確的觀點卻被冷落一旁？在論戰中張君勱本可把儒家「天人合一」有機的世界觀拿來當作批評——至少反抗——實證主義的觀點的思想資源，為什麼他卻那麼輕易地接受了主觀性與客觀性根本不可逾越的觀點？

五、傳統中國文化結構的崩潰與中國有機式世界觀在現代發生的影響

如要解答這些問題，我們首先要探究一下傳統中國文化與思想的結構的崩潰所造成的後果。[22]這一結構性的崩潰與下述兩點都有密切的關係：㈠傳統政治秩序的瓦解；㈡傳統中國

22 對辛亥革命後文化與政治秩序的雙重崩潰，我們可從許多途徑加以說明。企圖從作為社會政治秩序與文化道德秩序整合的鏈條的普遍王權的瓦解，以及袁世凱濫用傳統文化象徵以致加劇了傳統文化秩序崩潰的後果來

缺乏有生命力的思想與社會資源來反抗或整合（integrate）西方文明的衝擊。由於傳統的文化秩序與傳統的政治秩序高度地整合著，所以，在一般人的腦筋裡，傳統的文化質素很難脫離高度介入傳統政治系統的形象。因此，對於許多已傾向於反傳統的人士而言，他們很難相信，一些傳統的文化質素，在現代的脈絡中尚有獨立的資源可以發展下去。事實上，中國傳統文化的結構崩潰以後，仍有許多質素生存了下來。但這些生存下來的文化與思想質素，並未激發起一個有協同性的，使其獲得創造性轉化的努力。相反地，它們卻一直在迷惘中徘徊。在另一方面，中國知識分子過去一向習於生活在一個秩序甚為井然的文化世界中，思想與價值聯繫在那樣一個有秩序的結構之中，在世界史上似乎未有與之匹敵者。當然，我並不否認在傳統文化的結構之內，存在著由許多彼此相當衝突的因素所形成的一些張力，但這些張力卻是在一個大秩序的籠罩之下組織在一起的。我們可用許多方式來對這一高度整合的文化秩序（或結構）加以說明。例如，無論宋明理學中各家各派對「格物」是「致知」的手段有多少不同的解釋（從純理論的觀點來說，對「理」的了解只能是一開放的陳述，並不預設既定的答案；換句話說，什麼是最終的真理，無人能夠提供一完全確切的答案）；但絕大多數儒家學派卻都理所當然地認定：記錄在儒家經典中的古代聖哲所具體說明的道德原則與政治原則，實際上已經蘊涵了對「理」的最終了解——這一事實足以說明在中國悠久的歷史中，結構完整、統合完整的文化秩序所占勢力之大。（當然，基督教中的《聖經》也被其信徒奉為最後的真理，而佛經也都訴諸釋迦的智慧。但，聖經的權威來自啟示與先知的傳統與教條，而佛教各派對釋迦的智慧的解釋，其範圍要比儒家寬得太多。另外，基督教與人間俗世的關係是在「政教分離」的原則與結構中牽連的，而佛教基本上是出世的。世界其他高等文明中尚無中國式的，以人間性，人文主義的哲學方式（從定義上說，它一開始就是自認有內在限制的、開放的、非教條式的）在社會、文化與政治生活中反而呈現著宗教的（從定義上說，自然有其教條性）的特質。因此，我們可以了解，當傳統文化與道德的結構已經崩潰——傳統道德與文化的特定具體展現方式失去了纜繫——的時候，那些曾經浸淫其中的人們產生了劇烈的焦慮與不安，所以急需一項確定的信仰來消除他們的焦慮與不安。這樣的情況實是丁文江及其同道認為歸納法在科學中具有不容置疑的優先性，以及主體與客體是不可逾越的主要思想背景。對於更為激進的胡適而言，他便把科學當作宗教來崇拜了。從丁胡兩位的眼光中看去，一個客觀化的世界是不容許主觀性摻入，使之妥協的——假若客觀的世界要一直是確定、可靠的話。對那些要求生存在一個十分確定的世界裡的人們來說，假設．演繹是難以對付的，它總使人感到可能想入非非，並帶來不穩定感。而歸納法需要的是刻苦與勤奮，一個人只要刻苦與勤奮的工作，在科學的領域中便可獲致真理。胡適終生所宣揚的科學方法，雖然形式上包括歸納法與演繹法，但實際上，他十分強

做說明的，見林毓生，《中國意識的危機》，第二章。

調的只是歸納法，再加上一點心理上或精神上的大膽（他認為那樣的心態便能在科學方法中扮演假設・演繹的功能——實際上「大膽」與演繹推理並無關係）。胡氏的這樣看法與態度在焦慮不安中給他帶來了一把通往「確實」的「鑰匙」。[23]當胡適公開地把科學當作宗教來頂禮膜拜時，他當然找到了絕對的「確實」了。另外，對於自認是深受歐陸唯心論傳統影響的張君勱而言，他如此輕易地就接受了實證主義的分析範疇，認為主觀與客觀彼此絕緣，歸納法是具有優先性的最重要的科學方法，這一「奇怪」的事實本身就清楚地顯示了「科學主義」在中國的主導地位。沒有什麼比張君勱那樣無力或不願以純正儒家的「天人合一」的論式來為儒家辯護這一事實，更能說明五四運動的反傳統主義及流行的「科學主義」的影響了。而導致「天人合一」觀念的傳統式的論據，在現代的脈絡中，如不經創造性轉化，也確是相當無力的。（論據的無力卻不必然蘊涵觀念的錯誤。）

除了考慮中國傳統文化結構的崩潰是中國「科學主義」興起的主要因素以外，我們還必須考察傳統的有機式世界觀與把「思想」當作最大動力的傳統一元論思想模式的重大影響。從中國有機式世界觀的背景出發，「超越」（transcendence）與「內涵」（immanence）之間並無嚴格的界限。事實上，「天人合一」的觀念是儒家有機式世界觀中一個最突出的特點，這個觀念蘊涵了超越的「實在」內涵於宇宙之內，而人則是整合於這個宇宙中的一部分。在中國文明中，這項頗可靈活變化的觀點提供了一個重要的思想資源。根據這個思想資源，人們能夠源頭活水式地處理生命問題。「天人合一」的觀念意味著超越的意義內涵於人生之中，意義可由人的努力來發現，而不是由人的意志和思想創造的；人去發現意義的努力絕不會是異化的行為，絕不只是在與盲目、無意義的世界對抗的，主觀的自我之內進行。然而，在這樣（後來又被陰陽五行理論進一步加強了的）世界觀影響之下，人們難免在不知不覺中或在潛意識裡形成一個瀰漫至各處的思維習慣，這個習慣傾向於無視不同個體之間的明顯區別，並且傾向於假定不同個體都有一個較高的、而又是所有個體都共同具有的特質，因此不同的個體能互相滲透、整合。這個瀰漫至各處，整合的思維習慣又由從來未曾有過獨立的教會、更無「政教分離」傳統的、高度整合的中國社會所增強。

我在別處曾對傳統中國把思想當作最大動力的一元論思想模式的持續性及其對五四時期的激烈反傳統主義的形成所產生的影響試做說明。[24]在流行的反傳統氣氛之中，這一將基本的觀念當作社會、政治與道德、文化變遷的根本之源的思想模式，當然容易促使許多人接受把科學

23 胡適把「科學方法」界定為「大膽的假設，小心的求證」。見〈清代學者的治學方法〉，《胡適文存》卷二，頁二〇五—二四六，特別是頁二四二。下述句子可以證明胡適是把歸納法當作演繹法的基礎的：「當我們尋得幾條少數同類的例時，我們心裡已起了一種假設的通則。有了這個假設的通則，若再遇著同類的例，便把已有的假設去解釋他們，看他能否把所有同類的例都解釋的滿意。」同上，頁二三〇。

24 林毓生，《中國意識的危機》，第三章。

方法當作到處可以應用的科學主義式的觀念。對於更為激烈的胡適而言，他是如此狂熱地相信科學的普遍有效性及科學方法的萬能，以致認為科學的力量無處不在，可以滲透一切——所以，事實上，他是把科學當作宗教來崇拜。

從以上的分析，我們知道在中國文化與政治結構崩潰的時候，一項被中國有機式世界觀在不知不覺中形成的有機式思維習慣，使得人們很容易無視其所相信的觀念在多元世界中是有嚴格限度的，而易主張他們所相信的觀念有貫穿的功能，能把次級的個體整合成一個一元的世界。現代中國的科學主義，便是在西方文化沖擊下，在這樣的思維習慣與將思想當作最大動力的一元化思想模式揉合後而形成的母膜中形成的。我並不否認西方的影響所發生的作用，也不否認文化與學術流派所發生的作用，諸如清代所流行的強調事實重要性的考證學派與西方實證主義有某種程度的類似點，以致使它在進入中國時易被接受。但對西方的影響及中國固有傳統的延續概述性的了解，並不能充分地回答這樣的問題：為什麼（及如何）某些西方流派特別容易被中國汲取？為什麼（及如何）某些固有的傳統流派（如乾嘉考據）反而被撿起，在對中國文化與思想傳統進行激烈的攻擊的時代潮流之中反而得到進一步的發展？因此，吾人需要對形成上述母膜的背景因素進行分析，正是在這母膜之中，一些被吸收的西方流派與一些傳統的延續面產生交互的作用。

六、「科學主義」在現代中國人文學科與社會科學發展中產生的阻力

中國式「科學主義」的流行——對科學方法（特別是歸納法的形式方面）萬能的崇拜以及認為主觀與客觀全然不可逾越與溝通的觀念，對後一階段的中國歷史有著嚴重的影響。除了上述傅樂詩與D. W. Y. 鄺所概括地指出的以外，我在這裡要略談一下「科學主義」的流行對於中國人文學科及社會科學的影響。流行的科學主義對科學抱持的形象，不但未能提供對科學的本質及其方法更切實的領悟與理解所需的資源；相反地，它剝奪了中國公眾獲得這項領悟與理解的機會。由於主張「科學的基礎不是依靠其題材而是依靠其方法」，並強調形式與機械方面的歸納法是科學方法的優先部分，中國的「科學主義」實際上顛倒了對於科學本質及其方法具有先後秩序的正解。隨之而來的結果則是，信奉「科學主義」的人們，極少願意去發展一項經由成功地形成在科學研究上有重要意義的問題的實例來獲得科學素養的意識；這些在科學研究上具有重要意義的問題，則是通過一項對個人所關心的具體而專門的題材所產生的**個人的知識**而形成的。因此，在「科學與玄學」這一重要論爭的災難性後果中，理知訓練的創造性傳統，找不到扎根的沃土。因為，人們普遍地認為任何研究的關鍵在於如何把歸納法的形式方面應用到自己的學科上去——並認為這是神聖不可侵犯的科學探索活動；因此，他們不能了解如何形成理論性的有意義的**問題**才真是學術研究的關鍵。所以，以一個價值次序為基礎的（在這個次序

中，什麼是最有價值的東西，什麼是較有價值的東西，都有明確的認定），訓練有素的判斷力，便沒有合適的機會得以發展；相反地，沒有次序的、相對主義的氣氛便流行了起來。在這樣的氣氛中不存在什麼是中心，什麼是邊緣的問題，結果是考據校勘、導論式的敘述性著作、藉學術之名傳播自己所相信的教條的活動——而非對有意義的問題進行根據學術訓練的理論上的理解——便漸次變成中國人文學科與社會科學的最主要活動。

克里福特．基爾茲（Chifford Geertz）正確地指出，當社會與政治危機加上了文化上因迷失方向而產生文化危機的時候，那是最需要「意締牢結」（ideology）的時候。[25]「科學主義」在中國的興起絕不是一個偶然的歷史事件。然而，當中國知識分子，懂得了他們的過去的時候，他們將不會受處罰去重複過去的錯誤。現在他們必須好好安排今後的工作日程。

（原載《聯合報》副刊，一九八七年十二月十三日—十七日）

25 克里福特．基爾茲，〈作為文化系統的『意締牢結』〉，*The Interpretation of Cultures*（New York, 1973），頁一九三—二三三，特別是二一五—二二〇。"ideology"一字過去在中文世界中多根據日文最初的譯法，譯作「意識形態」。但「意識形態」一詞在中文中大家有時不易明瞭它究竟是指甚麼？此處合意譯與聲譯為一，譯作：「意締牢結」，其特定的意義，可參閱基爾茲原文及席爾斯（Edward Shils）論「意締牢結」，見氏著：*The Constitution of Society*（The University of Chicago Press, 1982），pp. 202-223。

胡適與梁漱溟關於《東西文化及其哲學》的論辯及其歷史涵義

一、梁漱溟的文化哲學及其「全盤性反傳統主義」

梁漱溟先生（以下簡稱梁氏）在一九二一年年底發表了他的名著《東西文化及其哲學》。胡適先生（以下簡稱胡氏）在一九二三年三月二十八日撰就批評梁著的書評（發表在三月三十日出版的《讀書雜誌》）。梁氏於同年十二月在《哲學》第八期對胡評作了回應。本文擬先敘述一下他們之間論辯的要點，然後再分析其歷史的涵義。

梁氏在他的大著中提出了一套理論架構，這套架構的特點是：他用他的文化哲學來解釋與預測歷史演變的律則；換句話說，他認為世界歷史的演變有其一定的律則，這一律則可經由了解中西印三大文明所呈現的文化特色而掌握。因此，我們可以說：梁氏是把他的文化哲學當作歷史哲學來講的。

梁氏認為文化發展的主要動力是他所謂的「沒盡的意欲（will）」，他說：

> 你且看文化是什麼東西呢？不過是那一民族生活的樣法罷了。生活又是什麼呢？生活就是沒盡的意欲（will）——此所謂「意欲」與叔本華所謂「意欲」略相近——和那不斷的滿足與不滿足罷了。通是個民族，通是個生活，何以他那表現出來的生活樣法成了兩異的采色？不過是他那為生活樣法最初本因的意欲分出兩異的方向，所以發

> 揮出來的便兩樣罷了。然則你要去求一家文化的根本或源泉，你只要去看文化的根源的意欲，這家的方向如何與他家的不同？你要去尋這方向怎樣不同？你只要（從）他已知的特異采色推他那**原出發點**，不難一目瞭然。（梁漱溟，《東西文化及其哲學》第三版（上海：商務，一九二二），頁二四。（以下徵引此書時，只註頁數。））

從以上的引文中，我們很清楚地看到，梁氏的文化哲學特別關心不同文化的特異性的來由（如下文所述，此點與胡適關懷的重點，有時很不同）。根據梁氏的觀點，不同文化之所以不同，主要是導致不同文化特異色采的精神的不同；不同的精神則來自不同的意欲。

此一看法當然特別強調人的主觀性，梁氏說：「照我們的意思，只認主觀的因，其餘都是緣。」（頁四四）這樣特別強調人的主觀性的思想的根源，除了可能不自覺地承受了儒家傳統約定俗成、特別強調人心的內在道德與理知力量的思想模式的影響以外，[1]主要建基於梁氏所認同的佛教思想，尤其是唯識宗的基本前提。根據這一主張，文化與思想的特性來自其背後不同的精神，而不同的精神則來自不同的意欲，所以梁氏認為西方文化、中國文化與印度文化的

1 參閱 Lin Yü-sheng, *The Crisis of Chinese Consciousness*（Madison: University of Wisconsin Press, 1979）, chapter III, sec. 3, "The origins of the cultural-intellectualistic approach," pp. 38-55.

不同特色及其根源是：

西方文化是以意欲向前要求為其根本精神的；
中國文化是以意欲自為調和持中為根本精神的；
印度文化是以意欲反身向後要求為其根本精神的。（頁五五）

西方文化中的科學與民主是西方人「意欲向前要求」的精神產物。然而，在梁氏對西方精神加以說明的時候，其最大的特點是：他並不認為這種西方精神是只屬於西方的，自然也不認為其所導致的自由與民主是特殊的、只屬於西方文化的東西。梁氏認為西方的精神，本是人類最初的、本來的路向。他說：「本來的路向就是奮力取得所要求的東西，設法滿足他的要求；換一句話說就是奮鬥的態度。遇到問題都是對於前面去下手，這種下手的結果就是改造局面，使其可以滿足我們的要求，這是生活本來的路向。」（頁五三）接著梁氏以「征服自然的異采」、「科學方法的異采」與「德謨克拉西的異采」來標明西方文化的特色，同時指出這些特色本是其他文化也可發展出來的，因為其他文化最初的、本來路向也是西方文化所賴以發展的路向。可惜，中國與印度在未曾完全走完這一路程，完全發揮出來這一路向所能導致的成果（與問題）的時候，就「中途拐彎到第二（傳統中國的）路上來；把以後方要走到的提前走了，成為人類文化的早熟。……印度文化也是所謂人類文化的早熟，它是不待第一路第二路走完而徑直拐到第三路上去的」（頁二〇〇）。

梁氏根據他的理論的「內在理路」（inner logic）自然會推演出來下述這一結論來：既然西方文化的路向是世界各個文化最初的、本來的路向，在這個路向發展出來的有價值的東西，本來是世界其他文明（如中國與印度）也可發展出來的東西，只因它們「中途拐彎」，沒能走完全程，所以未曾發展出來——這個「不幸」的結果是有相當大的偶然性的。所以，科學與民主，雖然只在西方獲得了充分的發展，卻不應也不是只屬於西方的；就它們都可能從其他文化——只要不「中途拐彎」堅持原來的路向——發展出來的觀點而言，科學與民主——這些有價值的東西——不只是屬於西方的，而是普遍的價值。科學與民主既然是普遍的價值，大家都自然應該普遍地接受，因為它們是人類「生活本來的路向」發展出來的東西，具有世界性的。從這個角度來看，梁氏認為「現在西方（文）化所謂科學和『德謨克拉西』之二物是無論世界上哪一地方人皆不能自外的」（頁九），「這兩種精神完全是對的；只能為無批評無條件的承認；即我所謂對西方（文）化要『全盤承受』。怎樣引進這兩種精神實在是當今所急的；否則我們將永此不配談人格，我們將永此不配談學術」（頁二〇六）。

在這個脈絡中，梁氏極為贊成陳獨秀把中西文化界定成為兩個完全不同性質的、不能相容的有機式整體的意見。梁氏自覺「不能不嘆服陳先生頭腦的明利」（頁六），認為陳氏為了引

進科學與民主而推動的全盤性反傳統運動是「痛快之至，在當時只有他看的如此之清楚！」（頁一〇）

傳統中國的「意欲」所產生的精神是：「安分、知足、寡欲、攝生，而絕沒有提倡要求物質享樂的」（頁六五）、「大家公認的中心思想就是『調和』」（頁一一八）。這樣的精神所導致的文化、人的性格以及社會的情況則是：「頭腦籠統，絕少辨察明利的人」（頁一二二），以及由於：

人類文化之初都不能不走（以意欲向前要求為其根本精神的）第一路，中國人自也這樣，卻他不待把這條路走完，便中途拐彎……但明明還處在第一問題未了之前，第一路不能不走，哪裡能容你順當去走第二路？所以就只能委委曲曲，表出一種曖昧不明的文化……我們所有不及人家之一點就在步驟凌亂成熟太早不合時宜。……我們不待抵抗得天行，就不去走征服自然的路，所以至今還每要見厄於自然。我們不待有我就去講無我。不待個性伸展就去講屈己讓人，所以至今也未曾得從種種權威底下解放出來。我們不待理智條達，就去崇尚那非論理的精神，就專好用直覺，所以至今思想也不得清明，學術也都無眉目。並且從這種態度就根本停頓了進步，自其文化開發之初到他數千年之後，也沒有什麼兩樣。他再不能回頭補走第一路，也不能往下去走第三路；假使沒有外力進門，環境不變，他會要長此終古！……不痛不癢真是一個無可指名的大病。及至變局驟至，就大受其苦，劇痛起來。他處在第一問題之下的世界，而於第一路沒有走得幾步，凡所應成就者都沒有成就出來；一旦世界交通，和旁人接觸，那得不相形見拙？而況碰到的西洋人偏是個專走第一路大有成就的，自然更禁不起他的威稜，只有節節失敗，忍辱茹痛，聽其蹴踏，僅得不死。國際上受這種種欺凌已經痛苦不堪，而尤其危險的，西洋人從這條路上大獲成功的是物質的財，他若挾著他大資本和他經濟的手段，從經濟上永遠制服了中國人，為他服役，不能翻身，都不一定。至於自己眼前身受的國內軍閥之蹂躪，生命財產無半點保障，遑論什麼自由；生計更窮得要死，試去一看下層社會簡直地獄不如；而水旱頻仍，天災一來，全沒對付，甘受其虐；這是頂慘切的三端，其餘種種太多不須細數。……中國人之有今日，全由於我們自己的文化，而莫從抵賴；也正為古聖人的道理行得幾分，所以才致這樣（頁一九九—二〇四）。

根據上述對於傳統中國文化發展歷程的了解，當務之急當然是非把經由那樣歷程所產生的文化整個地摒棄不可；這樣才有希望「補走第一路」（頁二〇三），也因此梁氏主張「全盤承受」在西方首先發展出來的，具有普遍價值的科學與民主。科學與民主，淵源有自，無法硬把它們

「搬到中國來」（頁四），也不是表面上學得幾個名詞便可變為己有。梁氏特別反對中西文化可以調和的理論；根據梁氏的觀點，文化既然是由具有特異性質的「意欲」與「精神」所導致的特異「路向」發展而來，每個文化自有其整體（holistic）性，所以其成分不可能隨便被割裂、移植或調和的。[2]梁氏認為西方文化與中國傳統文化由於性格不同，所以是「不相容的」（頁四），為了接受與發展西方的科學與民主，需把傳統中國文化「根本打倒！……非有此種解決，中國民族不會打出一條活路來！」（頁六－七）基本上，梁氏的反傳統思想與陳獨秀的全盤性反傳統主義——就其強調傳統中國文化整體性的特質是由其基本思想（或精神）所決定、就其對傳統中國思想與文化做有機式的界定，認為與現代西方文化不能相容這兩點而言——在性格上是相類的。因此，梁氏認為自己是陳獨秀先生的知音，對之推崇備至。梁氏的思想與陳氏所不同的是，梁氏建立了把他的文化哲學當作歷史哲學來講的架構，提出了對於世界史上中、西、印三大文明發展的系統性看法，根據這一看法，他覺得可以解釋它們的過去，指導當前中國文化發展的方向，並預測世界文化的未來。

二、五四以來文化保守主義理論模式的濫觴

既然科學與民主淵源有自，一方面不能硬把它們「搬到中國來」，另一方面又需「全盤承

受」，那麼究竟如何才能真正使它們在中國生根呢？對於這一歷史性的兩難境況（dilemma），梁氏根據其理論架構提出了自信可以站得住腳的解決方案。此一方案在中國影響很大，一方面使梁氏成為現代中國保守主義領袖之一（雖然他一再聲稱是陳獨秀的知音）；另一方面，它實是自五四以來一項特別突出的文化保守主義理論模式的濫觴。然而，下面的分析將顯示此一方案在理論上有其含混性與內在的困境。事實上，五四以來的中國文化保守主義在理論上有難以

---

2 梁氏對胡適的中西哲學可以調和的理論表示了強烈的批評意見。胡氏在其《中國哲學史大綱》上冊〈導言〉上說：「到了今日這兩大支（中國與西方）的哲學互相接觸正相影響，五十年後一百年後或竟能發生一種世界的哲學也未可知。」梁氏說：

胡先生這樣將東方與西洋兩派哲學相提並論，同樣尊重的說話，實在太客套了！我們試看中國的哲學，是否已經經過西洋哲學的那樣批評呢？照胡先生所講的中國古代哲學，在今日哲學界可有什麼價值呢？恐怕僅祇作古董看著好玩而已！雖然中國哲學史大綱的後半部還沒有作出來，而胡先生的論調卻是略聞一二的。像這種堂皇冠冕的話恐怕還是故相揶揄呢！所以大家一般人所說精神方面比較西方有長處的說法，實在是很含混不清，極糊塗，無辨別的觀念，沒有存在的餘地！

論到此處可以看出，大家意思要將東西文化調和融通，另開一種局面作為世界的新文化，祇能算是迷離含混的希望，而非明白確切的論斷；像這樣糊塗，疲緩，不真切的態度全然不對。既然沒有曉得東方文化是什麼價值，如何能希望兩文化調和融通呢？如要調和融通總須說出可以調和融通之道，若說不出道理來，那麼，何所據而知道可以調和融通呢？（梁漱溟，《東西文化及其哲學》第三版〔上海：商務，一九二二〕，頁一三）。

紓解的困難，梁氏的方案代表著此一困難的重要的一面。我在別處曾指出五四時期的全盤性反傳統思想實乃中國意識的危機的一面；梁氏的方案則呈現著此一危機的另一個方面。

梁氏的方案主要建立在對於現代西方文化過度的發展與對於孔子思想的精髓（有別於傳統中國的思想）的闡釋上。西方「以意欲向前要求為其根本精神的」文化，雖然在「征服自然」「人的個性伸展，社會性發達」等方面因發展出來了科學與民主（包括人權）而獲得極大的成績，但這個對於任何事「都是對於前面去下手」、「奮力取得所要求的東西」的發展路向——一位傑出的西方學者所指謂的「浮士德．帕米修斯的性格與傾向」（the Faustian-Promethean strain）[3]——的過度發展，給西方帶來了「毛病百出、苦痛萬狀」（頁一七七）的「計較算帳的心理」（頁一九五）、「生趣喪矣」（頁一三四）的生活。梁氏說：

> 西洋人自秉持為我向前的態度，其精神上怎樣使人與自然之間，人與人之間生了罅隙；而這樣走下去，罅裂越來越大，很深刻的劃離開來。就弄得自然對人像是很冷而人對自然更是無情，無復那古代以天地擬人而覺其撫育萬物，像對人類很有好意而人也恭敬他，與他相依相親的樣子；並且從他們那理智分析的頭腦把宇宙所有納入他那範疇悉化為物質，看著自然只是一堆很破碎的死物，人自己也歸到自然內只是一些碎物合成的，無復囫圇渾融的宇宙和深秘的精神。其人對人分別界限之清，計較之重，

> 一個個的分裂，對抗，競爭，雖家人父子也少相依相親之意；像是覺得只有自己，自己以外都是外人或敵人。人處在這樣冷漠寡歡，乾枯乏味的宇宙中，將情趣斬伐的淨盡，真是難過的要死！而從他那向前的路一味向外追求，完全拋荒了自己，喪失了精神；外面生活富麗，內裡生活卻貧乏至於零！（頁一七七—一七八）

在這種情況下，一些有反省能力的西方思想家，如倭鏗等，深刻察覺到西方路向的限制與禍害；因此，他們反對「向外逐物，很有『返身而誠』和『自得』的精神」（頁一八〇）。梁氏認為：在倭鏗說明他所謂『精神生活』的時候，「頂可以見出他怎樣要把從來西洋人傾欹在外的重心收了回來，頗與孔子的意旨相同」（頁一七九）——這樣的重新取向實是中國文化所代表的，世界文化發展的第二路向。既然西洋人都自動地要轉向中國式的發展了，中國人當然應該在此時珍惜自己的文化。梁氏說：「世界未來的文化就是中國文化的復興」（頁一九九）。如何要「鑒於西洋文化弊害而知所戒，並預備促進世界第二路文化之實現，就是我們決定應持態度所宜加意的了」（頁二〇四）。具體而言，梁氏建議中國人應持的態度是：

3 Benjamin Schwartz, *In Search of Wealth and Power: Yen and the West*（Cambridge, MA: Harvard University Press, 1964）, p. 243.

第一，要排斥印度的態度，絲毫不能容留；

第二，對於西方文化是全盤承受，而根本改過；就是對其態度要改一改；

第三，批評的把中國原來態度重新拿出來（頁二〇二）。

梁氏當然意識到所謂未來的「中國文化的復興」不可能是指導致傳統中國各種弊害的文化精神的復興。那樣的文化精神雖然與以孔子為代表的中國古典文化精神有些關係，但那是它的不正當的發展。真正的孔子精神，在中國傳統中並未獲得充分的、切實的發展。那是「剛」的精神，即「裡面力氣極充實的一種活動，……『剛毅木訥近仁』全露出一個意志高強，情感充實的樣子」（頁二一一）。梁氏認為以孔子的「剛」的精神做基礎，不但可以復興中國文化最優秀的一面，而且可參取「第一路向」奮往向前，並可把它「含融到」「第二路向」（頁二一一）裡去，以便防止第一路向所要帶來的危險。最後，梁氏主張以「其人多能赤手以搏龍蛇」的王學左派——泰州學派——的精神來「再創講學之風」（頁二一三—二一四），以便重振孔子的「剛」的精神。

三、梁漱溟文化保守主義內在的困境及其成因

梁氏方案的基本問題是：他用整體性（holistic）的觀點來解釋三大文化的路向，一再強調它們不可調和的特異性；但，到了最後，為了要倡導發揚孔子的真精神，其理論架構產生了內在的衝突與矛盾[4]——至於梁氏是否自覺有此衝突與矛盾，則是另一問題。根據梁氏本來的意思，中西印三大文化中不同的意欲產生的不同精神，導致了不同的發展路向。這三個不同發展的路向，性質與軌跡完全不同，所以無法彼此相融，只能單獨地在自己的軌道上發展。西方的第一路向，由於過分地發展，呈現了許多弊端，一些有思想的人自覺地知道這樣發展下去生趣盡喪，所以出來提倡根據人的內在資源過「精神生活」，這樣的自我要求與中國文化發展出來的第二路向頗有吻合的架勢。但，應該特別指出的是，這樣的吻合實在是一個巧合。因為根據梁氏把文化哲學當作歷史哲學來講的觀點，文化的發展是有階段性的，西方文化的路向是人類生活的本來路向，所以合情合理地可稱之為第一路向。當第一路向發展到了極致，產生了嚴重的問題的時候，其深思熟慮之士，自覺地根據其經驗作反省工夫，遂提倡走向「第二路向」，

4 參閱 Guy S. Alitto, *The Last Confucian: Liang Shu-ming and the Chinese Dilemma of Modernity*（Berkeley: University of California Press, 1979）, p. 121.

這是合乎梁氏的理論架構的內在理路的。

當梁氏把孔子的真精神——「剛」的精神——界定成為本身具有整合第一與第二路向的資源時，他已離開了他的理論架構的前提。當然，梁氏認為孔子的真精神從未在歷史中實現過；所以，在先假定這一精神本身包含西方的對外進取與中國的內在精神之自我完成兩面以後，再說它的實踐可以包含中西兩大文化的好處而不會產生它們的壞處時，在形式上是合乎邏輯的。然而，在實質上，梁氏的看法則與他的歷史哲學相衝突，難免不使人覺得那可能是一廂情願的、形式主義的企盼或宗教式的信仰了。

梁氏理論架構的內在困境也顯示了他的保守主義的難題。在一個特定的意義下他的保守主義可稱之為反傳統的保守主義。反傳統的保守主義，在形式上是自相矛盾的名詞，但，在實質上，卻可用來形容梁氏的思想。因為梁氏的出發點是要先使科學與民主在中國生根以解決中國當前政治、經濟與文化的問題。在這個前提之下，他明確地指出傳統中國所代表的第二路向的文化與現代化所需要的科學與民主是不相容的。他對傳統中國文化的整體性的了解，如上文所示，是與陳獨秀的整體性的了解相類的。他與陳氏的不同，在於陳氏遵循其對中西文化整體性的了解的內在理路，變成了整體性或全盤性的反傳統主義者，梁氏對中國的傳統雖然也有許多激烈的整體性反抗言論，最終卻認為中國文化是世界文化下一步的方向。然而，正如前面的分析所顯示，梁氏的反傳統思想，根據其整體性思維，與對中國傳統文化整體性的了解，是有有力（但不一定正確）的論據（argument）的，而他所預言的「世界未來的文化就是中國文化的復興」（頁一九九）則是一個形式上的聲稱（claim）或一廂情願的企盼而已。與梁氏的「樂觀」正好相反，魯迅全盤性反傳統主義所帶給他的極度悲觀反而顯示了魯迅在思想上的邏輯性。尤有進者，嚴格地說，所謂「世界未來的文化就是中國文化的復興」，根據梁氏歷史哲學的內在邏輯，在實質上，是指西方歷史的演變的結果，這裡的「中國文化」四字只是一個比喻，指的是，根據他對歷史演變的律則的了解，西方文化將從第一路向走到第二路向，這個第二路向是與中國文化發展的路向類似的。至於中國文化本身是否真能復興？那要看孔子的真精神是否可以復興，在梁氏的理論架構中，那除了是一個形式上的聲稱以外，我們看不出有何論據上或實質上的保證。

在這個脈絡中，我們應該提出一個重要的問題，並試圖找尋有效的解答。為什麼梁氏的反傳統思想是那麼有力，而他的保守思想卻相當無力呢？一個有力的保守主義必須建立在有力的論據上。有力的保守主義通常是要保守傳統中獨特的東西，之所以要保守這些獨特的東西，必須有獨特的理由（無論是獨特的價值、獨特的美感、獨特的歷史意義或獨特的功能）。當中國傳統的文化與政治秩序崩潰以後，進步的保守人士，一方面要接受西方的思想與價值，並設法使之在中國生根，另一方面又想保持他們所界定的傳統成分，在這樣的情況下，很難從界定傳統成分的純正性的論式中來保守傳統的成分，往往是用西方的範疇來界定傳統成分的相容性或未來可行性；而西方的範疇，如科學與民主，往往是被認為具有普遍性的，所以傳統的獨特性很難予以界定，無法保持傳統獨特性的保守主義當然是無力的。

四、胡適與梁漱溟關於《東西文化及其哲學》的辯難

胡適先生對梁氏的批評，雖然聲勢凌人，實際上與梁氏的理論並未碰頭。梁先生在答覆的時候均能一一予以有力的反駁。首先，胡氏認為梁氏的見解太過籠統。胡氏說梁氏所謂：

> 東方文化還是要連根拔去，還是可以翻身呢？此處所謂翻身不僅說中國人仍舊使用東方化而已；大約假使東方化可以翻身亦是同西方化一樣成為一種世界的文化——現在西方化所謂科學和德謨克拉西的精神是無論世界上哪一地方人皆不能自外的。所以此刻的問題直接了當的就是：東方化可否翻身成為一種世界文化？如果不能成為世界文化則根本不能存在。若仍可以存在，當然不能僅只使用於中國而須成為世界文化。（梁著《東西文化及其哲學》，頁九）。

胡氏說：

這種邏輯是很可驚異的。世界是一個很大的東西，文化是一個很複雜的東西。依梁先生自己的分析，一家文化是一個民族生活的種種方面。他總括為三方面：精神生活，社會生活，物質生活。這樣多方面的文化在這個大而複雜的世界上不能沒有時間上和空間上的個性的區別。在一國裡尚且有南北之分，古今之異，何況偌大的世界？……若明白了民族生活的時間和空間的區別，那麼一種文化不必須成為世界文化而自有他存在的餘地。米飯不必成為世界化，而我們正不妨吃米飯；筷子不必成為世界化，而我們正不妨用筷子；中國話不必成為世界語，而我們正不妨說中國話。（引自胡適〈讀梁漱溟先生的《東西文化及其哲學》〉，《胡適文存二集》〔上海：亞東圖書館，一九二四〕，頁六二—六三）。

梁氏反駁說：胡適所謂「米飯不必成為世界化，中國話不必成為世界語」等等是指「一民族生活中之具體的工具或制度，自是因地制宜」，但「科學和德謨克拉西這兩個東西是有沒有時間上和空間上的個性區別呢？有沒有『南北之分古今之異』呢？照我們的見解，這是有絕對價值的，有普遍價值的，不但在此地是真理，掉換個地方還是真理……若其文化所藏真價值之一點——如西方文化所藏之科學與德謨克拉西兩精神，則固不成為世界化不止也」（梁漱溟〈答胡評《東西文化及其哲學》〉，《哲學》第八期（一九二三年十二月），頁四—五）。

胡氏批評梁氏最主要的理論是他所謂的「有限可能說」，胡氏說：

我們的出發點只是：文化是民族生活的樣法，而民族生活的樣法是根本大同小異的。為什麼呢？因為生活只是生物對環境的適應，而人類的生理的構造根本上大致相同，故在大同小異的問題之下，解決的方法，也不出那大同小異的幾種。這個道理叫做「有限的可能說」（The principle of limited possibilities）……一千年的黑暗時代逐漸過去之後，方才有兩宋的中興。宋學是從中古宗教裡滾出來的，程頤、朱熹一派認定格物致知的基本方法。大膽的疑古，小心的考證，十分明顯的表示一種「嚴刻的理智態度，走科學的路」。這個風氣一開，中間雖有陸、王的反科學的有力運動，終不能阻止這個科學的路重現而大盛於最近的三百年。這三百年的學術，自顧炎武、閻若璩以至戴震、崔述、王念孫、王引之，以至孫詒讓、章炳麟，我們決不能不說是「嚴刻的理智態度，走科學的路」。……現在全世界大通的，當初鞭策歐洲人的環境和問題現在又來鞭策我們了。將來中國和印度的科學化與民治化，是無可疑的。（頁七八—八三）。

對於胡氏這個世界各國歷史屬於一個類型的歷史主義的觀點，梁氏予以有力的反駁：

我們尋繹他的意見不出左列各點：

一、各民族都在生活本來路上走，即向前去解決環境上的問題；

二、問題是大同小異的——有限的；解決方法是大同小異的——有限的；

三、各文化所以見出不同，不過是時間和環境問題暫爾不同的原故；待環境問題同了，時間到了，則文化也就同了。

其正面如此，其負面便是：

一、根本不承認西洋，中國，印度，三方文化各有其特殊的風氣或色采；

二、更不承認他們這種不同的文化是出於他們主觀上人生態度的不同。

……胡先生以為各民族都在生活本來路向上走麼？胡先生以為「人類生理構造大致相同」，問題也會同，解決也就差不多，「例如飢餓問題只有吃的解決」麼？偏偏印度人恰與此相反，飢餓竟不是他的問題；而「吃」——生活——是他的問題，「吃」不是他的解決，而飢餓是他的解決！他竟全然不遵胡先生「有限可能說」的限而無限起來！原來印度人是要解脫這個生命的，飢餓就成了他的方法，在古代簡直是普遍的風氣，所以釋迦佛在成道之前受食，他的弟子就驚謂退轉。胡先生說「只有吃的解決」，只能吃幾種什麼東西，他偏有不吃的解決，他翻過來要解決這個「吃」，這是「大同小異」呢？還是根本反對呢？這是與胡先生同在生活出來路上呢？還是「背乎生活本來路向而驅」呢？

原來胡先生說我攏統，說我不該拿三方很複雜的文化納入三個簡單公式裡去；他卻比我更攏統，他卻拿世界種種不同的文化納入一個簡單式子裡去！我正告胡先生，我實在不攏統，因我並不想什麼納入簡單公式，我只是從其特著的色采指出他的根本所在——人生態度，便有例外也無干係。例如印度未嘗沒有「順世外道」之反出世派；西洋未嘗沒有禁慾主義的舊教。然從西洋文化的特著色采看去，其根本自是出於向前要求現世生活的態度；從印度文化的特著色采看去，其根本自是出於反身要求解脫的態度，必不容移易，如是而已。若胡先生以「有限」去限人，結果限不了，乃真攏統耳。（《哲學》第八期（一九二三年十二月），頁一五——一七。）

五、胡適對梁漱溟的批評之所以無力的原因

綜觀胡氏對梁氏的批評，我們知道他對梁氏理論架構所呈現的困局並無了解，所以梁氏能夠有力地予以反駁。為什麼胡氏對梁氏的批評這樣無力而竟是無的放矢呢？胡適雖然有時主張

「環境決定文化說」，但在他的著作中占勢力的思想則是以主張「思想革命」為前提的反傳統主義，與世界歷史屬於同一軌跡的歷史主義的看法。之所以如此，主要是因為「環境決定文化說」在理論上取消了文化上的反傳統主義的可能性——如果一切都決定於生物與環境，那麼，傳統中的罪惡便只能化歸為外在既定的因素，受其影響而成，也就無所謂文化反傳統主義了。然而胡氏的反傳統衝動在其意識之內是很強的，不時出現，所以不時提出「藉思想、文化以解決問題的方法」，並主張思想革命與全盤性的反傳統主義。[5]事實上，胡氏對於梁氏所謂中國傳統文化屬於一特別類型，應該「連根拔起」全部摒棄的看法，是暗地贊成的，因此也就無法指出梁氏理論背後整體論（holism）的問題了。另外，胡氏所謂世界歷史屬於同一類型的歷史主義比梁氏的歷史主義更為粗糙，也自然無法指出梁氏歷史主義的理論困境了。

六、五四人物「一元論」思想模式的成因與困境及今後的要務：以開創多元式的思想模式來謀求中國傳統創造性轉化

五四以來在中國的主要思潮——以陳獨秀、胡適、梁漱溟、魯迅為代表的思潮——大都使

5 見註 1 引書第五章，頁八二—一〇三。

用一元論、整體觀的方式對傳統文化予以「全盤性」的攻擊，除了魯迅以外，多又使用一元論式的歷史主義來化解在邏輯上無可避免的絕望之感。然而，中國的傳統文化並不是非用一元論的觀點來了解不可，而一元論式的歷史主義也只能對未來的希望給予形式上的肯定。

這個一元論式對付問題的方法實是現代中國意識危機的最大特色，其歷史原因可由三方面來說：一、數千年傳統政治秩序與文化秩序的高度整合所遺留下來的「支援意識」使得中國知識分子無形中要求一元式的解答；二、以儒家和道家共同預設的「天人合一」的宇宙觀為基礎的一元論思想方式在中國知識分子「支援意識」中形成了很大的影響。中國傳統的「天人合一」一元論有機式的宇宙觀，雖然總能肯定世界有意義，在世界中的人生有意義，使中國人於潛移默化中受其影響，因此對宇宙與人生不感疏離——這也是中國知識分子在屢受挫折以後仍能保持使命感的主因；但，「天人合一」的宇宙觀（這與中國沒有創世神話，沒有先知傳統都極有關連）與西方二元或多元的宇宙觀，實在距離太遠，兩者之間的鴻溝不易逾越。在隱涵的「支援意識」中，受其影響的知識分子，自然不易與西方文化的實質具體地接觸。在有機式的「天人合一」的宇宙觀影響之下，自然使人容易養成一元的，非多元的分析習慣。這種思想習慣容易使人覺得他所肯定的真正資源或真正實體能夠浸透到各界，並容易使人預設宇宙事務是相互統合的，因為它們都有機地是宇宙的單一實體的一部分。「天人合一」的宇宙觀自然使人認為，人既與宇宙實體合一，個人如發揮他真正的本性，便有無限的力量。張載說，他要「為天地立心」。這種態度在中國一直受稱頌，但從西方宗教傳統來看，著實令人不敢置信。中國人對人的內在力量因受「天人合一」觀念的影響而興起的自信，實是中國人強調思想優先性的理論基礎。在這個前提之下，思想或精神當然被認為是一切政治、經濟、社會與文化的基石，也就是歷史發展的動力。三、政治與文化秩序大解體後的五四時代急迫地需要一元論式的歷史主義提供可以企盼的遠景。

二十世紀中國的種種問題，雖然只有在一個多元社會興起以後，才能以其資源予以化解；但中國的歷史困境則是：種種不同形式的一元論的訴求產生了極大的影響。梁漱溟先生一生在浮泛的時代風氣之下認真思考的態度，令人欽敬，他在特定脈絡中所呈現的尖銳分析力——如對胡適的反駁，以及對現代西方文化的特色自己獨立發展出來近乎韋伯的 "disenchantment of the world" 與馬克思的「異化」（alienation）的觀念性理解（見頁三二一—三二二引文），給人深刻的印象。他預測世界未來文化是「中國文化的復興」，開啟了保守知識分子後來對中國文化發展的許多企盼，如民主可從中國傳統「開出」說，「中國儒家文化第三期發展」等。然而，承擔梁先生關懷中國問題、認真思考問題的下一代中國知識分子，則應努力開創多元的思想模式，並謀求中國傳統的創造性轉化。

知識分子與中國前途

1

問：當代知識分子的特性及他們與中國未來發展的關係如何？

答：知識分子與中國未來發展的關係，牽涉到中國傳統文化與知識分子的角色。中國知識分子都多少肩負著傳統文化的遺產與包袱。但在另一方面，中國現代的知識分子當然已不是鴉片戰爭之前的士大夫。無論他們是否習得外國語文，他們都頗受西方文化的影響。西方文化甚為複雜，源流與派別很多，彼此之間也有許多衝突。不同的中國知識分子受到了不同派別的西方思潮的影響，這些影響與他們肩負的傳統文化成分揉和以後，使得他們的意識呈現著相當混雜的現象。

中國知識分子原有一種特殊的入世使命感。這種使命感是直接上承儒家思想中「先天下之憂而憂，後天下之樂而樂」與「家事、國事、天下事，事事關心」的精神的。它與舊俄沙皇時代一些讀書人所發展出來的「革命精神」是不同的。（他們與國家權威發生了深切的「疏離感」，這樣的「疏離感」導致俄國「知識階層」（intelligentsia）的虛無主義（nihilism）。但虛無主義使得道德熱情無所歸屬，遂自我顛倒演變成為激烈而冷酷的「革命精神」。）

中國知識分子的入世使命感與西方社會以「政教分離」及中古寺院僧侶生活為背景，在馬丁路德新教改革以後演變出來的西方知識分子的「專業精神」，也是有很大出入的。

今天台灣的許多知識分子所呈現的性格，基本上有相當大的庸俗性與含混性（當然也有許多可敬的例外）。這樣的庸俗性與含混性，不易界定，但卻實有所指。他們仍然肩負著相當多的中國士大夫的入世精神與淑世精神，心中總覺得應該為自己的國家與社會做一些事，應該盡一己之力促進社會與國家的發展；然而，他們多無傳統中國士大夫「以天下為己任」的氣慨與雄心，即使狂狷之士亦不可多得。

他們並不像舊俄沙皇時代的「知識階層」那樣地疏離於現實的政治與社會；不過，他們中的許多人卻也覺得與當前的政治與社會頗有距離，雖然生活在這個社會裡，但總有一種與之不能契合的感覺。

這種不同程度的「疏離感」多以下列幾個樣式顯示著：一、得過且過，表面隨聲附和，隨著大家喊些流行的口號（包括知識分子應有「使命感」之類），但基本上則是一切為自己。

二、對一切都不滿，批評的時候盡用些煽動情緒的字眼，至於如何解決當前的問題，則用「無力感」之類的口號作為擋箭牌，因此也就不必仔細思考，遑論實際參與了。

三、少數對「現實」完全絕望的人，則要用「激烈」的態度或手段進行政治活動，因為他們覺得「現實」是虛無的，所以想用激烈的手段取代「現實」。

然而，這些以不同方式呈現的「疏離感」卻又沒有強烈到使他們對社會商品化與政治教條化做嚴格的拒斥，所以在他們的行為與語言上常不自覺地反映著社會商品化與政治教條化對他

1 本文原為書面訪問，問題是由《遠見雜誌》編輯部提出來的。

們的影響。至於馬丁・路德新教改革以後發展出來的西方知識分子的「專業精神」，在大家高喊「現代化」口號數十年之後的台灣，在科技方面有些發展；但在文化界則並未生根。

問：台灣一些知識分子究竟如何才能超脫庸俗性與含混性的性格，真正為自由與民主的發展善盡自己的責任？

答：對這些問題，我的第一個回應是：首先要提倡一種「低調哲學」。我們先不要問我們的使命感有多大，有多麼重要？也先不要問在我們的使命感無法達成，因此會產生嚴重的疏離感的時候，應如何自處？我們應該從低處、基本的地方出發：既然是知識分子，首先就應該尊重知識；至少應該在本行或自己最感興趣的範疇內，獲取第一流水準的知識。

這個從自我認同所做的自我要求應是作為當代中國知識分子的起碼條件。否則，他表面上雖自認是知識分子，或表面上別人把他看作是知識分子；實際上他只是一個市井油條或政客而已。

然而，這個自我認同的優先要求，對許多在台灣的「知識分子」而言，並非易事。因為台灣的知識界讀書、求知的風氣並不高（雖然他們之中也有可敬的例外）。大家現在早已不必為衣食到處奔波了，但大家用到讀書、思考、研討的時間並不多；因為雜務、應酬太多。

然而假若獲取第一流的知識是當代中國知識分子的優先責任，那麼他們就需把自己的生活程序安排得能夠配合這個責任的完成才對。交際、應酬，能免則免，甚至於要不怕得罪人才成。每個人一天都只有二十四小時，關鍵在於如何利用寶貴的時間。

其次，如果大家要建設一個多元的社會，在這個政治日益革新、開放——公民活動空間也相對地增大——的時刻，每個知識分子都應根據自己的興趣參與一項或幾項社會或政治活動；這樣或可帶動社會的活力，使之真正獲得多元的發展。

今日的台灣已是一個富裕的社會。但，社會上卻有許多問題，如環境污染、色情污染越來越嚴重等。另外，貧窮也沒有在社會的角落上消失。

去年我回台北的時候，分別在松江路與南京東路的地下道，以及忠孝東路距離頂好市場不遠的地方，看到跪在地上求乞的人，其中忠孝東路上的那位是殘障的人。一個外滙存底已至五〇〇億美元的富裕社會，竟然仍有這樣的現象，這是台灣整個社會的恥辱！在這個社會中，有的人錢多得不知如何用，但竟讓這些殘障者跪地乞助，這是為什麼呢？

有人會說，這是市政問題，不是每個人所能負責的。但政治（包括行政）需要由社會監督。假若這個社會中的人——不論是國民黨、「民進黨」，或其他人士——都認為只有從事政治活動才能解決社會中的許多問題，這個社會是沒有希望的。不願參加政治活動的知識分子，應該帶頭參與社會工作（包括輿論與文化的工作），使社會真正能有多元化的發展。社會必須發展到能夠涵蓋政治——使政治對社會負責，而政治絕不可涵蓋社會。假若沒有這個觀念，所謂發展自由民主，終將只是一個口號而已。

近年來「消費者文教基金會」的發展，令人甚感高興。它最初成立的時候，亦曾受到政客們的阻擾。但它近年來不斷的進展，已帶動了許多社會上公益團體的發展。在這樣的社會活動多元化的發展中，知識分子可做的事很多，而且大家參與的社會工作，儘可不同。

例如：你如要參加環境污染防治的公益團體，我則可創立研討國中教科書內容適當性的團體，他則可創立防治電視節目（包括語言）庸俗化的公益團體。中國文化（包括中國語言）本來具有雍容高尚的氣質，進退有度，從容不迫。但現在社會上使用的中文，很大一部分可說是破碎而庸俗。（一部分原因是由於電視語言的影響——有一次，我看到一位電視主持人在整個節目中所說的話，幾乎沒有一句是得體的，不尷尬低俗的。又近閱報載，在一次師生聚餐中，任司儀的學生在校長致詞之前說：「現在請校長講話，我們給校長鼓勵鼓勵！」電視節目主持人影響之大，可見一斑。）

我說這些話，並不是要提倡什麼精英文化。過去中國鄉村的農夫，即使不識字，說起話來也自然而然，因為教養並不一定非從學校或書本中得來。

以上是我臨時想到的，知識分子可參與的社會活動。其他可做的事情很多。例如，社會中基本的禮俗都走樣了，婚禮與喪禮也都不知道怎麼辦了。傳統的禮俗受到社會工業化與商業化的影響，難以保持不變，而過去的繁文縟節有時也太過分。然而，工商社會中人和人之間除了利益關係以外，是否仍應有也可有禮俗關係呢？如果答案是肯定的，那麼今日與未來的台灣仍然需要適當的禮俗。因此，社會中一部分人便應動腦筋去研究與推廣我們這個社會所需要的適當的禮俗。

總之，在台灣的許多知識分子，確有相當庸俗與含混的性格。這些人如要超脫那樣的性格，首先應從自我認同中尊重與追求知識。其次，應效法那些少數已投入政治或社會活動的知識分子，自己也親自參與政治或社會活動。在這個政治日益革新、開放——公民活動空間也相對地增大——的時刻，一個知識分子如果還仍然只會消極地批評政府與社會，而自己卻毫無作為的話，他已自動取消了成為知識分子的資格，當然更沒有資格談論什麼「使命感」之類的話了。

因為，說到最後，「知識分子」並不泛指任何一個受過教育的人，而是指那些受過教育並關心社會與國家前途，同時盡量設法使自己的關懷與理想獲得實現的人。

問：最近政治銳意革新，戒嚴即將解除，黨禁與報紙限制登記也將解除。剛才林教授特別強調知識分子在這個時刻應主動參與政治或社會活動；那麼，請問你對中國未來民主政治的發展看法如何？大家應採取怎樣的態度來推展中國的民主政治？

答：政府自去年宣布準備解除戒嚴、開放黨禁以來，種種政治革新的措施（包括最近準備解除限制報紙登記等）令人覺得非常高興。這是政府自遷台以來最具突破性的進展。政府過去對社會上的反對勢力慣於使用消極的圍堵政策，現在改用積極的疏導政策。這是重大的結構性的轉變，得來非易。之所以能夠如此，原因和參與貢獻的人當然很多，但關鍵在於總統先生的領導。他的智慧、氣度與魄力應該給予肯定，他的歷史地位可說已經獲得了保證。

然而，這一連串的革新還多是形式上的突破。如何獲得實質的進步，則至少要靠下列五項因素相互地配合：

一、真正法治（the rule of law）的建立。

二、執政黨以開放與進步的措施繼續不斷地爭取中間立場的選民的支持。

三、「民進黨」溫和理性派在其黨內成為主導力量，並與執政黨「合作」。民主政治的藝術就在這裡。相互競爭的政黨還需相互「合作」。今後國民黨與「民進黨」的溝通與彼此守信變得極為重要。如果「民進黨」的激烈派認為在政治接觸上與現在的政權（或統治階級）在任何層次與任何程度上的「合作」，都是出賣自己的話，那麼他們只有走向暴力革命的路了。

先不說在國民黨銳意革新，台灣經濟情況甚佳的今天，暴力革命的主張越來越不會得到支持——先不說暴力革命在歷史上多半是失敗的，在今天的歷史條件下，其成功的或然率幾近於零——其實，即使成功了，經由暴力革命取得的政權不可能推行民主。

證諸世界史上的三大革命——十八世紀的法國革命、十九世紀末與二十世紀初的俄國革命，以及二十世紀中葉中共的革命——的結果，我前面說的幾句話，應當視為一般人都應具有的歷史常識。（如果「合作」兩個字對反對人士而言太刺眼，我可改用「取得協議」四個字來代替。然而，「取得協議」蘊涵了某種程度與某個層次上的「合作」——合作地取得了協議。我之所以特別使用「合作」這兩個反對人士多不喜歡的字眼，主要是因為許多中國人由於深受傳統一元論、二分法思想模式的影響，不易產生辯證的思維，「合作」這兩個字有刺激他們思想習慣的可能，希望藉此使他們的思想稍微靈活而切實一點。）

四、我國政治經驗中從無准許反對黨合法競爭的經驗，所以在未來的歲月中，因無舊路可循，難免要發生一些事故（最近立法委員宣誓典禮的風波，便是一例）。事故發生以後，執政黨與反對黨都必須用「以法主治」的原則謀求解決——根據法律程序與憲法精神堅持法治式的解決。當然，兩黨應盡量事先溝通，避免事故的發生。這樣的法治式而非政治式解決事故的經驗非常重要：如用這樣的方式度過危機，此種經驗便成為發展自由與民主的基石。

五、建立尊重法治的公民文化和以「責任倫理」（the ethics of responsibility）——而非「意圖倫理」（the ethics of intentions）——為基礎的政治文化，充實大眾文化，並經由我一再提倡的「創造的轉化」的過程，來建立一個與中國精神傳統和西方自由民主傳統均能銜接的，屬於現代中國的精神文明。（關於「責任倫理」與「意圖倫理」進一步的說明，請參閱拙文〈如何做個政治家？〉，收在《思想與人物》，頁三九七—四一〇。）

就前列的第一點與第五點我再做一些補充說明。法治的建立主要包括：法律的合理性與公正性的建立以及法律必須能夠普遍地、公平地與徹底地執行；政府機構與官員、各個政黨、與一般公民都必須守法；法律事務有關人員（包括法官、檢察官、律師和警察）的素質與士氣必須設法予以提高，其基本的廉正也必須設法促成與維護。（關於這最後一點，應該先擴大法院與檢察制度的編制與加強他們的再教育，以及破格增加法官、檢察官和警察的薪酬，並由大眾傳播媒體傳播給一般民眾知道——這樣自然會形成一股社會壓力，容易產生實質的效果。律師素質的提高有賴於律師公會自清功能的發揮。）

話說到最後，能否推行自由與民主等於能否實行法治。就這一點而言，我們還有一大段路要走，所以必須特別注意加強。

關於上述第五點有關文化發展的問題，首先應該指出的是：政府與國民黨中許多大員心中的一項矛盾。常聽他們說，中國最根本的問題是思想文化的教育問題。既然思想文化是這麼重要，被認為是一切的根本，那麼最合乎邏輯的施政方針應是：特別注重正當的、合乎法治與民主的思想與文化的培育。但這卻又不是政府與執政黨施政的重點。

政府與執政黨的領導階層中的許多人士就這樣處於矛盾之中：一方面特別強調思想與文化的重要性，另一方面卻又不重視思想與文化的培育，當然更談不到拿出一套清新而具體可行的文化與教育政策了。（這個矛盾與惡性心理循環的結果便是令人嘆氣的「文建會」的表現及「文化季」之類無根的文化活動。）

事實上，政治開放以後，如無清新久遠的文化與教育政策加以配合，文化與思想可能更為混亂與庸俗。（最迫切的危機是：報禁解除以後，各個大小報紙或將陷入惡性競爭的洪流之中，把大眾文化帶到更為低俗的深淵。如要避免這種可能的發展，社會必須發揮監督的功能。現在「環境保護文教基金會」已經成立，有心人士應該另外籌設「大眾傳播文教基金會」以發揮監督報紙、電視與雜誌的內容的責任。）

另一點有關文化思想的特色是：它們不適合使用「訓練班」式的「訓練」方式來培育，用那樣的方式不但不易產生實效，反而可能產生反效果。最有效的辦法是：間接的潛移默化。這一層當然更增加了制定文化教育政策的困難。

那麼，究竟如何制定教育文化的政策以便切實地配合政治的開放與革新呢？茲事體大，不是一篇訪問可以說明白的。我建議政府成立「文化教育發展諮詢委員會」，禮聘海內外真正關懷中華民國的未來並確實具有通識的人來組織，從長計議，以便提出具有前瞻性而切實可行的計劃來。

關於發展大眾文化方面，我主張允許成立職業性的球隊，用以疏導國民休閒時沒有地方去的苦悶。在允許成立之前，必須制定切實周全而可以執行的法規（包括防止惡勢力的介入等）規範之。

最近報紙報導：板橋林家花園開放以後，群眾蜂湧而入，使得該園難以維持秩序與景觀。有人在報端發牢騷說：「國人遊賞名勝古蹟的態度根本是商場上那一套巧取豪奪作風。」

其實，這主要是管理法規的缺失，許多人總喜歡把任何問題都說成文化的缺失，那是文化化約主義的謬誤。

事實上，很多問題可經由完善的法規制定而避免。以日本為例：京都的西芳寺、桂離宮、修學院離宮每天只許一、兩百人參觀。外國人需要前一天持護照到京都御苑管理所登記。本國人則需在半年前通訊登記，按排定日期、時間前往觀賞，那是日本人一生的大事之一。

我在報上看到林家花園修復準備開放的消息後，立刻感到將來開放後第一個問題一定是：事先不知限制參觀人數，開放後將遭人滿之患。現在知道，果然不出所料，好像中國事務非服從缺乏秩序的定律不可，一定要在中國式的缺乏管理觀念的軌跡內進行。其實，林家花園開放後，來參觀的人數將多至無法管理的程度——至少在剛開放的前幾天會如此，本是憑常識便可預料到的事，所以負責該園管理的單位應該事先制定每日限制入園的人數的法規，現在的問題便可輕易地避免了。

（原載《遠見雜誌》第十二期，一九八七年六月一日）

新儒家在中國推展民主的理論面臨的困境

一九五八年《民主評論》與《再生》雜誌的元月號上，張君勱、牟宗三、徐復觀、唐君毅四位先生聯合署名發表了〈為中國文化敬告世界人士宣言〉。在這份重要文獻中，二十世紀後半期新儒家的代表人物（張君勱先生則跨越前半期與後半期兩個時代）共同而扼要地說明了他們在中國推展民主與科學的立場。

首先，他們反對使用「加添法」，[1]他們反對把別的文化發展出來的價值與理想加入現代中國文化之中。換句話說，他們認為推展民主與科學不是中國文化理想的擴大，而是原有中國文化的理想更高更大的伸展。與一些五四激烈的全盤性反傳統主義者所提出的觀點——中國原有文化與近代西方發展出來的民主與科學根本不能相容，所以必須先把中國傳統文化全部打倒以後才能引進民主與科學——正好針鋒相對，他們認為民主與科學是中國原有文化「依其本身之要求」（頁八七六）所應當伸展出來的文化理想。不過，他們又坦然承認民主與科學未能在傳統中國文化中發展出來，因此「中國文化須接受西方或世界之文化」（頁八七六）。這表面上看去似是前後矛盾的意見，從他們所持的觀點來看，並無問題。因為他們在這裡所使用的「接受」二字有特定的意思。他們所謂「接受」西方文化，不是指要把西方的民主與科學移植到中國來，他們最多只是說：西方先發展出來的民主與科學本來在中國也有其種子，這些種子在過去的環境中由於種種原因未能得到適當的發展，現在藉西方文化衝激到中國來的刺激，遂將發榮滋長出來。這個把西方文化的衝激當作外緣的解釋，是對他們的立場所可能做的最具開放性的解釋。也許他們其中保守性更為強烈的幾位及其追隨者並不會同意：那些新儒家們或許認為，民主與科學既然是「中國民族之客觀的精神生命之發展的途程中原來所要求的」（頁八七七），所以即使沒有西方文化對中國衝激的外緣，也遲早會在中國文化中發展出來。然而，這個更為保守的立場與上述「中國文化須接受西方或世界之文化」的觀點就有難解的矛盾了。

何以中國文化原有發展民主與科學的「種子」與「內在要求」（頁八八〇）呢？關於民主可從中國文化傳統「開出」的理論（「開出」二字是牟宗三先生在他的著作中一再用的詞語），「宣言」中提出了下述幾點理由：一、「自中國最早的政治思想上說，即以民意代表天命。故奉天承命的人君，必表現為對民意之尊重，且須受民意之考驗。」（頁八八〇）這裡所謂「民意之考驗」包括一些史官的秉筆直書及人臣對於人君死後所共同評定的諡法。這些都是對君主所施之「精神上之限制」（頁八八一）。二、中國政治發展到後來，有代表社會知識分子在政府中之力量之宰相制度，諫諍君主之御史制度，提拔知識分子從政之徵辟制度及選舉制度、科舉制度等。這些制度都可使君主在政府內部之權力受到一些「道德上的限制」（頁八八一）。

1 牟宗三、徐復觀、張君勱、唐君毅，〈為中國文化敬告世界人士宣言——我們對中國學術研究及中國文化與世界文化前途之共同認識〉，原載《民主評論》與《再生》一九五八年元月號。全文收錄在張君勱，《中西印哲學文集》（下）（台北：學生書局，一九八一），頁八四九—九〇四。此處引文見頁八七六。以下引文只在正文中注明頁數，不再在注釋中注明。

不過，他們四位又說，這些「精神上的限制」與「道德上的限制」並未落實到制度之上。這些「限制」是否能受到君主之尊重，仍只繫於君主個人之道德。如果君主不予尊重，過去因無君主與人民所共認共守的根本大法——憲法——以限制君主的權力，則君主之濫權終究無法避免。因此，他們主張「將僅由政府內部之宰相御史等君主權力所施之限制，必須轉出而成為：政府外部之人民之權力對於政府權力作有效的政治上的限制。」

他們對中國傳統政治的事實的認定——從未形成能對君權作有效限制的憲政——是正確的。但這一正確的歷史的了解卻導致他們要求從傳統制度中「轉出」民主憲政來，而同時也給他們的「民主可從中國傳統開出說」帶來了理論的困難。這一「轉出」的意見已離開了他們前所主張的民主是中國原有的「種子」與「內在要求」的前提；「開出」與「轉出」所需的內在資源與外在條件都有種類的（而非程度的）不同。

從制度上看，他們所主張的「民主可從中國傳統開出說」既有問題，那麼從中國傳統文化與思想上看又如何呢？事實上，從文化思想上強調中國原有民主思想的「種子」與「內在要求」也是他們的「宣言」特別著力的一個論點。他們的意見主要是：一、儒家推尊堯舜之禪讓及湯武之革命，確指「天下非一人之天下，而是天下人之天下」，且一貫相信在道德上人皆可以為堯舜——這一系列思想的核心肯定了天下為公、人格平等的觀念，並蘊涵著必然與君主制度相矛盾、相衝突的傾向，「故道德上之天下為公人格平等之思想，必然當發展至民主制度之肯定」

（頁八八二）。二、儒家特別強調道德主體性。在過去中國之君主制度下，君主固可以德治天下，但人民只是被動地接受德化，人民之道德主體仍未能建立。「從中國文化之重道德主體之樹立，即必當發展為政治上之民主制度，乃能使人真樹立其道德的主體」（頁八八三）。

從嚴格的思想意義上看，上述兩點意見並不蘊涵「宣言」中所一再強調的必然性；中國傳統文化內在並不必然有要求與發展民主的思想資源。當我們對思想的內容進行了解的時候，我們需進行雙層分析——不可只注意思想的表面意義，還要對其脈絡（context）與涵義（implications）進行精當的了解，這樣才可避免只根據思想表面上的意義做出推論或強加附會，以致犯了形式主義的謬誤而不自知。上述「宣言」中的兩點意見最多只能說中國傳統文化中蘊涵了一些思想資源，它們與民主思想與價值並不衝突；但它們本身卻並不必然會從內在要求民主的發展。

所謂「天下非一人之天下，而是天下人之天下」，純就其思想意義而言，並不必然能夠導出民主思想。因為「天下是天下人之天下」這一命辭並不蘊涵作為民主思想基石的「主權在民」（popular sovereignty）的觀念。在傳統中國文化中，所謂「天下是天下人之天下」並不蘊涵用民主的方式使天下變成天下人之天下。至於用民主的方式是否能夠使天下變成天下人之天下，則是另一問題。傳統中國承受「天命」的聖君所治理的天下，一向被認為是「公」的，因為「天視自我民視，天聽自我民聽」，展示民意的天當然是「公」的，那麼承受「天命」的聖君當然也只能是「公」的。難道堯舜所治理的天下在儒家心靈中是「一人之天下」嗎？在傳統中國的政治社群中，最後與絕對的政治權威從未被認為應該由人民持有，所以「主權在民」與「人民自治」的觀念是不可能自動發展出來的。[2]「天下是天下人之天下」只能蘊涵傳統的「天下為公」的觀念：主權仍然在天，落實到人間，主權則在天子手上。當傳統儒者意識到他所處的時代是「私天下」的局面時，他們所能做的是找尋秉承真正「天命」的聖君，使「天下為公」，而非「開出民主」。（傳統儒者如面對西方民主在實踐中所表現的種種「私」的成分時，會理直氣壯地告誡西方人士，只有聖君治理的天下才真能使天下變成天下人之天下。）[3]總之，傳

---

2 主權（sovereignty）是指「在政治杜群（political community）中最後與絕對的政治權威……沒有最後與絕對的權威存在於其他任何地方。」見 F. H. Hinsley, *Sovereignty*, 2nd ed.（Cambridge: Cambridge University Press, 1986）, p. 26.

3 參見林毓生，《思想與人物》，頁二八〇—二八三：民主的觀念最根本的意義是「主權在民」（popular sovereignty）——國家為人民所有，應由人民自治，中國傳統中並沒有這個觀念。（民選的官員與這些官員指派的部屬以及民意代表，在民主的觀念與制度中都是人民的公僕，他們的政治行為要向人民負責，而民主的制度必須制定法律使他們不能不負責。民主的運作必須依據法律的程序，在這個程序中的一切行為都應服從多數，但同時也要尊重少數。無可諱言地，無論從思想層次而言或從運作層次而言，民主是從西方引進來的東西。）事實上，中國在「普遍王權」（universal kingship）未被懷疑之前，無法產生民主的觀念；而十九世紀末葉傳入中國的西方民主思想是導使「普遍王權」崩潰的主因之一。「普遍王權」的觀念是指人間的政治與社會秩序必須依靠秉承「天命」的君王才能獲致，在這個觀念的籠罩之下，我們傳統中的思想家壓根兒未曾

想到國家的秩序可以來自人民的自治。(道家的最高理想是個人從社會、國家與文明的纏繫中解脫出來，以自己內在的資源獲得個人的自得與自適。所以終極地說，「普遍王權」是與道家的人生不相干的，因為道家基本上是反政治、反社會，甚至可說，反文明的。這當然不是說道家思想後來對中國文明的發展沒有正的面影響。西方的自由主義則是要在政治、社會與文明的秩序中獲致個人的自由。但是，在個人尚未離開政治、社會與文明的秩序之前，道家仍然假定社會、政治與文明的秩序還是由君主統治的。)左派王學與黃宗羲的思想雖然深切地感受到了帝王專制的痛苦，黃宗羲並曾提出了「有治法而後有治人」的觀念，但在實質層面他們並未突破傳統政治思想的架構。梨洲先生所謂的「治法」，仍然是指三代聖君所制作的「法」，與西方「法」高於「君」——無論是聖君也好，不是聖君也好——的法治範念有所不同。雖然儒家有「從道不從君」的觀念(這是儒者站在「道」的主場對無道之君的反抗精神，這是一種悲劇精神；朱熹釋「忠」為「盡己」，其言甚善，儒家所謂的「忠」並不是無條件地要人做君王的奴隸)，但儒家政治哲學的最高理想，歸根究柢仍是一元論的、政我合一的「聖王」觀念。有道之君要為人民謀福祉，故孟子有「民為貴」的話，然而，這是來自政治道德化的思維，即使表面上與民主觀念中所包含的「民享」觀念相通，但因來源不同，不可與民主觀念相混淆。民主觀念所包含的「民享」，在理論上是政治運作的自然結果(實際情況當然要複雜得多)：國家主權屬於人民，亦即「民有」；人民有權利，也被假定有能力自治，亦即「民治」；自治的措施一切為人民，亦即「民享」，所以「民享」是民主的自然結果。簡明地說，「民享」就是人民自己為自己。儒家中「民為貴」的思想來源與這個「民享」觀念的來源完全不同，是從上至下的關心。孟子所謂「天視自我民視，天聽自我民聽」指謂「天命」是由民意所顯示，同時衍生出來人民有權對無道之君的苛政加以反叛(「替天行道」)的觀念。但，這並不表示就是民主，因為「天命」雖由民意所顯示，却並不傳入人民手中：如果反叛失敗了，天命仍然保留在原來的君王手中，如果反叛成功了，天命便傳給下面一位「真命天子」的手中，人民的地位並無改變，仍然是需要君王統治的。

統儒家的「天下為公」的觀念並不蘊涵有與君主制度及使其具有政治正當性（political legitimacy）的「天命」的觀念任何衝突的地方，雖然這個觀念的確不能容忍昏君與暴君的行為與作法。面對歷代多的是昏君，暴君也間或有之的事實，有良心的儒者都一致認為「勢」不是「王」。他們對在現實層面上的「政」「教」之分的認識，並未使他們覺得「內聖外王」的觀點有何缺陷。嚴格地說，現實層面的「政」，實際上只是勢，不是政，所以只有勢與教之分，並無政教之分。傳統儒者對於政統與道統的基本分歧的認識，應該說是對於勢統與道統的基本分歧的認識。但勢統與道統的分歧並未導使他們懷疑作為理想的「內聖外王」的合理性。所以政教合一的理念與理想在傳統中國從未動搖，在傳統歷史脈絡與資源限制之內也不可能動搖。歷代有良心的儒者為了實現這個理想，消極方面，要批評時政，指出「勢」不是「王」；積極方面，要再肯定作為理想的「聖王」理念的合理性與崇高性。

至於「宣言」中說儒家特別強調的道德主體性自然會反對人民被動地德化，並「必當發展為政治上之民主制度，乃能使人真樹立其道德的主體」的意見，也是亟待商榷的。儒家道德主體性或道德自主性的觀念，的確可以變成與現代自由的民主（liberal democracy）及平等的自由（equal liberty）「接枝」的思想資源；這也是筆者十幾年來倡導對中國文化傳統進行創造的轉化（或創造性轉化）所認定的傳統思想所能提供的資源之一。但這一思想資源是否必然由內部的自我要求便能發展為政治上的民主制度，則頗使人懷疑。因為儒家所強調的道德主體性或道德自主性的理念自漢以後與深受陰陽五行學說影響而形成的「天人相副」、「天人相應」的宇宙觀糾纏在一起了。道德主體性觀念與外在的現實客體有機地整合在一起以後，便很難發揮其本身的力量。除非自漢以後的傳統宇宙觀自身發生劇烈的變化，新的宇宙觀能夠積極地支持道德主體性觀念的發展，希望儒家道德主體性的思想「必當發展為政治上的民主制度」便很難不是一廂情願的願望。

基於以上的分析，我們知道中國傳統並沒有民主的觀念。但傳統中沒有，卻不蘊涵現在也不能有；同理，傳統中有的東西，現在也並不一定仍然會有。何況民主的觀念被介紹進來已快一百年了，正因為我們傳統中並沒有民主的觀念與制度，所以我們在努力實行民主的時候，要特別小心，要特別提高警覺，千萬不要被野心家和頭腦不清的人的說辭與障眼法所迷惑或玩弄。自康梁以後，每一代中國知識分子當中，都有人主張中國傳統中原有民主的論調。那種說法，即使不是由於自卑心理在作祟——看見西洋的好東西，就硬說我們自己也有——也多半是牽強附會的結果，或是為了政治利益所做的宣傳工作。我們必須認清一點：因為我們傳統中並無民主的觀念與制度，所以在中國實行民主實在不是一件容易的事，雖然我們有了實行民主的要求而客觀上也有許多有利的條件可以配合。有了這種思想上的了解與警惕，我們就不會以為繼續保持或發揚原有的「民主」就是實行民主了。不過，話還得說回來，雖然我們傳統中沒有民主的觀念與制度，但卻有許多資源可以與民主的觀念與制度「接枝」，例如儒家性善的觀念可以與平等觀念「接枝」，黃宗羲的「有治法而後有治人」的觀念可以與法治的觀念「接枝」。（儒家性善的觀念確可作為「平等」的真實基礎，但黃宗羲的「有治法而後有治人」的觀念只能做法治的形式基礎，法治的實質內容，是無法從黃宗羲的思想中衍發出來的。）

就民主可從中國原有思想「開出」說而言，新儒家所特別強調的中國思想自身的力量的觀點，以比較的看法來考察，便顯得很單薄。民主制度在西方發展的歷史是多元的，極為複雜而曲折。雖然各家的理解不盡相同，但從來沒有任何人認為完全或主要是由道德主體性的思想資源一元式地導致的。（從這個比較的觀點看去，新儒家們強調思想是歷史的真實與動力是與五四以來反傳統主義者共同預設著源自中國傳統的思想模式，即：「藉思想、文化以解決問題的方法」（the cultural-intellectualistic approach）。這的確是一個出現在中國思想界的獨特現象。）基本人權是法治的基礎這一觀念，在西方可追溯至西元前第二世紀斯多噶學派（the Stoic School）希臘哲人潘尼諦額思（Panaetius）遷移至羅馬對該學派進行改進之時。但西方法治的傳統起源更早，可追溯到古雅典索龍（Solon）的改革，甚至更早可追溯到兩河流域西方文明的黎明。它的淵源除了文化思想因素以外，更有經濟、社會與政治的因素。除了作為民主基石的法治淵源以外，西方的民主是與政教分離的傳統與對政治權力的特性的識見分不開的。關於這兩點，基督教與文藝復興以來的人文主義者（如馬基維利、霍布士）的貢獻都是非常重要的。（值得特別注意的是，西方思想對於政治權力必然腐化——因此必須以法治下的制度加以制衡——的觀念，主要來自對於政治特性的識見，而不是西方道德主體性的觀念所涵蓋的。）至於集上述思想資源之大成，成為西方近世民主思想之基礎的契約論，更無需在此多述。

為什麼在比較的視野之下，新儒家們所提出的在中國推展民主的理論是這樣單薄而無力呢？海外比較流行的解釋是已故賴文森（Joseph R. Levenson）教授所提出的。他認為在中國傳統文化被西方的衝激與五四激烈的反傳統運動破壞得四分五裂的時候，一些保守的知識分子產生了自傲與自卑（這是一物之兩面）的情緒，這樣的情緒驅使他們找尋補償與慰藉，因此要用種種辦法（即使在理論上頗為勉強也在所不惜）強調西方的價值為中國傳統所固有。

對於賴氏的解釋，我擬在此存而不論。我想略談一下儒家「內在超越」的宇宙觀對於五四以來激進與保守人物的思想模式——「藉思想、文化以解決問題的方法」——的影響。儒家「內在超越」的觀念，使人與宇宙有機地融和在一起——人性內涵永恆與超越的「天道」，「天道」因此可在「盡性」中由「心」契悟與體會。儒者認為「超越」與「無限」內涵於人性之中；因此，由「盡性」可體現天道，故孔子說：「人能弘道，非道弘人。」換句話說，「內在超越」的觀念導致了人與「天道」銜接與溝通的特殊方式：不假外求，直接訴諸生命中「人性」的實踐。「道心」不是由「啟示」得來，它是在「盡性」與「踐仁」的實際生命過程中由「人心」內省、體會與契悟而得。一個深受此種宇宙觀潛移默化，影響至深的人，自然感到生命本身有無限的精神資源與充沛的道德意義，他在實際生活中所表現的風格，自有其莊嚴。從追尋、發掘人生的意義的觀點來看，儒家傳統所提供的思想資源，我個人覺得有極為重大的正面意義。

在西洋思想史上，超越的實體，既然是超越的，人們如欲與之接觸的話，就只能依靠與超越實體有特殊關係的媒介（agent 或 agency）——如先知，或先知傳統及啟示傳統下建立的教會——提供的橋樑進行之。這種與超越實體所產生的特殊關係，被認為是超越實體所賦予的，不是在時空中有限的人的自身力量或努力可得者。

在純理念的層次上，儒家「內在超越」的觀點只說人與天道合融，人可契悟天道；然而天道自有其超越的一面，既非人所創造，也不是人可完全控制或掌握。但在「內在超越」的宇宙論籠罩之下，儒家傳統中並沒有強大的思想資源阻止儒者強調人的內在力量幾至無限的地步。易言之，「內在超越」的觀念中，雖然在純理論的層次上有「內在」與「超越」之間的緊張性（tension），但「內在超越」的觀念確有滑落至特別強調一切來自「內在」的傾向。這種傾向在儒家傳統中直接導至把道德與思想當作人間各種秩序的泉源與基礎的看法，以致遇到了困難的社會與政治問題，便以「藉思想、文化以解決問題的方法」對付之。此種頗含烏托邦性質，強調人的內在力量的思想模式很顯然地表現在新儒家所強調的中國文化思想傳統可以「開出」民主的看法。

根據以上的分析，新儒家們所提出的中國傳統文化自身可以「開出」民主的觀點，是有難以紓解的困境的。我在別處曾詳細分析了五四激烈的全盤性反傳統主義的謬誤。這兩個針鋒相對的「意締牢結」（ideologies）都展現著僵化的「系統性」，從不同的方面呈現著二十世紀中國意識的危機。如何才能從這個危機中走出呢？筆者自一九七五年以來一直在倡導對中國傳統進行「創造的（或創造性）轉化」（"creative transformation"）這一觀點最初是在一九七二年一篇英文論文中提出的【Lin Yü-sheng, "Radical Iconoclasm in the May Fourth Period and the Future of Chinese Liberalism," in Benjamin I. Schwartz, ed., *Reflections on the May Fourth Movement,* Cambridge, MA: Harvard University Press, 1972】，一九七五年該文以〈五四時代的激烈反傳統思想與中國自由主義的前途〉為題，首次在中文世界中發表【原載《中外文學》第三卷第十二期，一九七五年五月一日】）。這一觀點，近年來在海內外中文世界裡已漸被人接受或使用；這象徵著大家對如何變革的意見已漸從「中學為體、西學為用」、「汲取古今中外之長的拼盤式機械折衷主義」、「全盤性反傳統主義」、「中國文化傳統開出民主論」等形式主義謬誤中解放出來。但伴隨著「創造的轉化」或「創造性轉化」漸被人接受或使用的這一現象，這一觀點本身也有被形式化或庸俗化的危險。

我在這裡謹再一次強調「創造的轉化」或「創造性轉化」的艱巨性、嚴肅性與開放性。我覺得它確實能把傳統與變革之間的複雜關係理順；但，它是極為艱巨的工作，需要大家切實與持續的努力。「創造的轉化」或「創造性轉化」是要把一些中國傳統中的符號、思想、價值與行為模式加以改造與重組，使經過改造與重組的符號、思想、價值與行為模式變成有利於變革的種子，同時在變革中繼續保持文化的認同。（這裡所說的改造與重組，當然是指傳統中有東西可以改造與重組、值得改造與重組。這種改造與重組可以受外來文化的影響，但卻不是硬把外面的文化搬過來。）

在實際運作層次，「創造的轉化」是與中國傳統的封閉的、一元式的思想模式完全相反的。它對傳統中腐朽與惡毒的成分採嚴格的拒斥態度；但它同時也對全盤性反傳統主義嚴加拒斥。「創造的轉化」或「創造性轉化」使用的多元思想模式蘊涵著下面兩個步驟：一、應用韋伯所謂的「理念或理想型分析」（ideal-typical analysis）先把傳統的質素予以「定性」；二、再把已經「定性」的值得改造與重組的質素，在改造與重組的過程中予以「定位」，使其變成有利於變革的種子，同時在變革中繼續保持文化的認同。（在不妨礙變革的條件下，當然也可保持一些經過改造與重組後的，能夠繼續保持文化認同的質素。）

（原載《中國時報》〈人間〉副刊，一九八八年九月七—八日）

邁出五四以光大五四

——簡答王元化先生

最近讀到一九八八年十一月二十八日《人民日報》與次日《人民日報（海外版）》所載王元化先生撰寫的〈論傳統與反傳統——從海外學者對『五四』的評論說起〉（以下簡稱「王文」）。王文雖然也涉及到其他幾位海外學者的意見，但全篇主要是在批評拙著《中國意識的危機》（貴州人民出版社：初版，一九八六年十二月；增訂再版，一九八八年一月）。因此，我覺得應該做一回應。

一、王文的誤解與五四反傳統主義「全盤性」意識形態的性格

任何細讀過拙著英文原本或中譯增訂再版本的讀者都會知道，王文對拙著的批評主要是建立在誤解之上；而這些誤解又主要可能由於王文作者只瀏覽過拙著初版本的緣故。（對拙著有了正確的了解以後，當然也仍然可能不同意其中的分析與論旨。不過，那是另一問題。）拙著增訂再版本篇幅增加了一倍，其中包括筆者自譯原用英文發表的論文兩篇及用中文撰寫的論文兩篇。任何讀者看過以後，斷不會像王文那樣，以為筆者之所以認定五四反傳統主義乃是「全盤性的（totalistic）」是「從新儒學和儒學第三次復興的崇儒立場出發，自然會引申出五四是全盤否定傳統文化和主張全盤西化的論斷」。

因為筆者一向主張對中國傳統進行「創造性轉化」（creative transformation），此一立場在

再版本中論之甚詳。根據對五四思潮的具體研究，筆者發現過激的反傳統主義與新儒家（或新儒學）的文化保守主義都犯了形式主義的謬誤。換句話說，這兩種意識形態雖然都聲稱其目的是為了在中國推行民主與科學；但，事實上，真正的民主與科學卻無法因實行它們的主張而落實。（關於「創造性轉化」，下文將作簡要的說明。）

王文最根本的錯誤是：它對「五四」反傳統主義的意識形態的性格與涵義，毫無了解。因此，以為用考據的方式找到了一些五四反傳統人物肯定傳統的材料，便可反駁拙著的論旨。關於五四反傳統主義的意識形態的性格，拙著在最初界定其「全盤性」時，就已明確地作了交代（見第一章注釋4）。後來在全書適當脈絡中也一再強調此點。

什麼是意識形態呢？在中文世界泛用這個名詞，其意義變得過於鬆散與模糊，重新界定其中心意義是有必要的。「意識形態」原是日文中對"ideology"的漢譯。像其他一些術語一樣，最初是從日文引進到中文世界裡來的。筆者過去一向合音譯與意譯為一，譯成「意締牢結」，希望這樣能使讀者避免對「意識形態」產生望文生義的附會。它的涵義各家說法不一；但，作為一個分析範疇來看，它是有用的，所以無法棄之不用。

現代社會學者與歷史學者在使用這個名詞的時候，它的貶義已不如以前那樣強烈。但它仍含有弱性的貶義。對它的意義，筆者以為當代社會學家席爾斯（Edward Shils）的界定最為精審與完整。不過，他的思緒相當複雜；我在這裡為了本文的需要，只能做簡要的引介。（詳見

氏著 *The Constitution of Society*, The University of Chicago Press, 1982, pp. 202-223。）

意識形態是對人、社會、及與人和社會有關的宇宙的認知與道德信念的通盤形態。它與「看法」、「教義」與「思想系統」不同。不過，這些不同往往是程度的不同。意識形態的特色是：它對與它有關的各種事務都有高度而明顯的「系統性」意見（此處「系統性」並不蘊涵「正確性」）；它往往要把系統中的其他成分整合於一個或幾個顯著的價值（如平等、解救、種族純粹性等）之下。就這樣，它往往是一個封閉系統，對外界不同意見採排斥態度。從內部來看，它一方面拒絕自我革新，另一方面，要求追隨者絕對服從，並使追隨者覺得絕對服從是具有道德情操的表現。意識形態的形成與傳播則要靠「奇理斯瑪」（charismatic）型的人物的出現與領導。

自從十八世紀啟蒙運動與工業革命以來，人們從原先聽天由命的心態轉而認為世界的命運可運用人類自身的力量加以改進，各式各樣的意識形態（即：各式各樣的主義）遂得以蓬勃地發展。因為任何一個要求進步——尤其是一個要求以革命為進步手段——的運動，必須具有凝聚群眾的力量，而由「奇理斯瑪」型人物倡導的意識形態，由於它的系統性、封閉性與道德情操的訴求，自然是凝聚群眾所不可或缺的了。但，因為其自身的封閉性，它往往與現代知識隔絕，甚至與常識隔絕；因此受到強度特高的意識形態的支持的改革或革命，便往往犯了重大的錯誤，帶來了重大的災難。這是為了促進進步而形成的意識形態所呈現的弔詭（paradox）。

人類學家基爾茲（Clifford Geertz）正確地指出，當一個社會產生了社會與政治危機，加上文化因迷失方向而產生了文化危機的時候，那是最需要意識形態的時候。（見氏著 *The Interpretations of Cultures*, New York, 1973, pp. 193-233, 特別是 215-220。）傳統中國社會、政治秩序與文化、道德秩序是有機地整合著的。呈現著普遍王權的中國傳統朝代之治的崩潰，也帶來了本與它整合在一起的文化、道德秩序的解體。（文化、道德秩序的解體並不蘊涵一切傳統文化與道德質素均已死滅。）所以，軍閥混戰的五四時期，沒有政治秩序，也沒有社會與文化秩序。人們處於政治、社會與文化三重危機之中，此時最需要強度高的意識形態來應付他們的危機。

綜上所述，我們知道五四時代亟需系統化思想來解決它的三重危機；但，正因為在五四時代傳統的秩序已經崩潰，政治、社會與文化的危機極為嚴重，所以任何思想在「系統化」的過程中都難逃意識形態化的命運。（當然，非系統化的思想仍有非意識形態的成分。）那麼，什麼是五四的意識形態呢？這個問題可分內容與思維模式兩方面來看。而意識形態的內容又應分形式與實質兩個層次。在形式層次上，五四人物喊了不少口號，高談自由、民主、科學、理性、思想革命、文學革命等。但，他們到底認為什麼是自由、民主、科學、思想革命、文學革命呢？我們如欲深究一下這些口號的內容，便會發現，在實質的層次上，是有許多混淆與誤解的。例如，五四人物大都認為科學與民主是相輔相成的，甚至認為它們之間存有一種有機的必然關連，即：科學沒有民主便無法發展，民主沒有科學也無法發展。事實上，民主與科學之間的關係不是像五四人物想像的那樣簡單。科學沒有自由，很難發展；而自由與民主當然很有關係，但卻並無有機的必然關連。民主沒有法治，很難穩定地發展，倒不是非需要科學支持不可。正如拙著〈序言〉的作者班傑明・史華慈（Benjamin Schwartz）教授為慶祝五四運動七十週年而寫——即將在國內譯成中文發表——的專文中說：「歐洲十七世紀伽利略、笛卡兒、萊布尼茲與牛頓做出重大貢獻的科學革命發生在很難稱得上是民主的社會，雖然他們所處的社會提供了勉強夠用但常有被剝奪之危險的自由研究空間。孟德斯鳩之所以崇敬王室復辟的英國，因為它有自由；他並不認為那是一個民主國家。」自由、民主、科學、法治之間的關係是西方政治哲學與科學的哲學及政治思想史與科學思想史中極為曲折而複雜的問題。然而，民主與科學之間的關係到了五四人物的手上，因受中國當時三重危機的迫切壓力與中國傳統一元式思維模式的影響，便很簡易地一元化了。這樣不正確地「系統化」了的觀念遂變成封閉性的意識形態。變成強度很高的意識形態以後，它產生了凝聚群眾使其景從的力量。五四「啟蒙」運動的內容大致多是屬於這一類的。對於自由、民主、科學、法治之間複雜的關係有了深一層的實質了解以後，並不影響為其實現所做的奮鬥的熱度。如果為它們的奮鬥只能建立在誤解之上，結果將很壞。

許多五四人物在提倡他們所了解的科學的時候，往往對科學產生了崇拜與迷信，這種「科學迷」式的科學主義是很不科學的。在這種幾乎要把絕大部分大家共同關心的思想都變成意識形態的氣氛中，其中一項影響極為深遠的意識形態則是：全盤性或全盤化的反傳統主義的興起與持續。許多五四人物在提倡他們所了解的科學與民主的時候，認為這些西方的觀念及作法與中國傳統文化和思想完全不能相容。因此，在意識形態的層次上，主張非全盤而徹底地把中國傳統打倒不可。這個全盤性反傳統主義直接引發了在他們的思維脈絡中完全合乎形式邏輯的「全盤西化論」。事實上，「全盤性或全盤化反傳統主義」與「全盤西化論」都是「整體主義」（totalism）的表現而已。筆者在這裡要特別強調的是，此一特殊而具體的「整體主義」是五四人物未能從傳統中國儒家思想裡的一元式「藉思想、文化以解決問題的途徑」的思維模式之影響中解放出來的緣故。拙著列有專章，從分析傳統儒家主要人物與中國第一代（康、嚴、梁、譚）及第二代（陳獨秀、胡適、魯迅）知識分子在思維模式上的連續性，來詳加說明。

至於王文的批評，主要是徵引了一些五四反傳統主義者肯定傳統的話，如陳獨秀曾說：「記者之非孔，非謂其溫良恭儉讓信義廉恥諸德及忠恕之道不足取，不過謂此等道德名詞，乃世界普遍實踐道德，不認為孔教自矜獨有者耳。」並用胡適在《中國哲學史大綱》中未對傳統學術進行激烈的攻擊及魯迅在著作中亦曾肯定墨學與莊學，來說明五四激進人物未對中國傳統全面攻擊。王文又謂毛澤東曾說，從孔子到孫中山都要總結，他在〈改造我們的學習〉一文中曾表示了對於傳統文化的重視——這些，對王文作者而言，都是毛澤東未曾對中國傳統進行全盤性攻擊的證據。

然而，拙著的重點之一，即是要闡釋為什麼在五四激進人物有時對傳統的一些成分曾加肯定的情況下，仍應稱他們帶動的反傳統思潮為「全盤性反傳統主義」？首先，筆者所稱謂的「全盤性反傳統主義」是指在意識形態層次上的要求，並不是說，當他們要求把傳統全部打倒的時候，他們已從傳統中完全解放出來了，或他們對傳統中的每一特殊成分均做過仔細研究，發現他們不是惡毒的，便是無用的——因此，從理性出發得出了中國傳統應該全部予以剷除的結論。（英文原著使用 totalistic antitraditionalism 來表達筆者的意思。此詞直譯應作：「整體主義的反傳統主義」。但，如此譯出，成了術語的堆砌，反而使一般讀者不易了解筆者的意思。過去筆者一向譯作「全盤性反傳統主義」，現在看來，也許「全盤化反傳統主義」更為合適。不過，「全盤性反傳統主義」已在中文世界中流通很久了，考慮的結果，仍暫時沿用之。）

其次，既然在意識形態上要求把傳統打倒並不蘊涵，在思想上的其他層次，一定不對傳統成分做任何肯定；那麼，關鍵在於當這些激進分子對傳統成分做出肯定的時候，這些肯定對他們的全盤性反傳統的意識形態有何影響與涵義？

上述王文所徵引的陳獨秀的話，正是拙著再版本一三一頁徵引後用來說明陳氏雖承認儒家思想中有些成分有可取之處，但這些正面的肯定在他的邏輯系統內卻並未動搖他的全盤性反傳統主義的立場。因為，「溫良恭儉讓信義廉恥諸德及忠恕之道」被陳氏解釋成為世界的「普遍實踐道德」——這些是世界其他文明共有的東西，並不能表徵中國傳統文明的特性。

胡適也持同樣的論點。胡氏認為把忠孝仁愛等德目拿來說明中國文化的傳統是沒有意義的；這些價值是世界所有文明共同所有的普遍價值，因此不能表現中國文明的特性。而這些價值在中國從未落實，「那只是一些空名詞而已」（胡適，〈信心與反省〉、〈再論信心與反省〉）。真正表現中國傳統「獨有的寶貝」是：「八股、小腳、太監、姨太太、五世同居的大家庭、貞節牌坊、地獄活現的監獄、廷杖、板子夾棍的法庭。」胡氏承認「西洋也有臭蟲」，如「貞操鎖」、「初夜權」之類。但，西方的歷史是進步的，它用自身的力量在歷史的演進中得到啟蒙與解放。反觀中國，在鴉片戰爭之前，「講了七、八百年的理學，沒有一個理學聖賢起來指出裹小腳是不人道的野蠻行為」。

顯然得很，五四全盤性反傳統主義是極為意識形態化的思潮。它之所以既熱烈卻又僵化，主要是因為它自身有其形式的一致性與自我肯定的「合理性」，而這種形式的一致性與「合理性」，則主要是因為五四人物在他們的深層意識中，因受傳統有機一元式思想模式與「政教合一」傳統的影響而不知，預設了「整體主義」的論式，遂與其他想法與觀察「絕緣」的關係。

與上述陳獨秀和胡適的形式矛盾（因他們對傳統的肯定並未影響到他們「全盤性反傳統主義」）相比照，魯迅的矛盾是真正實質的、深刻的。拙著第六章〈魯迅意識的複雜性〉即著力闡釋他一方面主張對傳統全盤地攻擊，另一方面又在知識與道德層次（不只是在形式邏輯層次）肯定傳統中國文化某些價值，因之產生的實質矛盾的意義。因為他的矛盾是真正的矛盾，所以不能相互化約。他的靈魂被這個矛盾所扯裂。他的著作呈現了中國意識的危機之最深沉的一面。然而，他終究未能超脫這一矛盾。之所以如此，是因為他最終深受整體主義的反傳統意識形態的強大支配力影響之故。

至於毛澤東反傳統主義是否是深受五四全盤性反傳統的意識形態的影響而可稱之為全盤性的呢？毛澤東的確也說過肯定中國傳統的話；但，這些肯定並未阻止他大破「舊思想、舊文化、舊風俗、舊習慣」及「與傳統徹底決裂」的主張。所以，在意識形態的層次，說毛澤東深受五四以來占主流地位的全盤性反傳統主義的影響是合理的。如果把「文革」，如王文那樣，看成主要是政治鬥爭，把「文革」中的思想批判看成「只是達到政治目的實用手段」，那就把「文革」的悲劇看得太淺了。當然，文革有「戰術」一面，這一面不同於「戰略」。文革的成因與歷史意義非常複雜，我們到目前所能了解的，還很有限。不過，如不把五四以來占主流地位的「整體主義」之反傳統意識形態作為「文革」的重要背景，「文革」是無法進一步得到深刻而周全的了解的。

另外，王文批評道：「根據林教授的論證，五四的全盤性反傳統主義是源於作為王權的奇理斯瑪（charisma）崩潰的後果。事實上，就以非孝來說，在王權並未崩潰的魏晉時代，孔融遠比吳虞更為激烈。」一面對對拙著這樣瀏覽式的誤解，筆者的無奈感是深重的。事實上，拙著不採一元式的因果分析。「奇理斯瑪」觀念的應用，在國內也許尚比較生疏，面對這樣一個比較生疏觀念之應用，任何讀者似應先盡力了解它以後，才宜批評。（第二章注釋24有兩頁對「奇理斯瑪」的解釋。）根據韋伯與庫爾斯對「奇理斯瑪」的定義，「奇理斯瑪」是人間秩序的最主要資源。在傳統的中國，普遍王權（universal kingship）是「奇理斯瑪」的集中所在地。在呈現「奇理斯瑪」的普遍王權崩潰以後，社會與道德秩序因失去依靠而發生混亂。這樣的混亂給知識分子帶來極大的焦慮，迫使他們找尋解決之道。拙著從未說過傳統的「奇理斯瑪」的崩潰直接導致全盤性反傳統意識形態的興起。倒是說過，把政治中心與文化中心整合在一起的「普遍王權」的崩潰產生了全盤性反傳統主義的結構的可能。至於孔融的非孝，或其他在傳統政治秩序與文化秩序沒有同時解體時對傳統某些點面的攻擊與傳統政治與文化秩序同時解體的五四時代中的全盤性反傳統主義，當然不可同日而語。

其實，王文所呈現的批評，多是語意的膨脹與混淆。對該文作者而言，語言不是辛苦探索精確思想的媒介，而是一組標籤，在不能與讀物的實質內容真正接觸的情況下，只能飄飄蕩蕩，根據自己過去已有的「了解」，隨意使用，附會、渲染一番罷了。

至於王文所表現的思維模式，基本上仍是二分法式的：不贊成「五四」某些方面的意見，便被認為是新的保守主義。這種「整體主義」的思維模式，以及全盤性反傳統主義仍在國內方興未艾的事實，都持續地一再提供肯定拙著論旨有效性的證據。

二、王文濾作論斷之非偶然性——兼論如何總結「五四」

筆者去年在北大講學後，曾應邀於七月間赴上海華東師大與復旦講學訪問。當時發現，去年一月發行的《中國意識的危機》增訂再版本，上海各書店尚未進書，而在北方則早已售完。這可能是王文作者為什麼只能瀏覽拙著初版本的原因之一。我之所以用「瀏覽」二字來形容王文作者給筆者的印象，因為任何讀者即使只接觸到譯文不算很精確的初版本，只要看完全書，便不可能像王文作者那樣，誤解得如此離譜。學術界通例，在批評別人著作之時，批評者應先盡量蒐集被批評者的著作，對其作一周全的了解。因為一知半解後便濾作論斷，學術的意義不大。然而，王文作者之濾作論斷，卻不是偶然的。

如要對王文濾作論斷的非偶然性進行理解，首先需說明拙著對五四精神、五四目標、與五四意識形態的分疏。五四新文化運動至今已七十年。七十年不能算是一段很短的時間。然而，今天我們回顧這七十年來文化與思想的發展，成績是很有限的。現在的首要之務是應把五四精神、五四目標、與五四意識形態加以分析，使之分離。如此，我們才能創造地繼承五四傳統而不被其所囿。

什麼是五四精神？在談到五四精神之前，先需說明什麼是「精神」？它是指人在生活態度與作法中所表現的氣質與力量，尤其是他在遇到艱難與痛苦的時候所表現的氣質與力量。「五四精神」乃是一種表現在中國知識分子身上的特有的入世使命感。這種入世使命感是直接上承儒家思想傳統所呈現「先天下之憂而憂，後天下之樂而樂」與「家事、國事、天下事、事事關心」的精神的。它與舊俄沙皇時代的知識分子與國家權威和制度發生深切疏離感，因而產生知識階層帶有虛無氣質的激進精神，以及與西方社會以「政教分離」為背景而發展出來的近代西方知識分子多元化專業研究的風格，是有很大出入的。這種使命感使中國知識分子以為真理本身應該指導政治、社會、文化與道德的發展。因為我們具有使命感，所以我們有所歸屬。即使我們對政治與社會中許多不公平、不合理的現象深感憤慨；但，我們不消極、不氣餒、不自怨自艾、不上山靜思、也不玩世不恭（做這類事的當然也有；不過那不是中國知識分子的主流）。這種入世的使命感到了五四時代，則表現在要求一切要以理性為基礎的啟蒙精神。（康德說：「啟蒙精神是敢於認知！」五四的啟蒙精神與西方十八世紀的啟蒙精神有不同也有相通之處，其相通之處是：它們都建立在一種信心之上，認為根據理性所獲得的知識，將會帶來人類的解放。）這種入世使命感與啟蒙的訴求結合在一起的精神是令人驕傲的五四精神。我們如要紀念五四，應該承繼這種五四精神，發揚這種五四精神。

什麼是五四目標？大家都知道五四運動最初是一個內除國賊外禦強權的民族主義愛國運動。它的基本目標是：使國家強盛。五四運動是在合理、合乎人道、合乎發展豐富文明的原則下進行的愛國運動。所以它是與自由、民主、法治、科學這些目標分不開的。雖然自五四以來這些目標受到了不少左右政治勢力的分化與壓迫，以及中國知識分子內在思想混亂的干擾；但在今天，我們可以說五四對自由、民主、法治、科學的要求的確具有強韌的生命力，這些要求已是中國人民一致的願望，不是任何統治集團可以抹煞的。中國大陸經過「四人幫」封建法西斯式的統治，人民的願望不但未被任何統治工具所擾亂，到頭來，仍然是要要求民主與法治。這種要求的淵源實種因於五四運動，可見五四運動影響之深遠。經過七十年的歷史考驗，五四運動所追求的目標，在今天看來，產生了更為嶄新的意義。凡是真心關懷國家前途的中國人都應為實現這些五四的目標盡最大的努力。

至於什麼是五四意識形態？上節已作簡要的說明。我們今天紀念「五四」，要發揚五四精神，完成五四目標；但，我們要超脫五四意識形態的藩籬，重新切實檢討自由、理性、民主、科學、法治的真義，以及它們之間的關係和它們與中國傳統之間所可有的關係。五四人物，不是悲歌慷慨便是迫不及待；但在思想上的建樹，實在是非常有限的。我們雖不必對五四人物過於深責，因為他們之所以把思想意識形態化了，如前所述，是有客觀的因素在。然而，在「五四」七十年後的今天，中國知識分子如仍與五四人物一樣把建構封閉性的意識形態當作開放性的思想工作的話，那就太沒有自覺，也太不尊重自己了！

在筆者對「五四」既肯定而又批評的分析與多元的立場作了以上的交代以後，王文作者之所以對拙著遽作論斷的「非偶然性」便很易了解了。王文作者說：

比如林毓生的《中國意識的危機》斷言：五四的全盤性的反傳統主義本身就是根源於中國的「傳統思想模式（或稱為分析範疇），換言之，也就是由一元論或唯智論所構成的有機整體觀借思想文化為解決問題的途徑。」如果用簡明的表述，這就是說五四的全盤性反傳統主義是被更深層的傳統意識所支配所滲透的。我覺得這裡所說的前提是有待論證的。過去，我們把「階級」當作涵蓋一切，代替一切，超批判超邏輯的主體，認為它無處不在，每個人從生到死都無法逃脫它打下的烙印。現在，我覺得一些文章談到「傳統」時似乎也有這種趨向。我不贊成超批判超邏輯的「階級論」，也不能贊成超批判超邏輯的「傳統論」。為什麼中國的思想模式是文化的整體觀——形成「借（毓生按：應作『藉』）思想文化為解決一切的途徑」——從而造成了五四的「全盤反傳統主義」？這需要論證和證據。

當沒看過拙著的王文讀者看到這一段話的時候，大概會以為拙著是一武斷及教條氣味很濃的書。事實卻是：王文引號之內的引文並不是拙著的原文，而是王文作者把拙著的意思簡化與重組以後的話。拙著所論「藉思想文化以解決問題的途徑」是在一限定意義上說的思維模式，不可如王文那樣「簡明表述」為「傳統意識」。因為思維模式就是思維模式，並不指謂思想內容。這一思維模式當然更不是作為自覺的腦力活動之總稱的「意識」（雖是其中的一個部分）。「藉思想文化以解決問題的途徑」是一項影響深遠的中國傳統中的思維模式，但它不是唯一的思維模式。它之所以仍然影響到第一與第二代知識分子，拙著是以論證的方式來加以說明的。例如再版本頁七七—七九（英文原著頁四九—五一）論證了為什麼他們的有機一元式唯智論，是源自先秦以後儒家強調「心的理知與道德功能」一元式思維模式，而不是直接受西方主知主義或唯心論影響所致。

另外，也論證了在有些學派特別強調經濟條件、政治力量、與／或社會組織對於觀念之形成具有優先性與決定性的影響力，以及究竟思想因素或非思想因素更具影響力在學術界尚無定論的情況下，為什麼中國第一、二代知識分子竟毫不遲疑地肯定思想力量是在人類事務中具有優先性與決定性的影響力，因此預設了「藉思想文化以解決問題的途徑」的優先性？

書中其他論證，在此無需枚舉。至於筆者的論證是否有說服力，當然是另一問題。王文作者如不同意，在他了解清楚了筆者的意思以後，儘可提出他的批評。然而他之所以不這樣做，便遽下論斷——認為拙著根本沒有論證與證據，卻不是偶然的。因為他在瀏覽之餘已經「義憤填膺」，根本沒有興趣或根本無法了解拙著中比較複雜、辯證，與限定的論證與分析。他把拙著所分析的傳統一元式思維模式的持續性比附成超批判超邏輯的「階級論」——這樣的舉措除了使得看完拙著的讀者無法不啼笑皆非以外，對他而言，自可解釋為為了追求他所謂的真理而「我喜揭人短，請君恕狂直」了。

其次，他把筆者所論證的作為意識形態的全盤性反傳統主義附會成筆者所了解的「五四精神」，既然他不認為那是真的五四精神，為了維護他所理解的五四精神，他當然要趕快提出反駁。根據以上的說明，我們很可明白王文作者遽作論斷的非偶然性了。

三、什麼是「創造性轉化」？

本文第一節曾提到，筆者對現代中國文化與思想變遷的立場一向是主張對中國傳統推行「創造性轉化」。那是：一方面肯定五四反傳統運動對中國傳統中惡毒與無用成分的揭發與揚棄之正面意義；另一方面，則不把「傳統」與「現代」看成絕對對峙、不相容的二分法與奠基於這樣二分法的全盤性反傳統主義的意識形態。筆者關於「創造性轉化」的看法最初是在一九七二年在一篇英文論文中提出來的，該文的中譯是在一九七五年發表的。這一看法主要是由檢討自鴉片戰爭以來歷代中國知識分子所提出有關變革的意見的局限性或謬誤出發，進而與筆者的社會思想相互交叉後所得到的結論。「中學為體，西學為用」、汲取「古今中外」之長的拼盤式折衷主義、全盤性反傳統主義、全盤西化論、港台新儒家所謂民主與科學可從中國傳統

「開出」說、令人擔心頗具阿Q精神的「儒學第三期發展論」、以及最近幾年國內幾位知名之士所提出的一些關於中國現代化的理論，事實上，都在理論與實踐層次呈現著難以紓解的困境。「創造性轉化」，雖然極為艱巨，但卻可把傳統與變革之間的複雜關係理順。

「創造性轉化」是指使用多元的思考模式將一些（而非全部）中國傳統中的符號、思想、價值與行為模式加以重組與／或改造（有的重組以後需加以改造，有的只需重組，有的不必重組而需徹底改造【當然許多惡毒與無用的成分應予揚棄】），使經過重組與／或改造的符號、思想、價值與行為模式變成有利於變革的資源，同時在變革中得以繼續保持文化的認同。（這裡所說的「重組與／或改造」當然是指傳統中有東西可以重組與／或改造、值得重組與／或改造。這種「重組與／或改造」可以受外來文化的影響，但卻不是硬把外面的東西搬過來。）

例如，筆者曾在別處就「仁」與「禮」的和諧與衝突，討論了先秦儒家的根本理論。拙文指出：藉著對「仁」的重新取向，分離傳統的「禮」是有可能的。根據先秦儒家思想，道德並無意義，除非它在人際關係中植根。「禮」因此是必需的。人類奮鬥的最高理想在求得「仁」與「禮」之間完美的平衡，藉此「仁」可以在「禮」中培養發展，而「禮」之存在即在於養「仁」。但，在這「仁」與「禮」的創造的激盪中，「仁」乃具有優先性，雖然「仁」需要「禮」，但「禮」卻因「仁」的需要而需隨時改進。「禮」之意義在於提供一個養「仁」的架構，而「仁」的價值與意義是獨立於「禮」的。建基於性善觀念，在理論上本可獨立於傳統之「禮」的

「仁」，其本身可推衍出：因人皆善故皆平等的觀念。傳統儒者對「仁」的具體解釋是：「愛人」。由愛可生恨，從道德感情出發，涉及到種種特殊的人際關係，在這個脈絡中很難產生以理性與法律做基礎的具有普遍意義的「個人尊嚴」的觀念與落實的做法。然而，「人皆平等」在形式意義上已蘊涵了「個人尊嚴」的意義。經由政治、經濟、社會與文化思想中「創造性轉化」的過程，「個人尊嚴」獲得實質的落實有其可能。

「創造性轉化」自覺地力求免於落入前述各項變革理論的形式主義的窠臼。它是一個多元的開放性過程——對中國傳統與西方兩面均予多元的開放過程。它的立場是：對中國傳統與西方都採多元的了解，它們自身內涵的許多成分，有的彼此相容相契、有的彼此則有或多或少的衝突。所以，中國傳統或西方傳統都不是單一的有機「化合物」，而是複雜的多元實體。另外，中國成分與西方成分（無論是好的，或是壞的）有的彼此之間有衝突，有的彼此之間則不但相容而且更相得益彰（此理當然亦適用於中國成分傳入西方時與西方的關係）。

在推行中國傳統「創造的轉化」之前，必先對中國傳統的質素及其脈絡與西方的質素及其脈絡產生嚴謹而實質的了解。在這個過程中，有利於中國未來發展的新的東西是經由引進一些對中國有意義的西方質素及對中國傳統中的質素的重組與／或改造而產生。「重組與／或改造」的動力可以是西方思想、文化與制度衝激下帶來的刺激，但也可來自對中國古典純正質素的重認，或是西方的刺激與中國的重認互相影響的結果。在這個過程中，傳統因獲得新的意義而復甦，我們所面臨的許多問題也因的確有了新的、有效的答案而得以解決。

在實際運作層面，「創造性轉化」所使用的多元思想模式蘊涵著兩個步驟：一、應用韋伯（Max Weber）所論述的「理念或理想型分析」（ideal-typical analysis），先把一些傳統中的質素予以「定性」；二、再把已經「定性」的質素在現代生活中予以「定位」。

顯然得很，筆者在倡導對中國傳統進行「創造性轉化」時所肯定的一些傳統質素的現代意義的立場與新儒家那種自我安慰地認為民主與科學原為中國文化傳統的「內在要求」——故均可從中國傳統「開出」——的文化保守主義立場相較，實有基本的不同。

前些天筆者與一位國內知識界的前輩重聚。他說，自鴉片戰爭到現在快一個半世紀了，中國還一直沒能找到傳統與現代之間有生機的接榫點。我很同意他的話。筆者在痛切反省表面上是開明進步的五四意識形態與自認合乎理性與邏輯原則的有機一元式思維模式所產生的阻力以後，提出了「創造性轉化」的原則，正是希望經由這一辯證的原則，傳統與現代可以有生機地交叉（整合）在一起，從而走出一百五十年來的困局。這樣才能真正光大五四精神，完成五四目標。

附錄

論傳統與反傳統——從海外學者對「五四」的評論說起

王元化

長期以來，海外對五四的研究始終沒有中斷，其中不乏真知灼見，使人讀後深受啟發。不過，我對於有些海外學者否定五四的偏激態度是不能苟同的。例如，有人把五四運動跟義和團運動相提並論，說成是偏頗的兩極（杜維明）。還有人進一步說，五四是「文化大革命」的先河（宮崎市定）。另一位美國華裔學者也說五四時代的知識分子，甚至包括最溫和的胡適在內都是「感情用事」的（唐德剛）。流風所被，這些年來，隨著新儒學和儒學第三次復興的傳播，國內也出現了和海外某些學者評價五四的類似論點。我覺得這是由五四的反儒精神所激起的，從新儒學和儒學第三次復興的崇儒立場出發，自然會引申出五四是全盤否定傳統文化和主張全盤西化的論斷。

從表面看，五四打倒孔家店，「文革」批孔，兩者似乎一脈相通。我最近讀到海外學者的一篇文章，以對儒家的態度來衡量國內學者，以為在今天誰推崇儒家或至少對於儒家的尊重多於批評，誰就是糾正「文革」批孔的錯誤，誰就是開明改革派。這種看法大概是由於對國內情況有些隔膜，所以作了這樣的判斷。他們不理解在過去一系列的政治運動中，思想批判只是達到政治目的的實用手段，只要略為了解諸如海瑞、《水滸》等等這些歷史人物和歷史故事在劇烈政治鬥爭中的浮沉榮辱就可以明白了。「文革」前，海瑞是號召作家去寫的清官楷模，但由於政治需要一下子就成了為「文革」序幕祭旗的犧牲品了。〈評新編歷史劇海瑞罷官〉是真的批海瑞這個歷史人物嗎？不是。《水滸》這部小說曾被宣布包含了不少辯證法，新編京劇〈三打祝家莊〉也一再受到熱烈的獎勵，但是在「文革」中一下子變成了宣揚投降主義的反動著作。當時是真的批宋江嗎？不是。它們都作為影射的符號，所謂項莊舞劍意在沛公。這些選來祭旗的歷史人物和歷史故事，只是為了達到某種政治目的的替罪羊。批孔也是一樣，就在當時恐怕連不大識字的人也都明白批大儒、批魁儒究竟批的是誰。這也就是當時除了御用寫作班子的少數筆桿子外，理論工作者（哪怕是一貫對儒家採取批判態度的人）都對這場鬧劇採取了堅決抵制態度的緣故。如果不懂歷次政治運動總要通過文藝批判來揭開序幕，如果不懂自有文字獄以來就已存在的所謂「影射」這兩個字的妙用，那麼只能說還不大了解國情。須知，「文革」期間，固然是把封資修一古腦兒作為批判的對象，可是，經歷這場浩劫的過來人都可一眼看穿它的皮裡陽秋。儘管表面聲言封資修是一票貨色，而實際上今天誰都知道「文革」是封建主義復辟。試問：當時被尊崇並淩駕在馬克思主義之上的法家不是封建主義是什麼？作為封建主義思想支柱的三綱五常，對儒法二家來說是相通的，甚至是互補的。倘使知道「文革」期間連義大利電影導演安東尼奧尼都當作外國的孔夫子去批，難道還能認真地——或者直白地說，迂腐地去把這場批判當作是真在反儒嗎？

一位海外學者在文章中說，毛澤東繼承了五四的徹底反傳統主義（林毓生）。關於毛澤東的文化思想，現在已開始了較為實事求是的研究，使許多問題都逐漸明朗起來。分析他在文化上的一些觀點，是項複雜的工作。如果僅僅根據他說的一些話，從表面上去判斷，就難以弄清真相。他是政治領袖，在政治策略上具有豐富鬥爭經驗。早在四〇年代，毛澤東就以「形式主義」的說法指出五四評價問題全好全壞方式的片面性。這恰恰與上面那位海外學者說的把傳統文化當作統一整體加以全盤否定的五四人物的思想模式是大相徑庭的。雖然毛澤東對於傳統也說過一些片面、過激的話，但是對他多作一些了解，就可以看出他並不否定孔子。他稱他為孔夫子。從他讚美魯迅為新中國的聖人這一稱號，似乎也從中透露一些消息。一再被人援引的經典性的說法，所謂從孔夫子到孫中山都要總結，這是他的名言。從他的思想，從他文章中的徵引，可以看出他和包括孔學在內的舊學的淵源關係。據傳他晚年讀的是大量線裝書。其實更早時候，四〇年代初，他在那篇作為歷次思想改造運動的綱領性文件〈改造我們的學習〉一文中，就表示了對於傳統文化的重視。他批評當時學者「言必稱希臘，對於自己的祖宗，則對不住，忘記了」。但事實上，就是在近五十年後的今天，我們這裡究竟有多少人懂得希臘呢？這種激憤同樣表示對於傳統文化的一種偏愛。我以為說他繼承了五四徹底反傳統和全盤西化的思想才發動了「文化大革命」，這恐怕是太不了解他了。

五四究竟是不是全盤否定傳統與主張全盤西化？這不是三言兩語可說盡的，回答這個問題涉及到怎樣理解批判繼承傳統的問題。長期以來，批判繼承的最簡練的說法就是取其精華去其糟粕。這個說法經過不斷簡化和濫用，已變成一種機械理論。照這種理論看來，知識結構只是各種不同成分的混合與拼湊，而不是有著內在聯繫的整體，各部分之間沒有相互滲透和相互作用，沒有完整的系統或體系，因而可以進行任意分割和任意取捨。但是，就知識結構的整體、系統或思想體系來說，卻不容這樣割裂。正是由於上述機械觀點長期成為批判繼承文化傳統的準則，於是對古代某一思想家進行評價時，往往出現了不同觀點的評論者從中各取所需，作片面的摘引，以證己說。這種摘句法可以導致截然不同的結論和截然不同的評價，形成此亦一是非彼亦一是非的奇異混淆。我們很少去把握古代思想家的思想體系，從各部分到整體，再從整體到各部分，進行見樹見林與見林見樹的科學剖析。

就思想體系來說，我以為後一代對前一代的關係是一種否定的關係。但否定就是揚棄，而並不意味著後一代將前一代的思想成果徹底消滅，從而把全部思想史作為一系列錯誤的陳列所。前一代思想體系中積極的合理因素，被消融在後一代思想體系中，成為新的質料生成在後一代思想體系中。這是辯證法的常識，也是思想史的事實。但是，要真正吸取傳統文化中的積極的合理因素，要真正把它們消融成為新體系中的質料，就得經過否定。正如淘金，就像劉禹錫詩中說的：「千淘萬漉雖辛苦，吹盡狂沙始到金。」批判得越深，才越能區別精華與糟粕，才越能使傳統中的合理的積極的因素獲得新的生命。我以為對於五四的反傳統精神也應從這種角度去理解。一聽到否定傳統文化就馬上緊張起來，以為又在鬧義和團，或重演紅衛兵故伎。這種緊張實際上是基於一種保守的心態。

須知，對舊傳統不能突破就不能誕生新文化。每一種新文化的誕生，都是對舊文化的否定。至今我仍覺得恩格斯的下面一段話是對的：每一個新的前進步驟，都必然是加於某一種神聖事物的凌辱，都是對於一種陳舊衰頹但為習慣所崇奉的秩序舉行的反叛。五四所面臨的是在思想領域占統治地位達數千年之久的封建主義。它並沒有陳舊衰頹，相反，倒是盤根錯節，豺踞梟視，始終頑強地挺立著。因此，五四對它的反叛就得使出加倍的力氣，而不像西方啟蒙運動那樣，是在對付一個遠比長期盤踞的超穩定性力量要脆弱得多的封建主義。責備五四反傳統用力過猛的人，不加區別的以彼例此，對兩者繩之一律，恰恰忽視了這一事實。遺憾的是他們反倒往往指責五四硬套西方而不顧及本身的特定情況。這真是忘了自己眼中的梁木而去嘲笑別人眼中所不存在的刺。

最近我讀到一位得到海外文化學者賞識的青年朋友寫的文章。她認為文化傳統（即儒家思想）積澱在我們思想深處是難以擺脫的。為了證明這沒有什麼不好，她舉出甚至海外唐人街所存在的那些陳規陋俗也一直在起著文化上的認同作用，形成了民族的凝聚力，使中國人雖身居異邦而歷久不被同化。這種議論令我驚訝。為了這種狹隘的民族意識竟乞靈於陳規陋俗，豈不過於貶損這個民族？中華民族的凝聚力不能依靠落後意識，而應當是進步的！和人類意識一致而不是背道而馳的，不是排斥其他民族而是虛心學習他們的長處。依靠陳規陋俗來維持民族的凝聚力，這將是怎樣一種民族意識？五四時期，魯迅直斥那些為封建主義撐腰的國粹派歌頌舊習慣制度並不是什麼愛國，而只是「獸愛」。這話雖然激憤，卻是真理。

我不能同意認為積澱在思想深處的文化傳統是無法突破的這種悲觀論點。自然，傳統是像習慣勢力一樣甚或更加頑強，沒有人否認這一點。但它畢竟不是永恆不變的、絕對的。現在很盛行一種理論，例如，在為海外學者著作寫的一篇序言中曾有這樣的說法：「任何人都是處於他長期生活的傳統中，因而他反傳統實際上也不可離開自己的傳統。」這說法似乎有些離奇，但卻流行於某些海外學者中。比如林毓生的《中國意識的危機》斷言：五四的全盤性的反傳統主義本身就是根源於中國的「傳統思想模式（或稱為分析範疇），換言之，也就是由一元論或唯智論所構成的有機整體觀借思想文化為解決問題的途徑」。如果用簡明的表述，這就是說五四的全盤性反傳統主義是被更深厚的傳統意識所支配所滲透的。我覺得這裡所說的前提是有待論證的。過去，我們把「階級」當作涵蓋一切，代替一切，超批判超邏輯的主體，認為它無處不在，每個人從生到死都無法逃脫它打下的烙印。現在，我覺得一些文章談到「傳統」時似乎也有這種趨向。我不贊成超批判超邏輯的「階級論」，也不能贊成超批判超邏輯的「傳統論」。為什麼中國的思想模式是文化的整體觀——形成「借思想文化為解決一切的途徑」——從而造成了五四的「全盤反傳統主義」？這需要論證和證據。

不過，我認為用思想模式去探討文化傳統，本身不能說是錯誤的。據我有限的見聞，我知道海外學者班傑明・史華慈和卡爾・菲烈德等都提出了思想模式問題。過去，湯恩比曾以哲學思想來確定文化傳統，把人類文化傳統劃分為二十一種類型。近來國內外學者在談中國文化傳統也多取這種方式，如談中國文化傳統是以儒家思想為中心或儒道互補，甚至有人還援引三教同源的理論等等。構成文化傳統的要素需具有穩定性、持久性、連續性，在較長的歷史時期內，不能隨著時代的進展與社會的變遷而消亡。哲學是思想的思想，在文化傳統中起著相當大的作用。但我認為構成文化傳統的應該是比哲學思想具有更大的穩定性、連續性、持久性的東西。依我看這就是：這一民族在創造力上所顯示出的特點；共同的心理素質；思維方式、抒情方式和行為方式；以及最根本的價值觀念。據此，我的初步看法是中國文化傳統具有這樣幾個特點：靠意會而不借助言傳的體知的思維方式，強調同一性忽視特殊性的尚同思想，以道德為本位的價值觀念。以上這些特點較之儒家或儒道互補或三教同源等等哲學思想具有更大的穩定性、連續性、持久性。這方面，我曾在別的文章中作過一些論述。這些問題都值得進一步加以探討。這裡我只是想說明我並非沒有認識到文化傳統的頑強性。文化傳統如果按照我們主觀願望一下子就可以擺脫或突破，那也不成其為文化傳統了。我只是反對把文化傳統看作是命定無法擺脫或突破的這種消極觀點。「三年無改於父之道可謂孝矣」；走祖先的路，這本身就是儒家的保守觀點。我認為在一定情況下，如果不能突破傳統的某些規範，就不可能有發展和進步。人類最初倘使不突破類人猿用四肢行走的傳統，而變為用兩腳行走，就不能完成從猿到人的具有決定意義的歷史性轉變（類似的意思魯迅在五四時期早就說過了）。

我認為五四對傳統的批判基本方面是對的。至於當時提出的某些個別觀點，自然也有這樣或那樣的偏差或錯誤。譬如，關於廢除漢字論之類。我們應該就這一思潮的基本方向和基本精神作出公允的評價。為什麼我們對那些新生的力量就那樣痛心疾首，而對於那些陳腐的力量就那樣委曲求全？我覺得有些新儒學和儒學第三次復興的學者在對五四和儒學的評價上就多多少少有這種畸輕畸重的偏向。

我認為首先要解決五四精神是不是可以用全盤性反傳統和全盤西化來說明。這種觀點先出自海外，後傳入國內，似乎已定讞不容置疑了。但是就我所看到的論著來說，全都是宏觀性的概述，幾乎很少有具體的剖析和科學的論證。有的論者縱使援引一些原著文字以證己說，但又往往陷入摘句法，也有削足適履地用夾敘（事實）夾議（理論）方式寫成的專著。如上面提到的林毓生教授的論文。但我感到是先立一框架，然後再去填補材料，多少帶有先驗模式論傾向。以上論者在對五四啟蒙運動進行批判的時候，由於缺乏對照比勘，放棄了對於論戰對方的考察，以致陷入片面。三〇年代魯迅編集時把論戰對手的文章附於集內，這不僅是為了維護理論的公正，也是為了使讀者從歷史背景上作出全面的判斷。就以責備五四啟蒙者「感情用事」

來說，如果把論戰雙方對照起來就可以作出比較符合實際的論斷。就我讀到的資料來說，我認為五四啟蒙者雖然也用了一些激烈語言，如「選學妖孽，桐城謬種」等，但比林紓斥反舊倫常為「人頭畜鳴」之類，以至比起孟子拒揚墨，斥為無父無君是禽獸的話來，要溫良恭儉讓得多了。

自然，更重要的問題還是在所謂全盤反傳統和全盤西化的問題上。五四反傳統精神是用不著討論的，但問題在於傳統的內涵是什麼以及從什麼角度反傳統？我的意見和林毓生的不同。我認為五四沒有全盤性的反傳統問題，而主要的是反儒家的「吃人禮教」。我不否認儒學在傳統文化中的重要地位，但是我不同意文化傳統只能定儒家為一尊。據我理解，五四精神在反儒家問題上是要求出現諸子爭鳴的學術自由空氣。如果不把儒家以外的諸子以及我國的古代神話、小說、民間故事、歌謠等等都擯斥於文化傳統之外，那麼就斷斷不能把五四精神說成是全盤的反傳統主義。即令對儒學，五四啟蒙者也並沒有採取全盤否定的態度。這裡我想引用一些為上述論者不去涉及或深究的證據。例如，陳獨秀曾這樣說：「孔教為吾國歷史上有力之學說，為吾人精神上無形統一人心之具，鄙人曾絕對承認之，而不懷絲毫疑義。蓋秦火以還，百家學絕，漢武獨尊儒家，厥後支配中國人心而統一之者惟孔子而已。以此原因，二千年來迄於今日，政治上，社會上，學術思想上，遂造成如斯之果。」（一九一七年《新青年》三卷一號）「記者之非孔，非謂其溫良恭儉讓信義廉恥諸德及忠恕之道不足取；不過謂此等道德名詞，乃世界普遍實踐道德，不認為孔教自矜獨有者耳。」（一九一七年《新青年》三卷五號）「中國學術，隆於晚周，差比歐羅巴古之希臘。」（一九一八年《新青年》四卷四號）「我中國除儒家之君道臣節名教綱常以外，是否絕無他種文明？除強以儒教統一外，吾國固有之文明是否免於混亂矛盾？以希望思想界統一故，獨尊儒學而黜百學，是否發揮固有文明之道？」（一九一八年《新青年》五卷三號）「竊以無論何種學派，均不能定為一尊，以阻礙思想文化之自由發展。況儒術孔道，非無優點，而缺點則正多。尤與近世文明社會絕不相容者，其一貫倫理政治之綱常階級說也。此不攻破，吾國之政治、法律、社會道德，俱無由出黑暗而入光明。」（一九一七年《新青年》二卷五號）

五四啟蒙者對儒家以外的諸子如墨子、老莊、商鞅以至魏晉時代人物和後來的李贄等都採取了肯定的態度。當林紓斥責北京大學覆孔孟、鏟倫常是「謠諑紛集」聲名狼籍的時候，蔡元培即舉胡適《中國哲學史大綱》作為反證。這本書於一九一七年出版，用新觀點和新方法對先秦諸子學說作了持平的論述，確實足以駁倒五四全盤反傳統之說。由胡適發端而魯迅集大成的對中國小說史的研究，應該說是五四時代研究傳統文化的一個貢獻。魯迅於五四時期寫的第一篇歷史小說〈不周山〉對於女媧的讚美，我認為甚至比今天被許多人所歌頌的龍文化更有意義。他的另一篇歷史小說稱頌大禹的〈理水〉，雖然寫於五四之後，但可說是五四時期的思想延續。當時在傳統文化領域內成為顯學的墨學（尤其是《墨經》）和佛學，都曾經是魯迅鑽研的學問。至今他的遺文尚存有一九一七年所寫的〈墨經正文重閱後記〉，其中透露了他對墨學的重視。陳獨秀反對定儒家於一尊，要求重現晚周諸子爭鳴學術自由，可以說是當時所有主要人物的共同主張。魯迅肯定墨學，重視莊學，並承章太炎破千餘年來偏見的《五朝學》餘緒，對魏晉六朝學作了重新估價。當時他所校勘的玄學家《嵇康集》就是明證。他捐資重行刊印佛家《百喻經》，說明他認為從中可吸取某些文學因素以豐富新文化。吳虞這位在當時被稱為「隻手打倒孔家店的老英雄」，照理說應是一位全盤反傳統的闖將，但是讀了他的《文錄》，我感到他雖然接受了一些西方文化思潮，但他的反孔非儒並沒有多少新思想，其格局甚至不脫我國早期思想史上的傳統與反傳統與魏晉以來的儒道之爭，以及宋明以來的天理人欲之爭。他在行文中也確實屢屢援引老莊、列子、墨子、文子、商鞅、王充、阮籍、嵇康、孔融、李贄等人的話，作為抨擊儒家綱常名教的武器，其中尤以《莊子》的〈盜跖〉、〈天運〉、〈胠篋〉、〈讓王〉諸篇每被徵引。吳虞儘管曾留日習政法，但他書中很少涉及西學。他曾提到孟德斯鳩，並徵引過他的話，但僅僅一筆帶過，其他如盧梭、伏爾泰、約翰·穆勒諸人只是提到名字而已。吳虞長期被人當作「極端派」，這其實是誤解，他的理論較之前人和較之對手要溫和得多。他曾引陶潛詩「但恨多謬誤，君當恕醉人」以自喻。在〈非孝〉這篇文章中，我覺得吳虞比「非湯武薄孔周」的魏晉時代人要溫和得多了。孔融說：「父之於子，當有何親？論其本意，實為情欲發耳。子之於母，亦復奚為？譬如寄物瓶中，出則離矣。」吳虞在〈非孝〉中卻說，他「不敢像孔融」說這樣的話，但他也不承認儒家所主張的種種孝道，因為他「以為父子母子，不必有尊卑的觀念，卻當有互相扶助的責任。同為人類，同做人事，沒有什麼恩，也沒有什麼德。要承認子女自有人格，大家都向『人』的路上走。」吳虞這方面論調，往往被掩蓋，很少被人援引。我們了解了五四啟蒙者被忽視的這一面，經過了與魏晉時代反儒思想的比較，就不得不對林毓生的論點感到懷疑。根據林教授的論證，五四的全盤性反傳統主義是源於作為王權的「奇理斯瑪」（charisma）崩潰的後果。事實上，就以非孝來說，在王權並未崩潰的魏晉時代，孔融遠比吳虞更為激烈。我覺得，在治學上無論是我們喜歡搬弄僵化的教條，或是過去德國思想家喜歡構造強制性的大體系，或是現在某些學者喜歡用材料去填補既成的理論圖式，都是不足取的。把五四精神說成是全盤性反傳統，我覺得就是後一種傾向所構造的不符事實的論斷。造成這種牽強附會的原因，我以為是出於過於尊崇儒家，以儒家作為傳統思想的唯一代表，而將諸子百家一概擯斥在外。較之這種偏向，我認為也許用語不十分恰當的余英時的意見是較為可取的。余教授認為傳統中包括了非正統和反傳統的思潮在內（見〈五四運動與中國傳統〉）。如果我的理解不錯，這裡雖把儒家作為正統，但也把非正統或反儒的諸子百家包括在傳統的範圍內。

五四精神自然體現在反傳統上。它反對具有強烈封建主義色彩的綱常倫理與吃人禮教，這是它的光輝所在，然而其病亦是。五四啟蒙者對於傳統文化缺乏作全面的再認識再估價，經過批判使應該保存下來的保存下來，吸收融化在新的思想體系中。五四啟蒙者對於儒家以外的諸子百家殊少批判，就是對儒家本身也未進行更全面的批判。比如孔子學說中的仁和禮的關係以及像陳獨秀所肯定的忠恕之道以及溫良恭儉讓信義廉恥諸德，都未經過考察，予以正確的評價，以致直到今天反而為責難者留下口實。至於五四啟蒙者所肯定的老莊墨子等等就更少經過批判，作出再認識和再估價了。以魯迅對文化傳統和社會心理的深刻洞察，尚且沒有在當時甚至後來對墨子學說所反映的小生產的狹隘性及某種專制傾向與尚同思想作出應有的批判。凡此種種，都不能不說是五四啟蒙者的缺陷。

筆者在本文中涉及幾位海外學者，其中有些還是筆者的朋友，為了追求真理，「我喜揭人短，請君恕狂直」。我在本文開頭就說過，海外學者也有不少論著給我以很大啟發。比如周策縱的《五四運動史》我認為至今仍是一部佳作。一九七九年五四運動六十週年時，他為汪榮祖所編《五四研究論文集》寫過〈五四書懷〉，其中有云：「德賽今猶待後生」。這句話說得很好，可以代表不少人的心聲。

（原載一九八八年十一月二十八日《人民日報》第五版，摘自作者所著〈為五四精神一辨〉，題目是該報編者所加，全文收入《新啟蒙》雜誌第一期《時代與選擇》。）

什麼是「創造性轉化」？

我對推行中國傳統「創造性轉化」（creative transformation）的看法，最初是在一九七二年在一篇英文論文中提出來的（Lin Yü-sheng, "Radical Iconoclasm in the May Fourth Period and the Future of Chinese Liberalism," in Benjamin I. Schwartz, ed., *Reflections on the May Fourth Movement*, Cambridge, MA: Harvard University Press, 1972），該文的中譯是在一九七五年在台灣發表的（《思想與人物》：〈五四時代的激烈反傳統思想與中國自由主義的前途〉）。這一看法主要是由檢討自鴉片戰爭以來歷代知識分子所提出有關變革的意見的局限性或謬誤出發，進而與我的社會思想相互交叉後所得的結論。「中學為體，西學為用」、汲取「古今中外」之長的拼盤式折衷主義、全盤性反傳統主義（強調對傳統全面否定乃是一切變革的前提的「意締牢結」〔ideology，此字國內通常譯作「意識形態」〕）、全盤西化論、港台新儒家所謂民主與科學可從中國傳統「開出」說、令人擔心頗具阿Q精神的「儒學第三期發展論」、與最近幾年國內幾位知名之士所提出的一些有關中國現代化的理論，事實上都在理論上與實踐上呈現著難以紓解的困境。「創造性轉化」，雖然極為艱巨，但卻可把傳統與變革之間的複雜關係理順。「創造性轉化」是與中國傳統封閉的、一元式思想模式完全相反的。它對傳統中腐朽與惡毒的成分採嚴格的拒斥態度；同時，它既不同意港台新儒家所謂民主與科學可從中國傳統「開出」說，也不贊成五四以來在中國占主流地位的全盤性反傳統主義。

那麼，究竟「創造性轉化」是何所指呢？那是指：使用多元的思想模式將一些（而非全部）

中國傳統中的符號、思想、價值與行為模式加以重組與／或改造（有的重組以後需加以改造、有的只需重組、有的不必重組而需徹底改造），使經過重組與／或改造的符號、思想、價值與行為模式變成有利於變革的資源，同時在變革中得以繼續保持文化的認同。（這裡所說的「重組與／或改造」當然是指傳統中有東西可以重組與／或改造、值得重組與／或改造。這種「重組與／或改造」，可以受外來文化的影響，但卻不是硬把外面的東西搬過來。）

「創造性轉化」自覺地力求免於落入前述各項變革理論的形式主義的窠臼。它是一個開放性的過程——對中國傳統與西方，兩面均予開放的過程。在這個過程中，首先要對中國傳統的質素及其脈絡與西方的質素及其脈絡產生嚴謹而實質的了解。在這個過程中，有利於中國未來發展的新的東西是經由引進一些對中國有意義的西方質素及對於中國傳統中的質素的重組與／或改造而產生。「重組與／或改造」的動力可以是西方思想、文化與制度衝激下帶來的刺激，但也可來自對中國古典純正質素的重認，或是西方的刺激與中國的重認互相影響的結果。在這個過程中，傳統因獲得新的意義而復甦；我們所面臨的許多問題也因的確有了新的、有效的答案而得以解決。

在實際運作層面，「創造性轉化」所使用的多元思想模式蘊涵著下列兩個步驟：一、應用韋伯（Max Weber）所論述的「理念或理想型分析」（ideal-typical analysis），先把傳統中的質素予以「定性」；二、再把已經「定性」的質素在現代生活中予以「定位」。如果我們發現某些傳統質素在現代生活中找不到位置——換句話說，這些質素在現代生活中不應或不可能有任何位置，我們當然就應揚棄之。然而，如果我們發現某些傳統質素與制度的**中心意義**在現代生活中仍有意義，不過這些質素在傳統中國發展得很壞，或因與其他惡毒的成分產生複雜、糾纏不清的關係以後產生了許多惡劣的影響，以致在現代中國人的心目中形象很糟；那麼，我們便須問：這些質素是否應該不分青紅皂白地加以揚棄呢？

例如，家庭制度與親情在現代生活中是否應有其位置？我們的家庭制度與親情是否應變成美國式的或法國式的呢？（美國的家庭制度已經發生嚴重的問題；因此，年輕人的撫養和教育與老年人的生活都連帶發生了嚴重的問題。青少年常常要靠機械地反抗父母的意願來獲取自我成長的意識。青少年犯罪問題則與家庭制度的破裂有直接的關係。另外許多老年人根本得不到兒女的照顧，被放在老人院裡和其他老人一起坐吃等死，在難得的假日裡兒女也多半只是打個電話或寄張卡片，較好的兒女也不過是蜻蜓點水式地來看問一兩小時。當然這種情況也有例外的情形。）如果我們覺得我們應該有現代中國式的家庭與現代中國式的親情，那麼它們的資源是在哪裡呢？我覺得只有把以儒家為主流的傳統中國的家庭制度與受儒家精神所涵化的親情加以重組與改造才能提供合理的現代中國式的家庭與親情。

古典儒家的家庭與親情是以長幼有序的絜矩之道來培育與開展的。在這種家庭中，長幼要有次序，要講禮俗的涵化。於如此的涵化中，要講絜矩之道，那是指家庭成員要站在其他成員的立場為別人著想。家庭是人生中情感發展的最自然場所，純正的親情呈現了人生最高貴的境界之一。家庭不能用契約論的方式講權利義務，因為家庭不是政治社會（political society）。如果作為一個不可取代的社會制度的家庭變成了政治社會的一部分，親情的發展自然便受到了限制與誤導。雖然家庭不是政治社會的一部分，但家庭中父母的權威卻須在「天賦人權」（natural rights）的涵蓋之下。如此，父母的權威才不致於氾濫。這樣觀念上的豐富化與轉變可從中國古典家庭觀念的改造（而不僅是重組）獲得。（「豐富化」是指：中國古典儒家思想本有尊重人【每一個人】的觀念，例如，「己所不欲，勿施於人」蘊涵了對別人的尊重。西方人權的觀念不但不與這個古典儒家的觀念衝突，在中國古典家庭觀念經過改造——融合了人權觀念——以後，中國古典儒家思想尊重人的觀念反而變得更豐富、更落實。「轉變」是指：漢代以來與陰陽五行之說糅雜後所產生的「三綱」，因「天賦人權」觀念的引進而轉變了。）「天賦人權」的觀念進入中國家庭以後，受到了儒家長幼有序的絜矩之道的涵化，則可避免把家弄成——像許多西方家庭那樣——壁壘森嚴的契約關係。（「天賦人權」是天或上帝給予每個人【包括子女】的。這個觀念雖然對政治社會的構成涵義很大，但它的本質遠超過政治社會的範疇。）在改造古典儒家的家庭制度與觀念的時候，融合了「天賦人權」與長幼有序的絜矩之道的現代化儒家家庭觀念便可在現代中國的脈絡中以新的姿態呈現出來。

我說上面這些話的時候，並沒有忘記自五四以來中國思想文化的主流之一是對傳統中國家庭觀念與制度的猛烈攻擊。五四人物說，中國家庭是「萬惡之原」；它的基本功能是「戕害人性」。證諸許多過去家庭的實際生活，這些極為激烈的譴責，也不是一點道理沒有，雖然不可當作通論來應用。另外，把家庭倫理當作政治倫理來講的儒家「政治哲學」，徒然證明了儒家，嚴格地說，並沒有把政治當作獨立範疇來思考的政治哲學。《中庸》上所謂「故為政在人，取人以身，修身以道，修道以仁。仁者人也，親親為大」——在這裡儒家講為政，講著講著就講到了「親親」，在沒有家庭倫理與政治倫理的分際的心態之下，當然不易把「公」、「私」分得清楚。雖然儒家有愛民的民本思想，「親親」與「愛民」在形式上可以講成並無矛盾，所以統治階級講「親親」，並不一定會把家族的利益放在老百姓的利益之上。但為政在於修身，修身在於親親——這一邏輯——的確很容易滑落到中國官場上「公」「私」不分，家族特權盛行的行為。因此，我們可以確切地說，儒家傳統在政治思想方面，警惕性不足，範疇不夠，資源較貧瘠。這也是二十世紀中國在政治上一直沒能走上正軌的主要原因之一。換句話說，現代政治思想不應是以家庭為中心的修身思想的投射。但以長幼有序的絜矩之道為中心的家庭倫理，就作為家庭倫理而言，卻仍有現代的正面意義。從這樣的古典儒家家庭倫理中孕育出來的親情是人生中應該珍惜與發展的。根據這個觀點來考察，舊禮教中綱常觀念的絕對教條下所謂的親情，實是儒家家庭倫理異化的表現。任何東西都有它本身異化的可能，拿異化的後果來衡量其原初的特性，在思想上是說不通的。如果原初的特性之中心意義在現代脈絡中仍有或更有正面意義的話，比較合理的態度是設法避免它的異化的發生。（說到這裡，也許可以提一提一項經常發生在美國華僑中的事。美國華僑子弟在許多全國性科學成績競賽中所獲名列前茅的名額，遠超過華僑在美國人口的比例甚多。一般而言，華僑子弟在學校讀書與後來到社會上做事成功的比例，要比一般美國人家庭的子弟大得多。這件事的原因當然很繁複，其中一個不可取代的原因，則是在許多華僑身上發酵的中國文化的質素——離開了中國政治和經濟結構以後的中國文化的質素。在許多華僑的家庭中總要講點長幼有序的絜矩之道，在這樣氣氛之中培養出來的親情對於青年生命的正當發展的滋潤力量是很大的。一個人之所以對人生持肯定的態度，懷抱著信心求自我發展，分析到最後，往往是受青少年時代所受到的潛移默化的教育的影響最大。從上面的例子，我們可以說，在脫離了中國政治和經濟結構之惡劣影響以後的中國家庭倫理，在現代生活中所能產生的正面資源是可以肯定的。）

綜上所述，儒家在極盛的古典時代所界定的，建立在長幼有序的絜矩之道的家庭倫理，用韋伯理念或理想型分析來加以「定性」後，我們知道它的特性的中心意義在現代生活中是極可肯定的。但這樣的家庭倫理及親情所應「定」的「位置」是在家庭，而不在家庭以外的政治層面的活動，如把儒家家庭倫理與家庭中的親情擴張或氾濫到政治關係與政治活動中去，那就犯了懷海德（A. N. Whitehead）所說的「錯置具體感的謬誤」（fallacy of misplaced concreteness）。一個東西本身有其特殊性：它不是這個，也不是那個；它就是它。它有自身的特性及由其特性所可導致的意義與功能。但，如果把它放錯了地方，那麼它的特性被誤解，其適當的意義與功能無法導致，反而產生了扭曲的意義與功能，它給予我們的具體感也就不是與它純正的特性及其適當的道路有關了。換句話說，它本來沒有這個特性，但因為它被放錯了地方，人們卻覺得它有這個特性，這就是「錯置具體感的謬誤」。

家庭就是——也只是——家庭，在家庭倫理架構中發展出來的親情是人生中最寶貴的情感之一，但它適當的範圍是家庭，不可擴張或氾濫到家庭以外。因為社會是社會，國家是國家（「國家」二字也許應根據張佛泉先生的意思改為「邦國」，比較合適。這樣可避免傳統中國「家」「國」不分的謬誤及對現代的惡劣影響。建立與推廣有精確現代意義的名詞，是思想現代化，文化現代化的重要工作之一。見張佛泉著，《自由與人權》【台北：全國出版社，一九七九】）。家庭不是整個社會，更不是國家。在政治上，搞家族統治或家族特權是把國家當作自己的家庭，但國家是國家，不是任何人的家庭。政治有其獨立的範疇，治理國家是政治範疇之內的事；家庭也有其獨立範疇，親情是家庭倫理範疇之內的事。如果把國家當作自己的家庭，或把家庭事務當作政治事務來處理，那是範疇的混淆。

在政治範疇內治理國家，政治人物應使用韋伯所界定的「責任倫理」。國家事務屬於凡俗世界中的事務，所以不可應用精神世界中的「意圖倫理」。（請參閱拙文〈如何做個政治家？〉）在現在政治制度下家族特權的氾濫則完全違反了本文所述，在天賦人權涵蓋下古典儒家倫理在觀念上豐富化與轉變以後——在經過「創造性轉化」以後——所具有現代意義與中國特色的家庭倫理與親情。

意識形態的沒落與台灣的前途

在八〇年代走向最後一年的時刻，我們綜觀世界的大勢與海峽兩岸的發展，大家都相當清楚地看到近年來幾個突出的現象：

㈠無論在蘇俄或在中國大陸，由共產革命所造成的中央極權下的計畫經濟，均已徹底失敗。今天的中共與蘇俄的經濟改革，基本上，是來自它們的自我覺醒。它們從自身痛苦的經驗，得到了教訓：它們不得不承認馬克思、恩格斯所主張的計畫經濟是完全不符合經濟生活的原則的。那樣的經濟是最浪費、最無效率、也是最違反人性的。它們的失敗肯定了西方尊重市場運作、自由競爭的經濟，這樣的自由經濟最能提高人民的生活水準。西方在二〇與三〇年代，許多左傾知識分子曾熱切企盼蘇俄革命後計畫經濟的成功。事實證明，這一企盼已經完全落空。自由經濟與計畫經濟孰優孰劣的辯論可以正式宣告完全結束。另一方面，自由經濟與時俱進，福利國家的觀念與措施在實行自由經濟的國度裡多被接受與推行。雖然各國都有許多新的與老的問題——有的極為嚴重，但各國呈現運用自由經濟制度來解決問題的資源與力量也是可觀的。

㈡由於蘇俄與中共從根本上承認自己的經濟制度不行，而其改革則是要效法西方資本主義的經濟制度（雖然不可能把它們的制度完全變成西方式的），所以它們在政治上也自然不能再採取與西方壁壘森嚴的敵對態度。戈巴契夫最近在聯合國的講演，其用字遣詞的溫和與理性及所肯定的世界多元、和平共存的觀念，簡直好像出自一位西方自由主義者的手筆。中共與蘇俄都意識到如要使經濟改革真能成功，它必須建立在政治改革的基礎之上。這種從過去中央極權改到將來地方分權的訴求，當然不是西方式的民主。但從它們的傳統來看，不能不說已漸趨它們的多元。

綜上所述，在世界走向九〇年代的今天，左派意識形態已經完全沒落了。（原因當然不只上述之一端。）右派意識形態的興起本來與恐共、反共有密切的關係。現在既然共產黨都要學習資本主義了，它因沒有恐懼與攻擊的目標，也自然式微了。

「意識形態」這個名詞原是日文中對"ideology"的漢譯，像一些其他名詞一樣，最初是從日文引進到中文世界裡來的。我過去一向遵循牟宗三先生與先師殷海光先生的譯法而稍加變通，合音譯與意譯為一，譯成：「意締牢結」，希望這樣能使讀者避免對「意識形態」產生望文生義的附會。它的涵義各家說法不一；但，作為一個分析範疇來看，它是有用的，所以無法棄之不用。

馬克思與恩格斯把「意識形態」界定成統治階級為了維護他們的利益而形成的，歪曲與簡單化的觀念系統；所以它不能正確而完整地反映一個時代的社會、經濟與政治的實況。一般地說，「意識形態」對真實的歪曲往往是出於不自覺的，因此恩格斯稱之為「假意識」。

現代社會學者與歷史學者在使用這個名詞的時候，它的貶義已不如馬克思、恩格斯那樣地強烈，但它仍然含有弱性的貶義。對它的意義，我個人以為當代社會學家席爾斯（Edward

Shils）的界定最為精審與完整。不過，他的思緒相當複雜；我在這裡為了本文的需要，只能做簡要的引介。

意識形態是對人、社會、及與人和社會有關的宇宙的認知與道德信念的通盤形態。它與「看法」、「教義」與「思想系統」不同。不過，這些不同往往是程度的不同。意識形態的特色是：它對它有關的各種事務都有高度而明顯的「系統性」意見（此處「系統性」並不蘊涵「正確性」）；它往往要把系統中的其他成分整合於一個或幾個顯著的價值（如平等、解救、種族純粹性等）之下。就這樣，它往往是一個封閉系統，對外界不同意見採排斥態度。從內部來看，它一方面拒絕自我革新，另一方面要求追隨者絕對地服從，並使追隨者覺得絕對服從是具有道德情操的表現。意識形態的形成與傳播則要靠「奇理斯瑪」型的人物的出現與領導。

自從十八世紀啟蒙運動與工業革命以來，人們認為世界的命運可運用人類自身的力量加以改進，各式各樣的意識形態遂得以蓬勃地發展。因為任何一個要求進步——尤其是一個要求以革命為進步手段——的運動，必須具有凝聚群眾的力量，而由「奇理斯瑪」型人物倡導的意識形態，由於它的系統性、封閉性，與道德情操的訴求，自然是凝聚群眾所不可或缺的了。但，因為其自身的封閉性，它往往與現代知識隔絕，甚至與常識隔絕；因此受到意識形態支持的改革或革命運動，便往往犯了重大的錯誤，帶來了重大的災難。這是意識形態所呈現的弔詭。

從以上的觀點來看台灣的現狀與未來，我們可以說在美蘇兩國由對峙走向協議，中共自身努力學習西方，引進西方資金與技術的國際現勢之下，第三世界中各地政府與人民越來越可運用自身的力量與資源從事內部的改革而無需擔心外力的干擾。從台灣內部來看，右派與左派的意識形態（除台獨意識以外）均漸趨式微，未來應是不受意識形態的影響，根據「事實」與「理性」從事建設的時代。

未來的建設，最主要的有兩個項目：一、生活環境的改善，二、民主政治的推展。

我過去一向把民主政治的推展放在第一位。但自從去年夏天返台小住時親見台灣生活環境的品質急遽下降以來，我覺得改善環境應是政府與人民的首要之務。如果國民黨與民進黨把精力都放在國會改選等政治競爭之上，以致無暇顧及環境的改善，那麼，將來環境污染與紊亂到了不適生存的時候，民主的實現又有多少意義呢？執政黨必須拿出魄力來徹底執行環境改善的政策以求公民中中間力量的支持。而民進黨必須以推展生活環境的改善為參政的首要之務。占多數的公民中間力量也必須以兩黨的環保政策與落實的程度作為對它們支持與否的取捨，這樣才能產生政策上的良性循環。

至於民主政治的推展，當然以國會的改選為第一要務，民主政治的推展必須建立在一個微妙而不易建立的共識之上：一國之內的公民一方面可以自由地支持不同的政見；但另一方面卻需一致認為現有的政治程序是唯一的——充分而必要的——達成他們需求的手段。這樣程序上的共識只有國會改選，強化國會的運作才能達到。

政府過去在反共的意識形態之下凝聚了許多資源與力量，但這些資源與力量正因為要為意識形態服務，所以用到建設台灣之上的並不多，以致發展了經濟而破壞了環境。今後政府必須在改善環境方面拿出真正的政績來，而這種真正的政績也只有在政府重新整理其政策優先性的順序之後才能奏效。這樣自然能夠獲得絕大多數中間選民的支持，同時也可化解可能變成右派也可能變成左派的「台獨」意識形態的威脅。

（原載《聯合報》，一九八九年元旦特刊）

《中國意識的危機》日文版序言

一九三一年十二月初當增田涉氏在上海請教魯迅先生有關《中國小說史略》、《吶喊》與《徬徨》等問題即將結束，準備歸國的時候，魯迅先生曾以詩贈別，曰：

扶桑正是秋光好，
楓葉如丹照嫩寒。
卻折垂楊送歸客，
心隨東棹憶華年。

這首詩流露了魯迅先生對他度過青年時代的日本真切的懷念之情。

我自一九七五年初訪日本以來，每次從美國重返北京或台北講學或開會的時候，都盡量把旅程安排得使我可以道經日本，以便停留幾天。因為我覺得日本的山光湖色、風土人情、與學術界認真的態度與細緻的思考方式非常的具有吸引力，縱使我對一些日本人的作風與學術界的理論未必都能同意。

在日本時，也常思念魯迅先生懷念日本的情懷與意義，雖然魯迅先生所看到的日本與我接觸到的日本已有許多不同。日本文化過去在不少方面深受中國文化的影響，但由於日本社會與政治與中國的社會與政治具有**結構上**的不同，而在未受中國文化影響之前，日本文化的淵源也與中國文化的淵源甚為不同；所以，與日本社會和政治發生相互影響並深受其淵源所塑造的二十世紀日本文化，在歷史演變過程中（包括日本在第二次世界大戰戰敗以後受到美國而非俄國占領這一歷史事實所產生的影響）呈現了與二十世紀中國文化的許多基本的不同。

雖然自「明治維新」以來，日本的社會與文化也受到了西方文化與思想的強烈衝激，但在日本現代化過程中，日本人於接受或參考西方文化與思想的某些點、面的時候，並未產生全盤性的反傳統主義（totalistic anti-traditionalism）與因之而興起的全盤性反傳統運動。這一事實是中日兩國二十世紀文化與思想史上最重要、最顯著的不同之一。許多日本傳統的成分與／或（and/or）經過現代化洗禮的傳統成分，巧妙地以不同方式與日本現代化所產生的新的（過去所沒有的）成分**正面地**結合著、關連著或並存著——雖然兩者之間也有不少「緊張」（tension），但概括言之，這一正面的關係的確是存在的；而有些日本的傳統成分在現代歷史脈絡中更能刺激新的成分的產生、接受或發展。

與日本經驗可說是正好相反，二十世紀中國史上最重大與影響最為深遠的特色之一，則是全盤性反傳統的意識形態（ideology）的出現與持續。這一意識形態的強大支配力（dominance）一直延續到「文化大革命」時代（一九六六—七六）的末期。在今日的中國大陸，由於對外開

1 東京：研文出版，一九八九。

放與對過去歷史教訓反省的結果，在文化思想界已漸呈多樣化，一些知識分子已不同意五四以來的全盤性反傳統主義；但，無可諱言地，這個一元論式的意識形態早已滲透到許多人的不自覺的意識層次（unconscious level of their consciousness）中，其影響力雖無過去那樣龐大，但仍清楚可見——最近中國電視連續節目「河殤」的製作與廣受歡迎，便說明了許多中國人在探討中國問題的根源的時候，多不從政治、經濟、社會的結構與歷史事件著眼，而仍繼續使用五四全盤性反傳統運動所使用的「藉思想文化解決問題的途徑」（the cultural-intellectualistic approach），因此他們強調中國的問題基本上是——中國思想與文化傳統所塑造的——「國民性」素質的問題。這種一元論式的形式主義的思維，自然導致「全盤性反傳統主義」與「全盤西化論」等烏托邦（utopian）的結論。二十世紀中的許多中國革命與改革之所以不能落實，我想不能不說與瀰漫在中國的這種許多中國人不自知是烏托邦而事實上確是烏托邦的思想有關。本書主要的目的便是研究這一波瀾壯闊的全盤性反傳統意識形態的根源、內容與歷史影響。我要在這裡特別強調的是，這一意識形態的內容並不包涵思想的全部。當許多五四人物要求把中國傳統全部打倒並進行對中國傳統全盤性抨擊的時候，事實上，他們自己內心中並未與中國傳統完全隔絕，而在某些特定的意義下，他們正深受中國傳統的影響。我在研究中發現：在全盤性反傳統運動中，他們這個整體性（holistic）或全盤性（totalistic）——這個質的（qualitative）而非量的（quantitative）——反傳統的訴求，正是一項中國傳統有機式一元論（organismicmonistic）思想模式（mode of tinking）在現代條件下的持續。換句話說，五四時代的中國知識分子與中國的傳統也有複雜的關連，但其中特別突出的卻是負面的關連——他們如此地受中國傳統的影響以致變成全盤性反傳統主義者。恰恰與日本經驗正好相反，許多中國傳統的成分與結構不但不能幫助現代化過程中新的成分與結構的產生、接受或發展，反而辯證地（dialectically）塑造了未從傳統中解放出來的全盤性反傳統運動。

同是東方國家、同屬東方文化，中日兩國現代思想史與文化史上呈現了如此截然的不同，以及因這樣的不同而導致了重大的不同後果——這的確是耐人尋味的事。詩云：「它山之石，可以為錯。」一本書所展現的了解與分析是否有當，我誠懇地希望得到日文版讀者的反應與指正。

一九七五年我初訪日本，主要的目的是要探訪魯迅先生在日本的遺跡。除了在東京探訪以外，並曾遠遊仙台，承當地魯迅研究學會接待，甚為銘感。在東京時得與竹內好先生聚談，有所請益，前輩風範，至今記憶尤新。那年亦初識東京大學丸山松幸教授，彼此談的甚為相得，英文拙著出版後承他在《東洋史研究》撰寫書評（已由高明士君譯成中文發表），現在又承他與陳正醍君合譯拙著成為日文出版，我對他與陳君的辛勞與多年的友誼，謹此敬致衷心的感謝。另一位在一九七五年初識的友人是東京大學丸山昇教授，這些年來常與他就魯迅研究多所切磋，獲益匪淺，近年來道經東京時多承他與夫人松子女士熱忱款待，甚為感謝。京都大學人文科學研究所島田虔次教授在讀完拙著英文版後即賜函獎勉，我到京都時並承枉駕旅邸，就拙著有關問題共同討論，我獲得許多啟發，隆情高誼，至深銘感。

林毓生

一九八九年一月二十日謹序於新加坡東亞哲學研究所

《中國意識的危機：「五四」時期激烈的反傳統主義》（節要）

《中國意識的危機》是作者辯證地貫通於熱烈關懷與冷靜分析之間的著作。本書採用比較思想史的方法，從韋伯的社會學和博蘭霓的科學的哲學的新視角，通過對五四領袖人物陳獨秀、胡適、魯迅的研究來分析二十世紀中國思想文化界占主流地位的，全盤性反傳統思潮的根源、性質與歷史涵義。綜觀非西方世界中各國現代化過程的演變，主張徹底否定本國傳統文化的，全盤性反傳統思潮的出現與持續乃是只有在中國出現的獨特現象，雖然其他各國的現代化運動最初均肇因於西方的衝激，而且其他各國在西方的衝激下也多多少少出現了非全盤性反抗傳統的意識。根據這一世界史的觀點，本書指出：在表面接受了西方民主與科學的價值的條件下，五四式的全盤性反傳統思潮的根源實際上是來自中國的傳統。

中國傳統的政治秩序與道德、文化秩序是具有高度整合性的，其主要原因在於深植人心的「天命」觀念，使得中國政教不分，政治領導人變成了精神的「導師」。因此，乃有「普遍王權」（universal kingship）的符號與制度的產生與持續。漢代以降，以「天命」觀念為代表的儒家有機式宇宙觀更因陰陽五行學說的糅雜而增強。因此，「普遍王權」的崩潰不僅導致政治秩序的瓦解，同時也使文化秩序（架構）解體了。從分析的觀點來看，傳統政治與文化秩序的解體，為五四反傳統主義者提供了一個全盤否定傳統論之結構的可能（structural possibility）。

正在中國傳統的**思想內容**因文化秩序的解體而變得支離破碎的時候，一項來自中國傳統的，認為思想為一切根本的有機式一元論**思想模式**（mode of thinking）乃導使五四人物把他們看到的傳統中惡毒與腐朽的質素當作整個民族心靈患有病毒的表徵。既然他們認為這種病毒侵蝕了每件中國事物，惡毒與腐朽的質素不是單獨的、互不相涉的個案。所以，他們認為如要打倒傳統，就非把它全盤而徹底地打倒不可。這個極為「意締牢結」（ideological）或意識形態化的全盤化否定傳統運動，之所以如此熱烈而卻又僵化，主要是因為它自身有其「系統性」與自我肯定的「合理性」，而這種「系統性」與「合理性」，則主要是因為五四人物在他們深層的意識中因深受傳統有機式一元論思想模式與「政教合一」傳統的深刻影響而不自知，以致使他們的論式（argument）與其他的想法「絕緣」的關係。當然，悠久的中國傳統並非無一是處，然而在五四反傳統者的眼裡，傳統中所謂仁愛之說等等，只是世界高等文明的公分母，不是中國特有的東西，而它們因受了中國病毒心靈的阻撓，在中國只是無法實現的空話而已。

五四全盤性反傳統思潮可以其代表人物陳獨秀、胡適與魯迅加以具體說明。他們在思想上存有諸多差異，但卻共同參與了全盤性反傳統運動。陳氏是一個剛性單簡的全盤性反傳統主義者，胡氏是柔性的全盤性反傳統主義者，魯迅則是複雜的全盤性反傳統主義者。五四全盤性反傳統運動自認是中國思想文化的現代化運動。但根據本書的分析，其「全盤性」後來很自然地導致全盤西化的要求，實乃未能從中國傳統政教合一的一元式政教結構與儒家傳統有機式一元論思想模式的影響中解放出來的結果。因此今後中國思想文化現代化的工作，必須超脫五四式形式主義的謬誤，以便致力於多元的實質思維，這樣才能對中國傳統進行「創造性轉化」，那才是真正中國思想文化現代化的工作。

1 林毓生著，穆善培譯，蘇國勛等校（貴州人民出版社，一九八八年一月增訂再版），頁四三七。

林毓生作品集
政治秩序與多元社會

2023年1月二版　定價：新臺幣680元

著者	林毓生
叢書主編	沙淑芬
校對	王中奇
內文排版	菩薩蠻
封面設計	廖婉茹

出版者	聯經出版事業股份有限公司
地址	新北市汐止區大同路一段369號1樓
叢書主編電話	(02)86925588轉5310
台北聯經書房	台北市新生南路三段94號
電話	(02)23620308
台中辦事處	(04)22312023
台中電子信箱	e-mail：linking2@ms42.hinet.net
郵政劃撥帳戶第	0100559-3號
郵撥電話	(02)23620308
印刷者	世和印製企業有限公司
總經銷	聯合發行股份有限公司
發行所	新北市新店區寶橋路235巷6弄6號2樓
電話	(02)29178022

副總編輯	陳逸華
總編輯	涂豐恩
總經理	陳芝宇
社長	羅國俊
發行人	林載爵

行政院新聞局出版事業登記證局版臺業字第0130號

本書如有缺頁，破損，倒裝請寄回台北聯經書房更換。　ISBN 978-957-08-6574-5 (精裝)
聯經網址：www.linkingbooks.com.tw
電子信箱：linking@udngroup.com

國家圖書館出版品預行編目資料

政治秩序與多元社會/林毓生著．二版．新北市．聯經．
2023年1月．424面．14.8×21公分（林毓生作品集）
ISBN 978-957-08-6574-5（精裝）

1.CST：政治思想

570.1 111015581